Placidus Berhandtsky

Auszug der neuesten Chronik

des alten Benediktiner Klosters zu St. Peter in Salzburg - zweiter Teil

Placidus Berhandtsky

Auszug der neuesten Chronik
des alten Benediktiner Klosters zu St. Peter in Salzburg - zweiter Teil

ISBN/EAN: 9783743487000

Hergestellt in Europa, USA, Kanada, Australien, Japan

Cover: Foto ©ninafisch / pixelio.de

Manufactured and distributed by brebook publishing software (www.brebook.com)

Placidus Berhandtsky

Auszug der neuesten Chronik

Auszug
der
Neuesten Chronick
des
alten Benediktiner Klosters
zu St. Peter in Salzburg.

Nebst einer
Einleitung und kurzen Fortsetzung der Geschichte
des Reichsfürstl. Erzstiftes Salzburg bis auf gegenwärtige
Zeiten aus des Dückers Chronick, sodann aus andern Geschichtsverfassern, und sichern Urkunden zusammengetragen
und verfasset

von einem

Patrioten und P. Benediktiner obgedachten
Stiftes.

Zweyter Theil.
enthält
die andern drey Jahrhunderte.

---

bey Gelegenheit der feyerlichen Begehung des zwölften
Jahrhunderts herausgegeben.

Salzburg, 1782.
Auf Kosten der Joh. Jos. Mayers sel. Erbinn
Buchhandlung.

Die vor Alters gebräuchlichsten Wörter haben jezt einer Erklärung vonnöthen. So geht es auch mit den Namen der vormals berühmtesten Leute. Sie bedarfen alle einer Beschreibung, die uns sage, wer sie gewesen sind; denn alles ist hinfällig, und vergänglich: alles wird mit der Zeit fabelhaft, und in die Tiefe der Vergessenheit begraben. Indem ich aber dieses sage, so rede ich von berühmten Leuten, deren Thaten die Augen der ganzen Welt auf sich gezogen hatten. Denn der übrigen vergißt man, so bald sie gestorben sind, und redet gar nicht mehr von ihnen. Markus Aurel Antonin in den Betrachtungen über sich selbst. am 4 Buche 34 Absaz.

Zehentes Jahrhundert.
Vom Jahre 1482. bis auf das Jahr 1582.

❖•❖•❖•❖•❖•❖•❖•❖•❖•❖•❖•❖•❖•❖•❖

Virgilius der II.
LIX. Abt zu St. Peter.

Vom Jahre 1495. bis 1502.

Unter dem Römischen Papste
Alexander dem VI.

Unter dem
Fürsten und Erzbischofe Salzburgs
Leonhard von Keutschach.

Unter dem Römischen Kaiser
Maxmilian dem I.

Ausz. der St. Pet. Chr. 2r Th.　　(X)　　Abt

* * *

I.
Abt Virgilius der II. erhält die Bestätigung unserer Freyheiten, u n d wird verordnet einige Klöster zu untersuchen.

Abt Rupert der V. lebte noch drenzehen Jahre im gegenwärtigen zehenten Jahrhunderte, welches nicht allein dem ganzen Vaterlande, sondern auch unserm Kloster St. Peter, wie die Fortsetzung der Geschichte belehren wird, viele traurige Denkmäler zurückließ. Nachdem nun erstgedachter Abt seine kummervollen Tage vollendet hatte, wurde gleich darauf, nehmlich den 22 des Christmonats im Jahre 1495 P. Virgilius Pichler, ein Mönch von St. Peter, der schon vorhin 16 Jahre lang dem Konvente als Prior vorgestanden, zum Abte erwählt. Die geschehene Wahl bestätigte zwar der Hochwürdigste Erzbischof Leonhard nicht selbst, weil Höchstselber aus Furcht vor der damals regierenden Pest sich zu Friesach in Kärnthen aufhielt, sondern er übertrug dieses Geschäfte einem Hochwürdigen Domherrn, Rudolph Ruenberger, und zween andern Herren Pfarrern, das er aber mit seinem gnädigst erlassenen Bestätigungsbriefe bewährte. Abt Virgil dieß Namens der II. hatte die Gnade noch als Prior, indem der Abt Rupert schon auf dem Krankenlager war, unter jene ansehnlichen Schiedsmänner genommen zu werden, welchen die Wahl des Erzbischofs überlassen ward, und er bewirkte auch, wie sich unsere Chronick ausdrückt, durch seine Geschicklichkeit am allermeisten, daß Leondhard von Keutschach zu dieser hohen Würde gelangte, obschon Hochselber nachher gegen unsern Abt Virgil keine sonderbare Neigung bezeugte.

Papst Alexander der VI. fertigte den 2ten des Brachmonats im Jahre 1498 eine Bulle, kraft welcher er unserm Kloster alle alten Rechte, Freyheiten, Schankungen,

gen rc. und im Jahre 1500 die Einverleibung der Pfarrkirche zu Hallein bekräftigte; und Kaiser Maximilian
der I. erneuerte durch eine im Jahre 1499 errichtete
Urkunde ebenfalls alle uns von seinem glorwürdigsten
Vorfahrer ertheilten höchsten Gnaden.   Auch verordnete
der Hochwürdigste Erzbischof Leonhard, und sandte
unserm Abt Virgil die erfoderlichen Gewaltsbriefe zu,
daß er im Jahre 1496 sowohl das löbliche Benediktinerstift zu Ossiach, als auch das adeliche Frauenstift zu
St. Georgen am Lengsee, beyde in Kärnthen gelegen,
untersuchen, die dasige neuerwählte Aebtissinn, Barbara
Lembsetzerinn, bestätigen; und im Jahre 1497 in dem
berühmten Nonnenkloster zu Göß in Steyermark, der
neuen Wahl beywohnen, die Bestätigung der Aebtissinn, und zugleich die Untersuchung des Klosters vornehmen sollte. *)

*) Alle hier erwähnten Briefschaften stehen ausführlich in
unserer Chronick a Fol. 420. et seqq.

        Unter diesem Abte sind mehrmal einige Stiftungen
von gewißen Jahrtägen und Jahrmessen gemacht worden; zu diesem Ende vermachte im Jahre 1496 Bartholomäus Falsch, Burger zu Salzburg, ein Pfund
Pfenninge jährlichen Zinses von der Huffschmidte in der
Treidgasse; und ein anderer Burger, Bartholomäus
Wohlmuth jährliche 2 Pfund Pfenninge von einem Hause
im Kay.   Im Jahre 1498 gab Peter Haslinger, und
dessen Ehefrau Barbara, für 2 Jahrmessen zwey Pfund
Jahrszins von einem Hause über der Brücke; und Mar-
garetha Waschenhalsinn für einen Jahrtag und zwey
Messen 30 Pfund Pfenninge, alle Jahre von diesem
sogenannten Gut zu erheben.   Im nehmlichen Jahre
stiftete Erasmus Pichler für sich, und seine Freundschaft
einen Jahrtag bey den Mönchen und Nonnen zu St.
Peter, worfür er beyden jährlich 26 Pfund Pfenninge

2.
Vermehret
die Einkünf-
te des Klo-
sters.

(A) 2   von

von verschiedenen Häusern in der Stadt anwies. Im
Jahre 1501 verschafte Herr Wilhelm Karndner, ein
Weltpriester, für zween Jahrtäge 8 Pfund Pfenninge,
alle Jahre von dem Hofe Töttenau in Baiern, und unserm Urbaramte Tittmoning abzunehmen. Auch lesen
wir, daß Johann Rubein einige Bücher von den geistlichen Rechten für einen Jahrtag dargebothen habe.

Abt Virgil kaufte im Jahre 1496 von Christoph
Strasser drey Alpen, im Amte Ensthal, Purndeck genannt; im Jahre 1496 vom Friederich von Aichach den
halben Hof mit Namen, Aichach im Amte Weildorf,
und Pfleggericht Raschenberg; im Jahre 1499 von
Herrn Wolfgang von Nusdorf Erbmarschall des hohen
Erzstifts, den Adelsitz, mit Namen Adelstetten um 1100
Rheinische Goldgulden; in eben diesem Jahre vom Peter Eckel in Dürnberg ein Pfund Geldes am Jahrszinse,
und im Jahre 1502 vom Balthasar Peck, Burger in
Hallein 12 ß Pfenninge jährlichen Zinses von seinem
dasigen Hause. Durch Tausche und Verlehnungen beförderte Abt Virgil gleichfalls die Einkünfte unsers Klosters. Herr Christian Dücker, Pfleger zu Glanegg,
oder Hellbrunn, und Herr von Urstein erließ uns im
Jahre 1496 einen jährlichen Zins, nebst einem gewissen Salzdienste, den wir ihm für ein Haus in Hallein
leisten mußten, gegen jene Zehente, die wir zu Urstein
einzusammeln hatten; und im Jahre 1501 vertauschte
Abt Virgil mit einem Burger zu Salzburg, Sebastian
Tünkel, einige Jahrszinse von gewißen Häusern in der
Abt- oder heutigen Kirchgasse, gegen andere in der
Treidgasse. Als Leibgedinge verpachtete Abt Virgil
im Jahre 1497 ein unsriges Haus bey der hiesigen Pfarr-
kirche, und einen Theil des Guts Ahausen, im Amte
Hallein; im Jahre 1498 unsern Hof in der Stadt
Krems, in Oesterreich; und im Jahre 1502 noch ei-
nen

nen Hof allhier im Kay.   Was aber dieß für ein Hof
sey; wie er dermalen heiße; und wer ihn nun besitze,
dieß läßt sich nicht entscheiden.

Uebrigens wird Abt Virgil der II. als ein solcher
Hirt angerühmt, der seine anvertraute Heerde mit erbaulichen Worten und Thaten weydete.   Im Jahre
1501 waren unter diesem Abte 18 Priester, 3 Diako-
nen, 4 Novizen, und 5 Laienbrüder zu St. Peter; in
dem Nonnenkloster aber 17 Frauen, 3 Novizinnen, und
3 zum Einkleiden, also zusammen 53 Personen, welchen
allen, ohne einigen Nachtheil des Klosters, zum Genügen Nahrung und Kleidung gereichet wurde.

Aus den Mönchen, die zu den Zeiten des Abts
Virgil lebten, und worunter eilf in seine Hände die
Gelübde abgelegt, zeichneten sich sonderheitlich zween
aus, nehmlich ein Placidus und Petrus, welche beyde
in das berühmte Benediktinerstift zu den Schotten nach
Wienn in Oesterreich abgeschickt wurden, um daselbst die
Klosterzucht wieder empor zu bringen, und Placidus
ward gar zu dieser herrlichen Abtey berufen, in welcher
Würde er auch im Jahre 1501 starb. Ferner wird
ein Gregorius Sinn, als ein treflicher Haushalter; ein
Maurus, der wegen seiner Tugend und Wissenschaft
zur Abtey im löblichen Stifte Michaelbeyern gelangte;
und ein Vital, welcher durch seine Frömmigkeit und Geschicklichkeit verschiedene Aemter, als die Küsteren, die
Beichtvatersstelle am Nonnenberge, und unter fünf
Aebten das Priorat mit allem Lobe bekleidete, vorzüglich
angerühmt.

Abt Virgil der II. verwaltete unser Kloster nicht
länger, als sieben Jahre, in welchen ihn die anhalten-
den Unruhen und Unglücksfälle dergestalt schwächten,

(A) 3   daß

3.
und geht
aus dieser
Zeitlichkeit.

daß er den nothwendigen Schlaf, und die Verdauung des Magens verlohr, und also im sechzigsten Jahre seines Alters den 9ten des Christmonates im Jahre 1502 seinen Geist aufgab.   Seine Grabstätte ist in unserer St. Veits Kapelle bey dem Altare des heiligen Maurus, den er aufrichten ließ, zu finden.

*) Unsere Chronick setzet Fol. 427 die sogenannte Rottel, oder den Todtenbrief dieses Abtes bey, welcher aber keine übertriebene Leichenerde, die oft gar in eine Satyre ausartet, enthält; sondern er ist ganz einfach verfasset.   Der einzige Lobspruch bestehet darinn, daß Abt Virgil ein sonderbarer Verbesserer der Klosterzucht gewesen sey; und deswegen wird er dem gewöhnlichen Seelengebethe unserer Bundsgenossen empfohlen.

Wolfgang.

Wolfgang.

LX. Abt zu St. Peter.

Vom Jahre 1502. bis 1518.

Unter den römischen Päpsten
Alexander dem VI. Pius dem III. Julius
dem II. und Leo dem X.

Unter dem
Erzbischofe und Fürst zu Salzburg
Leonhard von Keutschach.

Unter dem Römischen Kaiser
Maxmilian dem I.

Der sechste Tag nach dem Hinscheiden des Abt **I.** Virgils, nehmlich der 15te des Christmonats **Abt Wolf-** war schon wider dem Wahlgeschäfte eines neuen Abtes **gang** gewiedmet; welchem der Hochwürdigste Erzbischof Leon- hard wieder alle Gewohnheit seiner Vorfahrer, mit dem Hochwürdigsten Berthold Pirstinger, Bischof zu Chi- emsee beysaß; doch betheuerte Höchstselber öffentlich, daß er durch seine Gegenwart die Freyheit der Wahl- stimmen keineswegs hemmen, sondern vielmehr beför- dern wollte. Es wurde auch mit einer sonderbaren Ein-

müthig-

müthigkeit P. Wolfgang Walcher zum Abte erwählet, welcher in dem Marktflecken, Kosching in Oberbaiern im Jahre 1460 von ehrbaren Eltern sein erstes Tagslicht, den 12 März im Jahre 1482 aber unter dem Abte Rupert dem V. durch die Ablegung der Ordensgelübbe seine Wiedergeburt erlangte. Und obschon der Neuerwählte sich in etwas widersetzte, führte ihn doch Fürst Leonhard bey der Hand in die Kirche, wo der ambrosianische Lobgesang abgesungen wurde; bestätigte ihn selbst am Vorabende des heiligen Apostels Thomas, und ertheilte ihm am Festtage des heiligen Johann des Evangelisten in unserm Kloster die gewöhnliche Einsegnung der Aebte.

2.
Ueberläßt unsere Salzpfannstätte, Tacking, in Hallein, und erhält die Einverleibung der dortigen Pfarrkirche.

Abt Wolfgang nahm im Jahre 1506 mit dem Hochwürdigsten Erzbischofe Leonhard eine der wichtigsten Handlungen vor. Von mehrern Salzsudstätten, die St. Peter rechtmäßig angehörten, nach und nach aber wieder entzogen, oder veräussert worden, blieb damals nur allein noch jene zu Hallein, mit Namen Tacking, übrig. a) Doch auch dieser Salzsud brachte dem Kloster wegen Nachläßigkeit und Untreue der Verwalter und Unterthanen mehr Schaden und Streitigkeiten, als Gewinn und Nutznießung.

Daher übergab Abt Wolfgang, und das ganze Konvent dem Fürsten Leonhard besagte Salzpfannstätte Tacking mit aller ihrer Zugehörung, was zu Berg, zu Pfannhaus, und in allen Rechten darzu gehöret, samt drey Pfieseln, und Behältern oder Salzgemächern zu Tacking, auch des Abtshauses mit seinen Pfieseln, ausgenommen das Haus Tacking, den hintern Stall, und einen Theil des Höfels. Hingegen verwilligte Erzbischof Leonhard für sich und seine Nachfolger unserm Kloster zu einer ziemlichen Vergleichung jährlicher Nutzung

alle

alle Jahre am St. Michaelstage durch seinen Pfleger eilf Schilling Fueder, das ist, 330 Fueder Salzfrey und unentgeltlich einzuliefern. b) In dem nehmlichen Jahre erwirkte Abt Wolfgang von dem heiligsten Vater Julius dem II. eine Bulle, vermöge welcher abermal die halleinische Pfarrkirche St. Anton Abts und Einsiedels, unserm Kloster vollständig einverleibet wurde. Diese Einverleibung bestätigte auch der Hochwürdigste Erzbischof Leonhard laut eines unter dem 7ten May im Jahre 1508 erlassenen Briefes. Doch überliessen wir zur Schadloshaltung der Salzburgischen Kirche und zur Dankbarkeit für diese Gnade dem hohen Erzstifte ein Grundstück von uns, die Ziegelwiese genannt, welche an dem Hof Vogelsang, bey dem Schloße Neuhaus liegt. c)

a) Ein mehreres hievon belehret die oft angerühmte Unpartheyische Abhandlung von dem Staate des hohen Erzstifts Salzburg im VI. Abschnitt § 234. Fol. 271.

b) Der Uebergabs = und Aufnahmsbrief dieser Salzpfannstätte ist in unserer Chronick, deutsch verfaßt, Fol. 432; wie auch

c) Eben daselbst s Fol. 433 die päpstliche Bulle, und die Bestätigungsschrift zu lesen.

Die geistlichen Bündnisse, welche Abt Wolfgang errichtete, sind folgende: als im Jahre 1503 mit dem berühmten Benediktinerstift Niederaltaich; mit dem Hochwürdigen regulirten Kapitel zu Berchtoldsgaden; mit der ehrwürdigen Geistlichkeit zu Hallein, und im Jahre 1517 mit den Cisterzienser Nonnen zu Traunkirchen *) welche drey letztere aber schon vorlängst erloschen. Im Jahre 1506 mit dem löblichen Benediktinerstift Oberaltaich, auch mit den Augustiner Chorherren, und unseren andächtigen Ordensschwestern zu

3.
Errichtet geistliche Bündnisse, und bekömt verschiedene Stiftungen

(A) 5

Chiem-

Chiemsee. Im Jahre 1511 mit den Benediktinern zu Prislingen. Im Jahre 1515 mit den hochgeehrten Frauen im Kloster Göß, und mit dem adelichen Stifte Nonnenberg allhier in Salzburg. Im Jahre 1517 mit den zwey Chorherren Stiftern des Heiligen Augustins zu St. Zenno, und zu Polling, beyde in Oberbaiern; und im Jahre 1518 mit unsern ansehnlichen Ordensbrüdern auf dem heiligen Berg Andechs. Ferner erneuerte Abt Wolfgang einige schon vorhin gemachte Verbindungen im Jahre 1512 mit den Benediktinerstiftern zu Seem in Baiern, und im Jahre 1517 zu Osiach in Kärnthen. Dann auch mit den regulirten Chorherren zu St. Niklas bey Passau im Jahre 1516: und mit den Hochadelichen zu Gurk in Kärnthen im Jahr 1517. Diese letzte aber ist gleichfalls längstens aufgehoben worden.

Hieher können auch die gottseligen Stiftungen, welche unter dem Abte Wolfgang uns vermacht wurden, gesetzet werden. Also finden wir, daß im Jahre 1505 Herr Ernest von Graben für seine Grabstätte in der St. Margarethskapelle, nebst einem Jahrtag für sich und seine Ehefrau den halben Hof, Praitenbrunn, in dem Pfleggerichte Mattsee, und unserm Amte Ehing anwies. Im Jahre 1506 stiftete der wohlehrwürdige Herr Bartholomäus Volkmannstober, Chorherr zu Mattsee, eine wochentliche Meße bey dem Altare der heiligen Aposteln, und erlegte dafür 200 Rheinische Gulden, nebst Anweisung eines Jahrzinses von 5 Pfund, welchen das Gut Tamersbach, im Pinzgau, bezahlen sollte. Diese Wochenmeße wird noch immer unausbleiblich gehalten. Im Jahre 1507 verlangte Dorothea Kuenzinn einen Jahrtag für ihren verstorbenen Ehemann Konrad Wunderkircher gegen jährlichen Zins Erlag eines Pfunds Pfenninge von ihrem Hause im Stain

über

über der Brücke allhier. Im Jahre 1513 bekennete Herr Christoph von Straß, daß seine Ehefrau, Ursula von Straß, gebohrne Ueberackerinn, eine Tochter des edlen und gestrengen Ritters Herrn Wolfahrt Ueberackers im Sieghartstein, vier Jahrtäge in der St. Margarethskapelle, wo sie auch beerdiget worden, zu halten befohlen, und hierzu die Halbscheide der Einkünfte eines Guts (so hier nicht benamset wird) in der Pfarre Taskirchen, und Baierischen Pfleggerichte Scharding gelegen, vermacht habe, welches Gut doch im Jahre 1574 wieder mit einem andern vertauscht wurde. Eben dieser Herr Christoph von Straß übergab uns im Jahre 1518 zur Stiftung seines eigenen Jahrtages das Gut Straß, im Pfleggerichte Tittmoning, und unserm Urbaramte Weildorf. Eine der vornehmsten Stiftungen aber errichtete der W. E. Herr Georg Erlbacher, der Rechten Doctor, Pfarrer zu Kestendorf, und zu St. Johanns im Leuthale, und Magister der Kammer zu Salzburg, indem er die St. Georgenkapelle, welche in unserer Kirche vom Eingange die 3te in der Ordnung ist, neuerbaute, sich daselbst begraben ließ, und alle Monate eine heilige Messe, die noch heut zu Tage fortdauret, stiftete; worzu er verschiedene Hauszinse vermachte.

*) Das Nonnenkloster Traunkirchen am Gemundersee in Oberösterreich ist abermal eines, welches die vor Zeiten herrschende Gesellschaft Jesu unter ihre Bothmäßigkeit gebracht hat.

Es sind noch mehr andere Güter, mit welchen Abt Wolfgang durch freye Käufe dem Kloster vielen Nutzen schafte. Denn im Jahre 1505 kaufte er von dem W. E. H. Wolfgang Lueger, Pfarrer zu St. Lorenz im Pramberg das Gut Stockach, im Pinzgau. Im Jahre 1508 verhandelte der edle Ritter, Mauritz Rimpf, dem Kloster zwey Güter, Sitinsdorf und Aicham, in dem

4. kauft, und vertauschet einige Güter.

Pfleg-

Pfleggerichte lauffen. Im Jahre 1513 war der andere halbe Theil des obenerwähnten Hofes in der Pfarre Taskirchen von der Frau Hedwig, Ehegattinn des edlen Herrn Rudolph von Schondorf käuflich an St. Peter gekommen; den erstern halben Theil hatte ihre Frau Mutter Ursula von Straß, gebohrne Ueberackerinn, zur Stiftung ihres Jahrtages vermachet. Im Jahre 1517 wurde ferner die andere Halbscheide des uns schon zu einem Stiftsgrunde überlassenen Hofes Praitenbrunn, dem Herrn Georg Goldecker abgekauft. Im Jahre 1518 verkaufte uns erstgedachte Frau Hedwig von Schondorf, gebohrne von Straß, den Hof Frißwang bey Straß, im Pfleggerichte Tittmoning. Mehr andere minder beträchtliche Güter brachte Abt Wolfgang durch erlegte Kaufschillinge dem Kloster zu; benanntlich: das Baumannsrecht in dem Hofe Tamersbach, im Pinzgäu von den Erben des Johann Scheckelins von Tanheim im Jahre 1503. Die Schiltwiese mit dem anliegenden Hause von oftbesagtem Herrn Christoph von Straß, und ein Feld bey dem Schloße Tittmoning von einem Burger, Peter Salinger, im Jahre 1508. Das Grundeigenthum zu einer Mühle in Mönichshausen, von den Erben des Johann Schirnbeck im Jahre 1509. Und das nehmliche Recht auf eine Mühle, zu Obslauffen von Oswald Gutschner im Jahre 1512, welche drey letztere unter unserm Urbaramte Spital eindienen.

Auch traf Abt Wolfgang zum Nutzen, oder besserer Bequemlichkeit des Klosters einige Täusche; von welchen zwar der erste nicht wohl gerieth, da er dem Herrn Clemens Trauner, Pfleger zu Raschenberg im Jahre 1509 den Adelsitz Arlstetten, welcher im nehmlichen Jahre fast abgebrannt, und mit großen Kosten wieder neu hergestellet ward, um das Gut, oder vielmehr das Grundeigenthum auf dem Hof Ruedersdorf, bey Waging,

ging in unserm Amte Spital einwechselte; denn in den Erträgnissen dieser beyden Güter zeiget sich ein merkli-cher Unterschied. Im Jahre 1507 übergab uns das be-rühmte Stift der regulirten Chorherren zu St. Zeno bey Reichenhall in Baiern das Gut Voglarn, nebst ei-nem gewißen Felde bey Arlstetten in unserm Amte Weil-dorf gelegen, und übernahm darfür unsern Hof Weiß-bach, nebst zween Gärten und einem Felde. In eben diesem Jahre vertauschten uns die adelichen Nonnen zu Frauen Chiemsee zwey Güter im Pinzgäu, und wir wiesen ihnen hingegen ein Gut bey Traunstein in Bai-ern an. Im Jahre 1513 überließ uns Johann Pra-tzel in Radegg, d. Z. Zöllner zu Traunstein, ein Pfund Pfenninge Jahrszins vom Gute Rabengasteig, und er hatte ein anderes jährliches Gefäll zu 3 ß Pfenninge von unserm Hofe Reitt, in dem Pfleggerichte Neuhaus dargegen einzuholen.

Uebrigens erlebte Abt Wolfgang unterschiedliche Streitigkeiten, einheimische Unruhen, und allerley Ver-wirrungen. Denn so viel wir theils aus der Bestäti-gung alter, theils aus Errichtung neuer Verträgsbriefe abnehmen, so erweckte im Jahre 1508 das hochwür-dige Kapitel von Wienn den schon unter dem Abte Pe-ter beygelegten Streithandel, wegen der Zehenten, und andern Rechten des Klosters. Wiederum gieng im Jahre 1510 ein gütiger Vergleich mit dem hiesigen hochwürdigen Metropolitankapitel und unserm Kloster vor sich, da einige Herren Hofräthe, als aufgestellte Kommissarien, die angestrittenen Weyden, oder den Blumenbesuch, und die Gränzscheide in der Scheffau, und auf dem Strubberg auszeichneten. Ferner wurde durch solche Hochfürstliche Räthe im Jahre 1513 mit dem Herrn Rupert Lasser in Betreff der Zehente zu Niederalm, und Anif ein Vertrag geschlossen. Dann

5.
Lebte in streitigen, unruhigen, und ver-wirrten Zei-ten.

verei-

vereinigte ſich St. Peter im Jahre 1515, mit dem
Nonnenſtift unſers Ordens zu Tuln in Unteröſterreich, welches einen ſchon langen Streit wegen unſerer
Zehenten zu Dornbach führte, daher noch heut zu Tage dieſe unſere Herrſchaft ermeldten Frauenkloſters zu
Tuln eine gewiſſe Summe Gelds für die Zehenten erlegen muß. Endlich mußte ſich im Jahre 1518 eine
neue Mißhelligkeit in Betreff der Zehenten von unſerer
Kapelle zu Dornbach erhoben haben, weil in dieſem
Jahre von dem Hochwürdigſten Herrn Berthold Bi-
ſchofe zu Chiemſee die hieher lautende Freyheitsbriefe
der Biſchöfe von Paſſau, die ſchon im Jahre 1152
ergiengen, neuerdingen beglaubiget wurden.

      Was unſern Abt Wolfgang ſchon auf die zu-
künftigen Zeiten beunruhigen konnte, war die unvermu-
thete Abänderung des Hochwürdigen Domkapitels von
Salzburg, welches 392 Jahre lang nach der Regel
des heiligen Erzvaters Auguſtin lebte, nun aber im
Jahre 1514 von derſelben plötzlich entbunden wurde.
St. Eminenz Matthäus Lang, Kardinal und Biſchof
von Gurk erwirkte nämlich von Papſt Leo dem X. eine
Bulle a), daß die Domherren hinfüran von beſagter Regel
entlediget, und nur hochadeliche aus 24 Perſonen be-
ſtehende Glieder ſeyn ſollten. Dieſe Standsverwechſe-
lung gab den adelichen und freyen Domherren ein ver-
meintliches Recht, daß ſie zugleich die Freyheiten anderer Kathedralkapitel zu genieſſen hätten, und alſo forderten ſie auch in den öffentlichen Umgängen den erſten
Rang vor unſern Mönchen zu St. Peter, welchen doch
dieſer Ehrenplatz wegen der Vorzüge ihres Urſprungs
und Alterthums bisher vorbehalten, und zugeſtanden
worden. Der Anfang dieſer hierüber erfolgten Rechts-
behandlung erhob ſich noch bey den Lebzeiten unſers
Abts Wolfgangs, von welchem er aber den Ausgang
nicht

nicht mehr erlebte. Dem ist noch beyzufügen, daß
sich kurz vor seinem Tode auch eine Spaltung und Un-
einigkeit unter unsern Mitbrüdern anzettelte, welche
vielleicht die große und seltene väterliche Güte ihres Abtes misbrauchten, und in der klösterlichen Gemeinde
die brüderliche Liebe, und Eintracht zerstörten; dergestalt, daß der Hochwürdigste Erzbischof Leonhard in
höchsteigener Person den 15ten May des 1518 Jahres eine Untersuchung unsers Klosters vornahm; mit
nichten aber Neuerungen einzuführen, sondern die Regelzucht auf die alten Verordnungen zu leiten, und den
Frieden und die Einhelligkeit unserer Brüder möglichst
herzustellen suchte. b)

Zwischen den heiligen Weihnachten und dem Feste der Reinigung Mariä in dem Jahre 1510, und
1511 endigte der Hochwürdigste Erzbischof Leonhard die
schon lange glimmende Uebermüthigkeit der Bürger von
Salzburg, welche endlich, um sich gleich andern freyen
Reichsstädten von dem Gehorsam ihres Fürsten zu ent-
jochen, in eine gemeine Zusammenschwörung ausbrach,
doch aber zu rechter Zeit entdecket wurde. Fürst Leonhard berufte den Burgermeister nebst andern der ersten Bürger, ungefähr 20 Personen, unter dem Vorwande, sie an seine Tafel zu ziehen, in seine Burg.
Da verschloß man die Thore, und Erzbischof Leonhard
verwies ihnen in einer nachdrücklichen Rede ihre schänd-
liche Untreue; darauf alle in die hohe Vestung Salzburg als Gefangene, hernach aber zween und zween
rücklings zusammengeschmiedet, auf Schlitten in das
Schloß Werfen, und von da in der grösten Winterskälte
nach Radstadt abgeführet wurden. Es war beschlossen,
oder wenigstens allen zum Schrecken, das bestverdiente
Urtheil angekündiget, daß sie zu Mautterdorf im Lungau durch das Schwerd sollten hingerichtet werden.

Meh-

Mehrere Hochwürdigste Bischöfe, besonders Berthold, Bischof zu Chiemsee, und unser Abt Wolfgang bemüheten sich den billig aufgebrachten Fürsten durch hinlängliche Genugthuungen zu besänftigen; c) und daher geschah es, daß die schuldigen Bürger wieder losgelassen, ihnen aber eine angemessene Geldstrafe auferlegt, und einige Freyheiten entzogen wurden. Diese Empörung verursachte zwar unserm Kloster keinen Schaden, ob sie schon dasselbe in eine nicht geringe Furcht versetzen konnte, weil auf die erste Gefangennehmung der Rädelsführer die ganze Stadt Salzburg in eine Bewegung gerieth, welchen Lärm aber Fürst Leonhard alsogleich stillte, indem er versicherte, daß dieses Unternehmen lediglich die Schuldigen, und sonst Niemand betreffen sollte.

Kaum aber war diese Gährung gedämpfet, so erhob sich in Slavonien, Kärnthen, Steyermark, und Crain eine ärgere Aufruhr der Bauren, welche sich wieder den Adel und ihre Herrschaften aufwarfen, und viele Schlösser und Städte des hohen Staats Salzburgs eroberten; bey welcher Gelegenheit auch unsere Probstey Wietting in Kärnthen unter die Gewalt der Aufrührer gelangte, bis endlich dieses rohe Bauerngesind durch die gemeinschaftlichen Waffen der Fürsten zu Paaren getrieben worden. d)

a) Diese Bulle hat P. Hansitz in Germ. S. Tom. II. Fol. 557 vollständig angeführt.

b) Das ganze Instrument dieser Untersuchung ersehe man aus unserer Chronick Fol. 441. n. XVII.

c) Hochbesagter Bischof zu Chiemsee und unser Abt Wolfgang reisten zur Beylegung dieser Sache nach Radstadt, und verzehrten samt ihrem Gefolge mehr nicht als 4 fl. 15 kr. P. Hansitz nimmt dieß als einen bewunderungswürdigen Beweis an, wie glattweg man
damals

damals lebte, oder vielmehr, wie hoch das Geld in diesem Zeitalter umlief; ich aber wollte lieber beysezen, wie wohlfeil in diesen Zeiten die allgemeinen Pfennwerthe müssen gewesen seyn.

d) Von gegenwärtigem Aufstande der Bauern lese ich in den bekannteren salzburgischen Geschichtsverfassern kein Wort. Unsere Chronick selbst beleget diese Erzählung mit keiner alten Handschrift, oder Geschichtskunde. Es müßte nur etwa die Bauern=Aufruhr zu Speyer seyn, die Dücker Fol. 225 auf das Jahr 1502 ansezet.

Bey allen diesen Verhängnissen zeigte sich Abt Wolfgang dennoch als den geflissensten Wirthschafter. Er führte viele Gebäude auf, sonderlich in unsern österreichischen Gütern, wo er die Weingärten zu besserer Verpflegung brachte. In unserm Kloster ließ er in dem Mönchsberge einen schönen Weinkeller aushauen, und von diesen Steinen die Mühle und die sogenannte Pfisterey oder Bäckerey aufbauen. In der Kirche legte er einen neuen Fußboden von Marmor, und bereicherte dessen Schatzkammer mit kostbaren Geschirren und Zierrathen; den Büchersaal und alle andern Einkünften des Klosters vermehrte er ungemein. Auch besorgte er, daß einige Kirchen, Kapellen und alte Altäre, derer erste Einweihung nicht mehr bekannt, oder sonst verletzet war, auf ein neues eingeweihet wurden. Schließlich wird Abt Wolfgang durchaus als der sorgfältigste Hausvater, und als ein so besonderer Liebhaber seiner Brüder angerühmet, daß in diesem Zeitalter seines gleichen niemals gesehen, und auch von keinem gehöret worden, welcher bey allen also beliebt, und verehrt gewesen sey. *) Daher hinterließ er auch nach seinem Tode, welcher den 18ten des Brachmonats im Jahre 1518 erfolgte, eine brünstige Sehnsucht, und Liebe gegen ihn zurück. Er besorgte

6. Führte viele Gebäude auf, und starb.

Aus der St. Pet. Chr. 2r Th.   (B)   unser

unser Kloster fünfzehn und ein halbes Jahr lang, und fand an der Seite seines Vorfahrers in unserer St. Veits Kapelle seine Grabstätte.

*) Ich, meines Orts, finde die Anmerkung, welche unser Abt Martin in M. S. R. hier machet, eben nicht scherzhaft, als wie sie unsere Chronick Fol. 441. Col. 2. lin. penult. *facetam animadversionem* betitelt, sie lautet also: *Habuit* (nimirum Wolfgangus Abbas) *in suis insigniis duas Columbas, quia vere simplex, ut columba, neminem fefellit; modo etiam semper habuisset serpentinam prudentiam, quae eum aliorum dolos, et circumventiones cavere, et evitare docuisset, sed nemo ex omni parte beatus, nec omnibus omnia data.*

Vielleicht schrieb Abt Martin, dieser sonst unvergleichliche Vorsteher, solches darum, weil er mehr gefürchtet, als geliebet zu werden verlangte, wie wir in seinem Jahrlaufe vernehmen werden.

Simon

Simon der III.

LXI. Abt zu St. Peter.

Vom Jahre 1518. bis 1522.

Unter den Römischen Päpsten
Leo dem X. und Hadrian dem VI.

Unter den
Fürsten und Erzbischöfen Salzburgs
Leonhard von Keutschach, und Matthäus
Lang von Wellenburg.

Unter den Römischen Kaisern
Maximilian dem I. und Karl dem V.

Auf Absterben des Abts Wolfgang bekam unser
Kloster St. Peter, wenn es gleich nur eine runz-
lichte Braut ist, zween große und ansehnliche Freyer,
die aber vielmehr den Brautschatz als die Braut selbst
verlangten. Der erste war ein gewißer Gundisalv von
Casa, der geistlichen Rechten Doctor, welcher gleich nach
dem Hintritte des Abts Wolfgang (man weiß nicht,
mit welchem Rechte, durch was für Wege und Mittel)
die Abtey zu St. Peter von dem Papste auf das nachdrücklichste zu erlangen suchte, oder wohl gar schon er-

*Mit Nach-
setzung zwe-
er Freyer
wird Si-
mon der
III. zur
Abtey er-
wählet.*

(B) 2

langet

langet hatte. Da er aber vernahm, daß wirklich ein
neuer Abt erwählet, und bestätiget worden, lud er den
neuerwählten bey dem römischen Hofe vor Gericht; wo
dieser wunderliche Rechtshandel bis auf das Jahr 1522
fortdauerte. Endlich wich Gundisalv selbst, oder verlohr sein angemaßtes Recht, und unser Prior, P. Kilian
Pietricher, der sich in Angelegenheiten des Klosters
eben zu Rom befand, verglich die Sache dahin, daß ermeldter Gundisalv auf immer der Abtey entsagte, für
seine aufgewandte Streitkosten aber zu einer Befriedi-
gung 50 Dukaten von dem Kloster empfieng. Der
zweite und weit mächtigere Freyer war, wie die salzburgischen Geschichten geben, Se. Eminenz Cardinal Matthäus Lang, Bischof von Gurk, und schon gesetzter Coadjutor des hohen Erzstifts, welcher die Abtey St. Peter als eine sogenannte Kommende von dem Papste zu
erwirken dachte, oder auch schon erwirket hatte.

Bey diesen Verwirrungen trat der noch regierende
Hochwürdigste Erzbischof Leonhard (dessen Güte und
Sorgfalt für unser Kloster bey uns ewig im Seegen
verbleiben wird) in das Mittel, und verfügte sich, nebst
einigen Räthen, in höchster Person am Vorabende des
angesetzten Wahltages zu uns in das Kloster. Er ergrief zwar, wie es anfänglich schien, einen in etwas ge-
waltthätigen Weg, indem er dem Konvente den Vortrag
machte, daß er, zwar ohne erfolgenden Nachtheil, und nur
für diesesmal, weil die bevorstehende Gefahr keinen Auf-
schub leide, einen neuen Abt demselben vorsetzen und ernennen wollte. Die Meisten aus unsern Mitbrüdern, derer fast
30 waren, würden bereit gewesen seyn, diesem gnädigsten
Vorschlage beyzufallen; allein sonderheitlich Vier aus denselben, weil sie vermeinten, die Wahlfreyheit zu verlieh-
ten, widersetzten sich wider alle gesunde Vernunft und Anständigkeit. Billig ward Fürst Leonhard durch dieses

fes grobe Betragen aufgebracht, und gieng unverrichteter Sachen fort. Doch schickte Hochselber wieder einige aus seinen Vertrauten, und ließ das Konvent nochmal befragen, ob es seine Gesinnung nicht abgeändert hätte; und da es noch in seiner Hartnäckigkeit verharrte, bezeugte er hierüber seine gröste Ungnade. Dem ungeachtet begnehmigte Erzbischof Leonhard den Vorschlag seiner Räthe, und überließ unsern Mönchen die freye Wahl eines Abtes. Diese fiengen nun endlich auch an anders zu gedenken, und wollten das Wahlgeschäft ohne Gegenwart ihres so gütigen Fürsten nicht vornehmen; welcher denn, auf vorgetragene unterthänigste Bitte, den 1sten des Heumonates mit ausnehmender Gnade und Freundlichkeit in unserm Kloster erschien. Ehe man zur Wahl schritt, befahl Fürst Leonhard dem Konvente eine Ermahnungsrede vorzulesen, die sich durch ihre gnädigsten Ausdrücke, Stärke der Beredsamkeit, erleuchte Vernunft, und liebesvolle Bescheidenheit vorzüglich auszeichnete. *) Hierauf wurden die geheimen Wahlstimmen zweymal nach einander in den geheiligten Kelch geleget, jedoch allezeit fruchtlos, und ohne eine entscheidende Mehrheit der Stimmen auszumachen. Indessen verlief die Zeit von 7 Uhr Morgens bis 12 Uhr Mittags: und dennoch sagte Erzbischof Leonhard mit einer bewunderungswürdigen Langmuth; wir wollen nicht eher aus dem Kloster gehen, bis ein Abt gesetzet ist. Unsere Mitbrüder geriethen in eine Verlegenheit, aus der sie sich nicht zu entwickeln wußten, und ersuchten durch vieles Bitten den anwesenden Fürsten, daß doch er einen Abt ernennen, und dem in Gefahr stehenden Kloster St. Peter zu Hilfe kommen möchte. Höchstselber schlug aber dieses Anerbiethen, wegen der vorhin bezeugten Widerspenstigkeit aus, jedoch gestattete er, und gebot es den gegenwärtigen Untersuchern der Wahlstimmen, diese Handlung nach dem einhälligen Willen der

(B) 3 Erwäh-

Erwählenden auf sich zu nehmen.   Auf solche Weise wurde endlich P. Simon Garchanetz, ein gebohrner Sclavonier, von Reinitz, als Abt ausgeruffen, welcher unter dem Abte Rupert dem V. im Jahre 1493 die Ordensgelübbe abgeleget, und damals Küster des Klosters war.   Den 3ten des Heumonates bestätigte Erzbischof Leonhard den Neuerwählten, und am 11ten darauf wurde er, nehmlich Abt Simon der III. nebst dem neuerwählten Abte Wolfgang von Michaelbeyern von dem Bischofe zu Chiemsee, Berthold, in unserer Kirche zu St. Peter eingeweihet.

*) Besagte merkwürdige Anrede ist ganz in unserer Chronick Fol. 444. n. III. zu erheben.

2.
Erhält von Rom unsern alten Vorrang, und die Ausspendung der heil. Sakramente.

Im folgenden Jahre, nehmlich 1519 den 8ten des Brachmonates beschloß der unsterbliche Fürst Leonhard seine rühmlichste Laufbahn, in der hohen Vestung Salzburgs, welche er, um einer gesündern und frischern Luft zu genieffen, damals bewohnte, und wurde mit gebührendem Gepränge in der Cathedralkirche und St. Hieronymuskapelle, die er auch erbaut hatte, zur Gruft gebracht. a)   Sein erzbischöflicher Thronfolger waren Se. Eminenz Matthäus Lang von Wellenburg, anfangs Kardinal Diakon, hernach Priester unter dem Titel des Heiligen Engels, welchen Papst Leo der X. schon im Jahre 1514 unwiederruflich zum Coadjutor und Nachfolger setzte, worzu die Domherren selbst, theils unter der Hand arbeiteten, theils desto geneigter waren, indem sie durch ihn die Abänderung ihres regulirten Mönchsstandes in das freye Weltpriesterthum hofften, und auch erhielten.   Dieser gepurpurte Fürst war unserm Kloster gar nicht geneigt, besonders weil Abt Simon gleich bey dem Antritte der Abtey seinen Prior den Pater Kilian nach Rom schickte, um unsern alten Rangstreit mit dem hochwürdigen Domkapitel daselbst anzuhängen,

und

und auszumachen. Und obschon Höchstermeldter Matthäus lang unsern Mitbrüdern ausdrücklich befahl, den Prior von Rom zurück zu berufen, so bezeugten sie sich dennoch ungehorsam, und ließen unsern Streithandel fast drey Jahre lang bey dem römischen Hofe betreiben, bey welchem denn auch den 14ten des Weinmonates im Jahre 1521 zum drittenmale zu Gunsten unsrer Mönche gesprochen, ihnen der erste Platz auch vor den adelichen Domherren zuerkannt, und die Hilfsbefehle zur Vollziehung dieses Urtheils so gar an Se. Majestät, Kaiser Karl den V. abgeordnet wurden.

Papst Leo der X. verließ unter diesem Abte laut einer Bulle b) unserm Kloster die Erlaubniß, allen unsern Mönchen, Nonnen, Schülern, und Hausgenossen beyderley Geschlechts die allerheiligsten Geheimnisse der Busse, des Altars, der Wegzehrung, und letzten Oelung auszuspenden.

a) Um von diesem großen Fürsten das Merkwürdigste, so unser Vaterland betrift, nur in etwas zu berühren, so hat der Hochwürdigste Erzbischof Leonhard folgende Güter, die in vorigen Kriegsläufen veräussert, und versetzet worden, wieder eingelöset, als: die Stadt Gmünd, nebst dem Schlosse, und allet Zugehörde um 30000 Rthlr. die Zehente und andere Güter im Vicedomante Leibnitz und 22000 Gulden; die Herrschaft Wildenegg, und die Stadt und das Schloß Pettau um 20000 Rthlr. das Schloß Stall 5000 Rthlr. die Herrschaft Armstorf um 2000 Rthlr. das Vogteyrecht samt dem Hofgericht zu Mühlborf um 9000 ungarische fl. oder (wie Ducker sagt) Dukaten. Den erzbischöflichen Hof zu Linz um 1000 Gulden. Das Kloster samt den Märkten Mondsee, und St. Wolfgang um 12000 Rthlr. Das Schloß Ytter, oder Hopfgarten im Tyrol um 20000 Gulden. Auch erkaufte er zwey Häuser, eines um 1300 fl. auf dem Habermarkt, in welchem Bier ausgeschenket wird, so glaublich das heutige sogenannte Kaltenbierhaus seyn kann. Das andere, das

(B) 4   Bräu-

Bräuhaus Kaltenhausen ausser Hallein, wo man weis-
ses und braunes Bier brauet. Deßgleichen führte dieser Fürst viele herrliche Gebäude auf. Er ließ nehmlich in der hohen Vestung Salzburg die Laufgräben mit
Quaterstücken aussetzen, und zwo Kapellen erbauen,
die er selbst einweihte, nebst andern kostbaren Zimmern,
und Sälen, wo er für alles 26300 Gulden verwandte:
eben sein Werk daselbst ist das berühmte Horn, oder
eine mit Walzen versehene Orgel, die in der Frühe um
4 Uhr, und Abends nach dem Gebethläuten ertönet,
in welche der Hochwürdigste Erzbischof Sigmund Graf
von Schrattenbach ꝛc. H. A. von den d. Z. besten Ton-
künstlern Hr. Ernst Eberlin Hochfürstl. Kapellmeister sel.
und Hr. Leopold Mozart dermal Vicekapellmeister auf
jeden Monat ein anders Orgelstück, zur Abwechslung
einzurichten befahl. Durch den Fürst Leonhard wurden die Fischteiche zu Radstadt ausgegraben; der Fluß
Salzache 8 Meilen weit, nämlich vom Hallein bis Tittmoning, mit Dämmen eingeschränket; über den bekannten Radtstadter Dauern, und von Hirschfurt gegen
Mauriß und Tarenbach eine Fuhrstraße gebahnet; die
Schlösser, Tanzenberg in Kärnthen (so vormals seine
Freunde inne hatten, nun aber die Freyherren von
Schluga besitzen) Stauffeneg, Gmünden, Traßmauer,
Frießach, die Marktflecken Leibnitz, Landsperg, Täg-
genbrunn, oder Mariasaal, Althofen, Stein, Lebenau,
oder die Stadt St. Andree im Lavantthale, und mehr
andere erneuert. Auch erbaute er aus seinem eigenen
Beutel die Kapelle, und den Altar des heil. Hierony-
mus in der Kathedralkirche, stiftete für sich und sein
Geschlecht einen Jahrtag, und bereicherte dieselbe mit
Kelchen und andern herrlichen Zierrathen: wie auch
den Altar des heiligen Ruperts, nebst einem kostbaren
Pastoral, und Infel. Seinen fürstlichen Pallast versah er mit unbeschreiblich vielen Bechern, Tellern, und
anderm Tischgeräthe von Silber. Alle richtige und
unrichtige Schulden, alle recht- und unrechtmäßige
Foderungen führte er, zur Vermeidung fernerer Streitigkeiten, mit baarem Gelde ab, dergestalt, daß Zeit
seiner 24jährigen, glorwürdigsten Regierung unser Vaterland des süssesten Friedens genoß. Alles dieses konnte Fürst Leonhard ohne Abfoderung ungewöhnlicher
Steuern, zu derer Verwilligung die damaligen Landstände

stände sehr schwer zu bewegen waren, bewirken. So
wohl seine eigene Geschicklichkeit in der Hauswirthschaft,
als ins besondere der wunderbare Segen Gottes in den
Goldbergwerken, vorzüglich in der Gastein, und die
gleich im Anfange seiner Regierung im Jahre 1498
geschehene Verbannung aller Juden aus seinen Staaten
verschaften ihm einen so unglaublichen Reichthum. Der
allerletzte Sproß dieses uralt adelichen Hauses, nehmlich
(Titl.) Herr Johann Ernst von Keutschach, Hochfürstl.
Salzb. wirklicher Hofkammerrath, und Hofcavalier starb
den 14ten des Heumonates im Jahre 1773, und liegt
bey uns zu St. Peter im Freydhofe bey dem Eingange
in die Mariazellkapelle rechter Hand am Ecke begraben,
wie der kleine Grabstein, mit der Innschrift und dem
Wappenschilde, die Rube, belehret.

b) Die Bulle steht in unserer Chronick Fol. 446.

Weil Abt **Simon** unser Kloster nicht lange ver-
waltete, so brachte er auch wenige Güter demselben zu. **Erwirbt ei-**
Stiftungen finden wir unter ihm nur zwey: nehmlich **nige Güter.**
Johann Pairhammer, Verwalter zu Seekirchen, stiftete
im Jahre 1519 einen Jahrtag in der St. Margarethen-
kapelle, und Regina Engelshaimerinn im Jahre 1520
zween Jahrtäge, eben daselbst abzuhalten. Käuflich
erlangte Güter sind folgende: im Jahre 1518 das Gut
Pitterlehen zu Gredig vom Ulrich Vockenberger; im
Jahre 1519 den Hof Lintach im Pfleggerichte Lauffen,
unserm Amte Ehing, vom Sebastian Pais, im Jahre
1521 wurde das Gut, Altmansteig, oder das Wirths-
haus in der Gnigl, von einem gewißen Georg Renner
theils gekauft, theils zur Abzahlung der Schulden angenommen; und im Jahre 1522 die Grundherrschaft
auf das Gut Krarnerlehen bey Gredig vom Marx Ha-
genpauer eingehandelt.

Uebrigens ist dieser Abt **Simon** der III zugleich **und wird**
der erste, welchem unsere Chronick am wenigsten schmei- **der Abtey**
chelt, **entsetzt.**

(B) 5

chelt, indem sie ihn also beschreibet: Wie man in andern Urkunden lieſt, so war Abt Simon ein Mann, der mehr Einbildung und Stolz auf seine Würde, als wahre Fähigkeit besaß. Er war ein seichter Kopf, und folgte lieber seinem Eigensinne, als den guten Rathschlägen anderer. Er suchte mehr seine Untergebene zu drücken, als sie zu führen und zu leiten. a) Daher er denn auch von seinem Konvente, welchem er sehr verhaßt war, bey dem Hochwürdigsten Erzbischofe und Kardinal Matthäus Lang angegeben und verklaget wurde, höchstwelcher ihm, nach öfters vorgenommenen Untersuchungen, anfänglich die Ausübung aller abteylichen Gewalt verboth, nach einigen Monaten aber um das Fest des heiligen Apostels Jakob im Jahre 1522 desselben gänzlich entsetzte. Simon besorgte unser Kloster als ein schlechter Hausvater nur 4 Jahre, und lebte nach seiner Absetzung bis auf das Jahr 1525, in welchem er an dem Seitenstechen verstarb, und in unserer St. Veits Kapelle beerdiget wurde. b)

a) Also unsere Chronick Fol. 445. n. V. Col. II.

b) Beym Beschluße meldet hier unsere Chronick Fol. 447. daß unter dem Abte Simon dem III. ein Herr Abt des berühmten Stiftes Admont in der Reihe der XL. Namens Michael Griesauer bey uns zu St. Peter im Jahre 1519 den 28sten März gestorben, und in der Mitte unserer Kirche unter den Staffeln sey begraben worden. Welcher Abt im Jahre 1501 friedlich erwählet, und sonst ein Mann des besten Wandels war, hernach aber wegen unversöhnlicher Abneigung seiner Untergebenen nach einigen Jahren seine Abtey freywillig abtratt, und unter unsern Mönchen gemeinschaftlich lebte:

Johann

Johann der IV.
Staupitz.

LXII. Abt zu St. Peter.

Vom Jahre 1522. bis 1524.

Unter den Römischen Päpsten
Hadrian dem VI. und Clemens dem VII.

Unter dem
Kardinal, Fürsten und Erzbischofe
zu Salzburg.
Matthäus Lang.

Unter dem Römischen Kaiser
Karl dem V.

Papst Leo der X. wie aus der Kirchengeschichte bewußt ist, gedachte das prächtige Gebäude der St. Peterskirche zu Rom, welches sein Vorfahrer, Papst Julius der II. anfieng, nach aller seiner Herrlichkeit fortzusetzen, und zu vollenden. Da aber hierzu fast unermäßliche Kosten erfodert wurden, war Papst Leo gezwungen, der Christenheit einige Abläße zu verleißen, und an den gebothenen Fasttagen den Genuß der Milch,

1.
Johann
Staupitz
Generalvikarius St.
Augustins
Ordens.

Milch, Butter, Schmalz und dergleichen Speisen zu
erlauben; hingegen aber sollten die Christen ihren Beicht-
vätern, die sie frey erwählen könnten, ein freywilliges
Almosen zu diesem herrlichen Tempelbau darreichen, und
einhändigen. Solches Vorhaben auszuführen, erließ
Papst Leo im Jahre 1516 eine Bulle, deren Ausführung er dem Erzbischofe und Churfürst von Maynz, Albert, gebohrnen Prinzen von Brandenburg, anbefahl,
welcher die öffentliche Bekanntmachung derselben dem
Johann Tetzel, einem Mönchen aus dem Prediger-
Orden, der in ähnlichen Fällen schon öfters seine Geschicklichkeit gezeiget, übertrug. *) Dieser letzte Umstand
beleidigte einige Mönche aus dem Eremitenorden des heiligen Augustins, die damals in einem stolzen Wahne der
Gelehrtheit stunden, und, besonders den Johann Staupitz, als Generalvikarius des Ordens in Deutschland,
und Martin Luther, als ordentlichen Lektor dergestalt,
daß sie wider ermeldte Ablässe auf den Kirchen- und
Schul-Kanzeln öffentlich predigten, und gleichsam wütheten. Daher nahm der entsetzliche Irrthum des Luthers, der unzählig andere nach sich zog, seinen ersten
Anfang. Nachdem aber Luther seine öffentlichen Lehrsätze, wider alle Gesinnungen des Johann Staupitz,
mit mehrern Irrlehren, benanntlich von der Freyheit
des Gewißens, besudelte, ermahnte ihn zwar Staupitz,
sich nicht weiter in die Gefahr des Abfalls von dem
heiligen Glauben zu wagen; jedoch umsonst, und schon
zu spät: denn seine irrige Lehre war bereits in volle
Flammen ausgebrochen, so, daß in kurzer Zeit viele Länder von der römischen Kirche abfielen, und die Unterthanen sich von dem Joche ihrer Fürsten befreyen wollten. Damit nun Johann Staupitz nicht gänzlich verkehret, und gar ein Vertheidiger der lutherischen Ketze-
rey werden sollte, berief ihn Fürst Matthäus Lang, dem
er schon vorhin bekannt war, unter dem Vorwande einer anzuhoffenden Ehrenstelle nach Salzburg, und stellte
ihn

ihn als ordentlichen Prediger auf die ansehnliche Kanzel seiner Kathedralkirche.

*) Vid. Domenico *Berninonell*' Istoria di tutte e' Erefie nel quarto tomo dalla pag. 244. e fequ.

Die verworrene Lage, in welcher sich damals unser Kloster befand, gab dem Hochwürdigsten Erzbischofe, Matthäus Lang, die erwünschte Gelegenheit an die Hand, seinem berühmten und gelehrten Staupitz eine höhere Würde einzuräumen, und ihn hierdurch zu erhalten. Während dem also, daß die Zwistigkeiten mit unserm Abte Simon behandelt wurden, erwirkte schon Fürst Matthäus für den Johann Staupitz, nach Zeugniß der den 26 May und den 14ten des Heumonats ausgefertigten Freyheitsbriefe, in welchen zwar keine gewiße Person benannt wird, von Rom aus die Erlaubniß, sich in unsern Benediktinerorden begeben zu dörfen. Nachdem nun Staupitz diese erhalten, schwur er gleich darauf, nehmlich im Jahre 1522 den ersten des Augustmonats, und ohne vorhergehende gewöhnliche Prüfung, zu unserer heiligen Regel, und wir können seinen sogenannten eigenhändig geschriebenen Profeßionszettel jedermann vorweisen. ᵃ) Unser Konvent zu St. Peter, welches durch die Absetzung des Abts Simon verwaiset worden, hatte Erzbischof Matthäus also nachdrücklich vorbereitet, und mit so überzeugenden Beweggründen dahin verleitet, daß es keinen andern als den Hofprediger Staupitz erwählen konnte. Es geschah auch in besagtem Jahre den 2ten des Augustmonates, daß unsere Mitbrüder 25 an der Zahl, die vor 4 Jahren eine so uneinige Wahl unternahmen, vielleicht aus Strafe Gottes, nun genöthiget waren, einen Fremdling von einem andern Orden, und aus einem andern Lande, der sich nur erst Tags zuvor zur Benediktiner Regel verband, mit einhelliger Stimme

Marginalien:
2. Wird ein Mönch, und Abt zu St. Peter.

zu erwählen. Auf solche Art ist Johann Staupitz in Zeit zweyer Tagen ein Mönch und Abt zu St. Peter, den 6ten Augustmonates von dem Fürst Matthäus bestätiget, und zweifelsohne, obschon unsere Chronick hievon nichts meldet, bald darauf eingeweihet worden. b)

a) Dieser Profeßionszettel ist in unserer Chronick Fol. 449. n. II. Col. 2. beygedruckt, wo auch die römischen Freyheitsbriefe, und andere hieher gehörigen Urkunden zu finden.

b) Dückers Chronick Fol. 242. und P. Hansiz Germ. S. Tom. II. Fol. 587. setzen den 17ten des Augustmonates, an welchem Johann von Staupitz von dem Bischoffe zu Chiemsee, Berthold, zum Abte eingesegnet wurde.

Von den Handlungen des Staupitz, nun unsers **3.**
dessen Hand- Abts Johann dieß Namens des IV. scheint unsere sonst
lungen. weitläufige Chronick nur einen Auszug zu geben. Es wird ihm aber doch das Lob beygeleget, daß er ein ämsiger und getreuer Besorger seines Hauses war. Er kaufte von der Verlassenschaft des Michaels Haster, unsers Hofs Verwalter zu Dornbach, zween Weingärten, Kueleiten, und Saß genannt; verleibbingte und verkaufte einige Güter, Aecker, Wiesen und Zehenten bey Crems, ohne daß wir wissen, welche Noth ihn hierzu drang. Unter ihm wurden zwo Stiftungen errichtet, nehmlich im Jahre 1522 stiftete Rupert Lasser, und dessen Ehefrau Margareth einen Jahrtag nebst einer wochentlichen Meße, und im Jahre 1523 Georg Keutzel einen Jahrtag in der St. Margarethen Kapelle, worzu er 10. ß Pfenninge jährlichen Zinses von einem Hause über der Brücke anwies, welche beyde Stiftungen noch heut zu Tage gehalten werden. Auch erhielt er von dem Durchleuchtigsten Fürsten von Spanien, und Erzherzog von Oesterreich Ferdinand im Jahre 1522 die Bestätigung aller

aller Freyheiten unsers Klosters. Wir finden aber nicht, daß Abt Johann der IV. einen Neuling in das Klo= ster aufgenommen, oder daß einer unter ihm die Ge= lübde abgeleget; wir wünschten vielmehr, daß er den da= mals lebenden Mönchen durch seine Unbehutsamkeit nicht geschadet hätte, indem er ihnen verdächtige und irrleh= rende Bücher *) als die Schriften des Luthers, des Urban Regius, des Oecolampads, des Melanchthons u. d. m. zu lesen gab, durch welche einige aus unsern Mitbrüdern so weit verführet wurden, daß sie in nachfolgenden Jahren theils von dem Kloster, theils von dem heiligen Orden und Glauben abfielen; und fieng sich schon zu seinen Zeiten der Eifer für die Religion, und die klösterliche Zucht zu vermindern an.

*) Dücker schreibt Fol. 242. daß Johann von Staupitz eine ansehnliche Bibliothek, etliche Wägen voll, ketze= rischer Bücher mit sich in das Kloster gebracht; darun= ter viele Handschriften des Luthers gewesen sind.

Die freye Lehre des Luthers, welche ganz Deutsch= land in Bewegung brachte, und besonders die Geistlich= keit gewaltig herabsetzte, kützelte vielleicht auch im Jahre 1523 die Bürger Salzburgs, daß sie vermeynten, nun sey eben die rechte gelegene Zeit, um sich der Herrschaft ihrer Geistlichen Obern zu entladen, wie sie es schon un= ter dem Erzbischofe Leonhard zu unternehmen wagten. Allein, Fürst Matthäus, so bald er dessen gewahr wurde, reisete im grösten Geheim in das Tyrol, wo er 6 Fahnen Kriegsvolk unter Anführung des Leonhards von Völser anwarb, und mit diesen durch das Innthal über Reichenhalle neben dem Untersperge und Glanegg bis Gredigg zog. Hier schlug er das Lager auf, ließ der Bürgerschaft seine Zubereitung bedeuten, und ihr zugleich die Kriegsrüstungen auf der hohen Vestung zeigen. Die Bürger zauderten nicht lange, die Gnade ihres Fürsten

4. und Tod.

wieder

wieder zu suchen, und dieselbe durch einige Abgeordnete von ihm flehentlich zu erlangen. Darauf zog Erzbischof Matthäus, den sein Hofstaat und Räthe begleiteten, und zwey Fahnen der Hilfsvölker mit dem Obersten Völker umgaben, durch das Monuthaler Thor in die Stadt. Er saß zu Pferde mit einem eisernen Küraß angethan, welchen ein Waffenröckl von rothem Atlaße, so vorne, und rückwerts dreyfach aufgeschnitten war, bedeckte; auf seinem Haupte trug er eine purpurfärbige Müße in der Form eines Barets, welche er mit seidenen Schnüren, die von derselben hin und wieder abhiengen, unter dem Kinn zusammgebunden hatte; und in seiner Hand führte er einen Regierungsstab. In solcher ungewöhnlichen Rüstung, durch welche er seinen abtrünnigen Bürgern den Fürsten vorstellen wollte, damit sie den Pfaffen nicht verachten sollten, nahm er auf dem grossen Plaße des Markts von dem Stadtsrathe und der Gemeinde die fußfällige Abbitte ihres Meyneids, und die Huldigung ihrer neuen Treue auf. Damit aber machte er zugleich dem sogenannten lateinischen Kriege das erwünschte Ende. *) In dem folgenden Jahre 1524 den 28ten des Christmonates endigte auch unser Abt Johann von Staupiß die Tage seines Lebens, ganz wahrscheinlich in einem hohen Alter, indem er schon vorhin in seinem Augustinerorden ansehnliche Aemter bekleidet hatte, und unserm Kloster nur zwey Jahre und fünf Monate vorgestanden. Sein Leichnam wurde in unsrer St. Veits-kapelle beygesetzet.

*) Dücker Fol. 235. P. Hanßiz Fol. 588. num. LII. Die gelehrten Herren Friburger gaben sich auch die Mühe unsere lateinische Chronick einzusehen, mit nichten aber nach ihrem Zusammenhange, wie es sich zeiget, zu durchlesen. Sie erließen in ihrer Neuen Sammlung geistlicher Schriften *Vol. III. Fascic. IV a* Fol. 590. usque 629. ihre unerbethene Richtersprüche darüber, und greifen besonders diesen unsern Abt Johann

hann Staupitz an, der ihnen, wie sie selbst gestehen, vor
allen andern bestens bekannt ist, so man ihnen auch
nicht absprechen kann; denn der Hochwürdige Herr E.
K. muß natürlich eine genauere Wissenschaft von unserm Staupitz haben, da er noch ein Augustiner, und
kein Abt zu St. Peter war. So seicht ich immer in
dem gelehrten Fache bin, so würde es mir dennoch nicht
schwer fallen, wo nicht alles, doch das meiste gründlich zu widerlegen. Allein, dieß gestatten die gesetzten
Schranken meines Auszuges nicht; füge demnach nur
folgende Anmerkungen bey. 1) Daß unser Hochwürdiger Chronikverfasser keine kritische Untersuchung von
dem wahren Ursprunge der lutherischen Irrlehren, sondern
nur in so weit hievon eine Erzählung machte, als sie ihm
zu seinem Vorhaben diente. Ob er nun solche aus dem
Johann Cochläus, dessen Werk im Jahre 1549, folglich
in dem Zeitalter des Luthers, zu St. Victor bey Meynz
gedruckt worden, oder aber von andern Geschichtsschrei-
bern entlehnte, dieß weiß ich nicht; dieß aber bezeuget
der leidige Erfolg, daß es kein Geist der Liebe oder der
Religion gewesen, der die Augustiner wider den Tetzel,
wenn er auch eines geistlichen Wuchers schuldig war,
beeiferte, da sie sich so sehr vergangen, und den ersten
Grundstein zu neuen Irrlehren geleget haben. 2) Wird
von uns eben nicht leer und willkührlich angegeben, daß Staupitz unter dem Vorwande einer Ehrenstelle nach Salzburg berufen worden; würde wohl
ein heutiger Augustiner-Generalvicarius, oder auch
nur ein Vorsteher einer gelehrten Versammlung an
einen geistlichen Hof als Chorvikarius, oder Hofka-
pellan gehen? — Oder war es etwa keine ansehnliche Ehrenstelle, daß Staupitz als geheimder Rath
des großen und erlauchten Fürsten Matthäus Lang erkiesen wurde; und zwar darum, damit unser Staupitz
nicht gänzlich verkehret werden sollte? Denn
aus der nehmlichen Absicht wollte Fürst Matthäus
Lang sogar auch den Luther selbst an seinem Hofe
haben, um ihn von seinen fernern Schwärmereyen abzuhalten, und auf bessere Wege zu bringen. Indem,
nach dem Zeugniß der allbekannten Geschichte, die
die Erfahrung bestätiget, alle Verdemüthigun-
gen des Luthers nur heuchlerische Larven waren, um
sich vor dem besorgten Kirchenbann zu schützen. 3) Lassen wir uns weder einer Lüge bestrafen, noch min-

der aufbürden, einem unsrigen salzburgischen **Kirchen-**
Prälaten eine Unbilde zuzufügen, wenn wir sagen, daß
unsere Mönche bemußt (coacti) waren, den Staupitz
aus Antrieb (urgente) des Erzbischofs Matthäus zu
ihrem Abte zu wählen. Hätten die Herren **Fribur-**
ger, als sie dieß lasen, einen Blick in des **Dückers**
Chronick Fol. 242. geworfen, so würden sie diese Worte
gefunden haben: nach Absetzung des Abbt Simon
ist auf Vorschub, und Antrieb des Erzbischofs
sein Rath und Hofprediger Johann von Staupitz begehrt, und erwählet worden. Aus diesen
zwo Zeilen allein, läßt sich das freye Anbegehren und
die Wahl unserer Mönche schliessen. Und vielleicht
könnten wir den behutsamen Ausdruck unserer Chronick:
aus Antrieb des Erzbischofs — zu erwählen bemußt noch mehr beylegen, wenn Jedermann, wie die
heutigen Herren Rezensenten, befugt wären, alles, ohne
Ueberlegung, in die Welt hinein zu schreiben. P. Hansitz Fol. 587. n. L. gebraucht sich hier eines gelasse-
nern Ausdrucks als **Dücker,** da er schreibt: der **Erz-**
bischof ergrif (nach Absetzung des Abts **Simon)**
diese Gelegenheit, um seinen Prediger den Johann Staupitz zu dieser Infel zu erheben. Dann
setzt er weiter bey: Man sagt, der Erzbischof befürchtete, Staupitz möchte wieder zurückkehren,
daher beschloß er, ihn zu Salzburg zu versorgen;
dieser Ursache halber befand er für rathsam, ihn
zum Abte zu St. Peter zu machen, dessentwegen
er den Zenobiten anempfohlen, und zum Abte
erwählet worden. Was sind aber solche Anempfeh-
lungen, als eine gewiße Art gemessener Befehle? besonders bey jener Verfassung, in welcher sich zu diesen Zeiten unser Kloster befand. Dieses voraus gesetzt, so wird
auch ein Argus keinen Widerspruch sehen, wenn wir
sagen, daß unsere Mönche bemußt waren, den Staupitz mit einhälliger Stimme zu erwählen: es waren auch diese schon damals weder so ungeschickt, noch
weniger so einfältig, daß sie in dem Wahl Instru-
mente hätten beygesetzt; Staupitz wäre auf Vorschub des Erzbischofs anbegehret, und auf Antrieb dessen zum Abte erwählet worden. 4) Kann
Staupitz in einem gewißen Verstande gar wohl ein
Fremdling ꝛc. genannt werden; wiel er ohne Probjahre

jahre, nur einen Tag Profeß, und des andern Tages schon Abt, also weder in unserer heiligen Regel, und noch weniger in der Verfaßung unsers Klosters bewandert seyn konnte. Auch sagen wir eben nicht unvernünftig, daß einige aus unsern Mönchen, durch angezogene Bücher, die auch ohne Wortgefechte der Herren Friburger, noch nicht gedruckte Handschriften seyn mögen, verführet worden, wie solches leider die Erfahrung belehrte, doch nicht so, als hätte Abt Staupiz dergleichen Schriften unsern Mitbrüdern gefliffentlich zu lesen gegeben, sondern daß ihnen dieselben aus Mangel einer nicht genug behutsamen Verwahrung in die Hände gekommen; worzu sie eine vorwitzige Wißbegierde mag gereitzet haben, weil die Bürger Salzburgs durch die nämliche neue Lehre des Luthers, wie Hansiz l. c. n. LII. schreibt, zur Aufruhr veranlasset wurden. Aller Weitläufigkeit auszuweichen, will ich die andern Einwendungen der Herren Friburger nicht berühren; und nur, um ihre Wünsche zu erfüllen, die gedruckten Werke, wenn sie doch der Nachwelt so unentbehrlich seyn sollten) die unser Abt Johann Staupiz als Augustiner schrieb, beysetzen; I. von der Nachfolge Christi in dem Tode. II. ein nutzbarliches Büchlein von der endlichen Vollziehung ewiger Fürsehung. III. ein seliges neues Jahr von der Lieb Gottes. zu Leyptzig 1518. Dieß nämliche Werk von der Liebe Gottes. ain Wunder hüpsch Unterrichtung ꝛc. bewert und approbirt durch Dok. Martinum Luther. IV. von unserem heiligen Christlichen Glauben. Auch befindet sich in dem Bücherfale des Hochadelichen Frauenstifts auf dem Nonnenberge allhier in Salzburg eine alte Handschrift, welche in zween Octavbänden einige Predigten enthält, die Johann von Staupiz Doctor der Theologie (ganz wahrscheinlich als Hofprediger) verfaßte. Da ich diese Anmerkungen schreibe, fällt mir die Frage bey: Woher haben denn wohl die heutigen so überhäuften Herren Rezensenten ihren Freyheitsbrief, allen Gelehrten Männern, und ganzen arbeitsamen Gemeinden alle erdenkliche Grobheiten ohne Scheu in das Gesicht zu sagen? — — —

Kilian.

Kilian.

LXIII. Abt zu St. Peter.

Vom Jahre 1525. bis auf das Jahr 1535.

Unter den Römischen Päpsten
Clemens dem VII. und Paulus dem III.

Unter dem
Fürsten und Erzbischofe Salzburgs
Matthäus Lang.

Unter dem Römischen Kaiser
Karl dem V.

I.
Abt Kilian. Unsere Mönche, welche durch ihren eigenen Scha=
den klüger geworden, giengen bey der neuen Wahl
eines Abtes behutsamer darein, und erwählten im Jahre
1525 den 4ten Jänner mit einträchtiger Stimme ihren
P. Kilian Pietricher zu Waidhofen, aus dem, wie wir
dafür halten, nun landsfürstlichen Schloße und Stadt
in Unterösterreich gebürtig. P. Kilian legte unter dem
Abte Wolfgang im Jahre 1507 den 21ten des Herbst=
monats die Ordensgelübde ab, und seine Geschicklichkeit
stellte ihn verschiedenen Kloster=Aemtern, und noch unter
ermeldtem Abte dem Priorate vor. Er sammelte sich
besondere

besondere Verdienste, weil er zu Rom wegen des obbe=
sagten Rangstreites unser Sachwalter war, und diesen
Handel zum besten Ausgange beförderte.   Daher also
demselben, vermög seiner eigenen Fähigkeiten, und der
ihm schuldigen Dankbarkeit die Würde eines Abtes vor
allen andern gebührte, in welcher er denn auch von dem
Hochwürdigsten Erzbischofe Matthäus bestätiget
wurde; der Tag seiner Einweihung aber wird in unserer
Chronick abermal nicht angesetzet.

Die Würde eines Abts aber wurde unserm Kilian
durch immer abwechselnde Drangsalen wahrhaftig zur
Bürde.   Gleich bey dem Antritte der Abtey, nehmlich
im Jahre 1525, entstund der erschreckliche Bauernkrieg,
welchen die freyen Lehrsätze des Luthers in ganz Deutsch=
land anzündeten, und der vorzüglich auch unser Land und
Vaterstadt gewaltig mitnahm.   Denn auch unsere
Bauern, die das ärgerliche Beyspiel ihrer Nachbarn
bewafnete, überfielen so unvermuthet unsere Hauptstadt
Salzburg, daß sich der Hochwürdigste Fürst Matthäus
mit seinem Hofstaat kümmerlich in die hohe Vestung
flüchten konnte; allwo sie ihn auch einige Monate lang
belagerten.   Die Rebellen, zu welchen sich mehrmal die
Bürger selbst schlugen, wütheten dergestalt, daß sie die
Hochfürstl. Burg rein ausplünderten, auf den Kanzleyen
die Schriften und Urkunden zerrissen, und in dem Hof=
keller und Zehrgaden andere Bedienten aus ihrem Mit=
tel aufstellten.   Unser Kloster wurde ebenfalls von den
aufrührerischen Bauern belästiget, indem sie von dem
Abte Kilian eine Brandschatzung von 900 fl. (zu dieser
Zeit eine beträchtliche Summe) forderten, und im Ver=
weigerungsfalle die gänzliche Plünderung und Verhee=
rung des Klosters droheten. Nebst dem ward Abt Kilian
gezwungen, diesen Aufrührern täglich einen von ihnen
bestimmten Vorrath an Speiß und Trank zu liefern,

2.
Er lebt in
unruhigen
Zeitläufen.

(C) 3   welches

welches von Pfingsten bis auf den 15ten des Augustmonats, zum gröſten Schaden des Kloſters dauerte. Als
nun damals der Friede mit den Bauern, wenigſtens auf
eine Zeit, wieder hergeſtellet, und der Hochwürdigſte Erzbiſchof und Kardinal Lang gleichſam aus ſeinem Ge-
fängniſſe befreyet wurde, wollte Höchſtſelber von unſerm
Abte Kilian 4000 fl. entlehnen; da er aber von dem
ohnehin erlittenen Schaden unſers Kloſters berichtet worden, ſtund er von dieſem Begehren ab. *)

Im Jahre 1529 überzog der chriſtliche Erbfeind
mit einem fürchterlichen Kriegsheer Ungarn und Oeſterreich, belagerte die Stadt Wien, äſcherte zugleich den
Hof und das Dorf unſerer Herrſchaft Dornbach ein,
und verwüſtete daſelbſt alle Weinberge des Kloſters. Im
darauf folgenden Jahre foderte der römiſche und unga-
riſche König Ferdinand zum Erſatze der Unkoſten des
Türkenkriegs, über die gewöhnliche Steuer, den vierten
Theil von den geiſtlichen Gütern in Oeſterreich, Kärnthen und Steyermark, durch welche Abgabe nicht nur
die Kaſſe, ſondern auch die Schatzkammer des Kloſters
erſchöpfet wurde, zumal eine große Menge koſtbarer Perlen, Kelche, und anderer ſilbernen und vergoldeten Kir-
chengeräthen hierzu mußten verwendet werden.

*) Dieſer über zwey Jahre anhaltende Bauernaufſtand
kann ausführlicher aus des Qückers Chronick a Fol.
236. und aus den P. Hanſiz Germ. S. Tom. II. a
Fol. 592. nachgeleſen werden.

3.
Unter ihm
wird die
Pfarr Hal-
lein um die
Abtenauer
Pfarr ver-
tauſchet.
Unter dieſem Abt Kilian gieng auch der ungleiche
Tauſch der Pfarrkirche zu Hallein mit jener in der Ab-
tenau vor ſich. a) Denn obſchon zur Zeit des Erzbi-
ſchofs Konrad des I vom Jahre 1124, und im nach-
kommenden Jahre beyde Kirchen, nehmlich Hallein und
Abtenau, und zwar letztere mit dem dritten Theile der
Zehenten

Zehenten unserm Kloster St. Peter als Pfarrlehen zuständig waren, und noch überdieß im 1500 unter dem Abte Virgil dem II. vom Papste Alexander dem VI. und im Jahre 1508 unter dem Abte Wolfgang vom Papste Julius dem II. demselben laut angezogener römischen Bulle, mit nicht geringen Kosten vollkommen einverleibet wurden, so betrieb dennoch der Hochwürdigste Erzbischof Matthäus Lang, unerachtet aller demüthigsten Bitten und Vorstellungen, durch sein Ansehen und Macht diesen Vertausch. Diesem zu Folge mußte unser Kloster (wie der im Jahre 1533 den 10ten des Weinmonates aufgerichtete Vertragsbrief meldet, b)) auf eigene Kosten die Aufhebung der Einverleibungsbulle, der Pfarr Hallein, und eine neue Einverleibungsbulle dieser Pfarrkirche für das Hochstift Salzburg zu Rom auswirken. Weil aber die St. Antonskirche zu Hallein jährlich auf St. Peter 32 fl. Zins abzuführen hatte, so sollte ermeldter Zins noch von dem Gotteshause zu Hallein, oder im Falle einer sich ereignenden Unthunlichkeit, von der Hochfürstl. Kammer erleget werden. Um aber auch allen Irrungen in Belangung des Zehenten vorzubeugen, sind folgende pfarrhalleinische Zehenten unserm Kloster unverhinderlich zugestanden worden: „nemlichen allenthalben auf dem „Dürnberge zwen Thail Zehent, zu sand Elspeten ganzer Zehent; item zu Puech ganzer Zehent; ausserhalb „des Lasser zwahen Ländern in seinen Hof gehörig, so „im Puechfeld gelegen sein, wo die nit angebauet werden, wo sie aber angebauet werden, den dritten Tail „Zehent; zu Halleinstain auf zwehen Güttern zway Tail „Zehent: item zu Preihausen auf zwahen Güttern zway „Tail Zehent; item zu Puchel von ainem Vierl akhers „zwen Tail Zehents; und daselbst von Hausen Pruner zwahen Güttern, ains zu Puchel, und das andere „Vahenlung genanndt, ganzer Zehent: item im Markt „zu Oberalben auf allen Häusern durchaus den drit Tail

(C) 4 „Zehent;

„Zehent; desgleichen auf den Höfen dem Nußdorfer,
„und Wißpecken zugehörig, ausgenommen der Widemb
„gein Kallensperg gehörig, darvon gibt man keinem Ze-
„hent; darzu auf allen Gepeunten, so aus den Güttern,
„und Veldern zu Oberalben gebrochen, und für und für
„im Frid ligen, den Drittail Zehent. Auf der unter-
„peunten samt des Caing löderers Peunten, welche in
„das Markfeld Oberalben gehörig, den Drittail Zehent.
„Dagegen soll ain Abbt zu sand Peter alle jahr jährli-
„chen zu sand Marteins tag im Pfarrhof zum Hallein
„bezallen, und überantworten lassen, sechs Mezen ha-
„bern hällinger Mess.„ Nachdem nun dieser Vertrag
nach der Vorschrift des Erzbischofs Matthäus Lang
eingegangen, und beschlossen wurde, ward auch vom
Papste Paulus dem III. die Bestätigungsbulle desselben, aber erst im Jahre 1536 den 14ten des Brachmonates, folglich schon nach dem Tode des Abts Kilian
bestätiget. c)

a) Ducker sagt hier Fol. 243. das war ein Roß
  umb ein Pfeiffen geben.

b) Dieser Vertragsbrief ist in unserer Chronick Fol. 459.
  a Col. 1. zu finden.

c) Auch stehet daselbst Fol. 460. Col. 2. die päpstliche
  Bulle.

4.
Verbessert
die Güter
des Klosters
versichte
deutlich. Gleichwie Abt Kilian schon vorhin in verschiedenen Aemtern das Beste des Klosters zu befördern suchte,
so war er nun als Abt um so mehr besorgt dasselbe möglichst zu vermehren. Seine Bemühung unterstützten
fromme Christen durch einige im Jahre 1530 errichtete
Stiftungen. So stiftete der edle Herr Cyriac von Pol-
heim zween Jahrtäge, einen bey uns zu Peter, und einen bey unsern Klosternonnen, wo seine Tochter einge-
kleidet war, und erlegte hierzu 1200 Pfund Pfenninge.

Ein

Ein Burger, Johann Ransperger, verlangte ebenfalls einen Jahrtag, zu welchem er eine gewiße Geldsumme darboth, vermittelst dieser ein jährliches Zinsgefäll Pr. 20 Pfund Pfenninge auf ein Haus in der Abtsgasse eingehandelt wurde; und Herr Lorenz Weiß Doctor und Pfarrer zu Siezenheim gab für einen Jahrtag und zwey Messen 40 Pfund Gelds. Ferners kaufte Abt Kilian im Jahre 1527 von dem Niklas Schneck das Gut Tainerspach, im Amte Pinzgäu, welches er wieder dem Leonhard Leninger als ein Erbpacht um einen jährlichen Zins, und andere Dienstleistungen überließ; und in dem nehmlichen Jahre vom Leonhard Wissenauer den Wald Zwerchenberg. Ferner brachte er käuflich zum Kloster im Jahre 1523 das Feld Erlwiesen bey Anif samt den allda wachsenden Eichen in unserm Amte Viehausen vom Georg Langwarter; und im Jahre 1528 von Herrn Sebastian Klughammer, Canonicus zu Regensburg, und dessen zween Brüdern Christoph und Caspar, die Huebe zu Tenkelin, das Gut Jungholz nebst den darzu gehörigen zehentbaren Häusern, in unserem Amte Mühldorf; mit welchen letztern Gütern und Zehenten aber diese Zeit her verschiedentliche Aenderungen, und Täusche vorgegangen sind.

Nicht minder haben wir dem Abt Kilian mancherley Kucheldienste zu verdanken, die unterschiedliche Unterthanen noch heut zu Tage abführen müssen, welche, wenn sie schon zu dem benöthigten Aufgange nicht hinlänglich, doch dem Kloster behilflich sind. Unter diesem Abte bekam im Jahre 1530 eine Ordensschwester unserer Versammlung, Namens Catharina Tünklin als ein mütterliches Erbtheil das Gut Muntigl in unserm Amte Seekirchen. Der Hochwürdigste Fürst Matthäus Lang erließ im Jahre 1528 dem Kloster 60 Pfenninge Burgrecht auf unsere Mühle, welche in der

Vorstadt

Vorstabt Mülln uns grundherrlich unterworfen war, worfür wir der Hochfürstlichen Hofkammer jährliche Zinsgefälle von 3 Häusern in der Stadt entliessen; und im Jahre 1533 übergab uns Herr Nusdorfer, Pfleger zu Tittmoning das Haus Kalteck mit dem Garten, bey Friedosing in unserem Amte Tittmoning gelegen, und er empfieng hingegen die 30 Pfenninge Burgrecht, welche er von einem Hause in der Stadt jährlich auf St. Peter zahlen mußte.

Ob uns gleich schon Papst Sirtus der IV. zwey Drittheil Zehenten von den Neubrüchen an jenen Orten, wo wir vorhin den Zehenten abgenommen haben, zuerkannte, so wollte uns solchen dennoch im Jahre 1532 Herr Johann Landsperger, Pfarrer zu Seekirchen, bey dem Dachsperger Hof, oder Pau abstreiten; allein, eine den 2ten des Heumonates im besagten Jahre hierüber niedergesetzte Commißion sprach uns ermeldte Neubruchszehente mehrmal feyerlich zu. *)

*) Wie das verfaßte Instrument des Notarius in unserer Chronick Fol. 436. n. X. beweiset.

Geht eines betrübten Todes ab. So sehr auch Abt Kilian für die Aufrechthaltung der klösterlichen Zucht eiferte, so mußte er doch das herbe Schicksal erfahren, daß viele aus seinen Mönchen, welchen die zaumlosen Lehren des Luthers das eingeschränkte Klosterleben verhaßt machten, wieder in die Welt zurück traten, und einige gar von dem wahren Glauben abtrünnig wurden. Wie wir aus den Aufsätzen hinterlassener Briefe abnehmen, bemühte sich zwar dieser gute Hirt seine irrenden Schaafe zurück zu rufen; es waren aber sehr wenige, die seiner Stimme Gehör gaben. Durch so viele überhäufte Widerwärtigkeiten ward Abt Kilian seines beschwerenden Amtes so satt geworden, daß er wirklich im Jahre 1534 den 26ten des Christmonates

dem

dem Hochwürdigsten Erzbischofe Matthäus Lang eine Bittschrift überreichte, in welcher er Höchstdemselben seine ernstliche Gesinnung, die abteyliche Bürde freywillig abzutreten, umständlich entdeckte. Allein, die unerforschlichen Urtheile Gottes beschloßen ein anders; und gleichwie Kilian unter immer tobenden Fluthen der Drangsalen zehen Jahre als Abt durchlebte, so fand er auch das Ende seines Lebens und Vorstandes unter dem Sturme der Welten. Denn in dem gleich darauf folgenden 1535 Jahre wurde Abt Kilian von dem Hrn. Andree Hofmann, damaligen Landshauptmann, eines Streithandels wegen, welchen ein unsriger Verwalter im Enstthale wider das Kloster erregte, nach Grätz vorgeladen, und weil er sich daselbst länger aufhalten mußte, wollte er unsern Weinberg zu Leibnitz, den ein Pfarrer zu Guttaring in Kärnthen auf St. Peter vermachte, in Augenschein nehmen. Zu diesem Ende bestieg er an dem Ufer des Flußes Muer ein Schiflein; da aber dieser Strom hoch aufgelaufen war, so bemächtigten sich die Fluthen des Nachers, stürzten denselben um, und ersäuften fast alle Schiffende. Auf eine so bedauernswürdige Art mußte den 13ten Hornungs unser Abt Kilian, und mit ihm auch sein Reisgefährte, der E. H. Wolfgang Porbeck, Pfarrer zu Hallein, zu Grunde gehen. Dem P. Georg Oeller, Mönche zu St. Peter, und Capellan des Abtes, der zwar mit Schifbruch litt, gelang es doch der Gefahr zu entkommen; welcher denn auch den entseelten Körper seines Abtes aufsuchte, ihn aus dem Wasser zog, und mit sich nach Salzburg brachte. Und die über einen so betrübten Todesfall ihres Abts Kilian äusserst bestürzten Söhne trugen seine Leiche in unsere St. Veits Kapelle zu Grabe.

Georg

Georg der II.

LXIV. Abt zu St. Peter.

Im Jahre 1535.

Unter dem Römischen Papste
Paul dem III.

Unter dem
Erzbischofe und Fürsten Salzburgs
Cardinal Matthäus Lang.

Unter dem Römischen Kaiser
Karl dem V.

Abt Georg der II. lebt dem Kloster nur 24 Tage der.

Jene kindliche Liebe, welche obgedachter P. Georg Oeller seinem Vater, dem Abt Kilian auch noch nach dem Tode erwies, wurde demselben dadurch belohnet, daß ihn seine Mitbrüder im nehmlichen 1535ten Jahre den 2ten des Merzmonates einhellig zum Abte erkohren. Georg dieß Namens nun der II. Abt, erblickte das Licht der Welt zu Grätz in Steyermark, verpfändete sich unter dem Abte Wolfgang im Jahre 1510 den 22ten des Brachmonates zur heiligen Regel, und ward von dem Abte Kilian um das Jahr 1528 zu Hauswirthschafts- und Kanzley Aemtern angestellet, welchen er dann zugleich als Kapellan auf der unglücklichen

Reise

Reise nach Grätz begleitete. Nachdem der neuerwählte Abt den 12ten des Merzmonates bestätiget, und den 15 darauf geweihet wurde, überfiel ihn ein gefährliches Seitenstechen, welches vielleicht eine Folge des ausgestandenen Schreckens in dem erlittenen Schifbruche mag gewesen seyn, woran er auch den 25ten des nehmlichen Märzmonates von dieser Welt abschied, und, da er nur 24 Tage Abt war, zu seinem Vorfahrer in unserer St. Veits Capelle unter einem Grabsteine beygesetzet wurde.

Aegidius

Aegidius.

LXV. Abt zu St. Peter.

Vom Jahre 1535. bis 1553.

Unter den Römischen Päpsten
Paul dem III. und Julius dem III.

Unter den
Erzbischöfen und Fürsten Salzburgs
Matthäus Lang und Ernst aus Baiern.

Unter dem Römischen Kaiser
Karl dem V.

I. Abt Aegidius.

Da Abt Georg der II. eines frühzeitigen Todes abgieng, besetzten unsere Mönche den 6 des Aprilmonates im Jahre 1535 seine Stelle wiederum in der Person des P. Aegidius Radelmayer von Untersdorf, einem Orte und Kloster der regulirten Chorherren St. Augustins in Baiern gebürtig, welcher unter dem Abte Wolfgang im Jahre 1504 den 25 Jänner die Ordensgelübde abgelegt, verschiedene Aemter bekleidet, auch als Küster, in einem schon bejahrten Alter, zum Abte erwählt, und den 11ten April bestätiget wurde. Unsere alte Handschriften und Chronicken melden zwar von ihm nicht viel besonders; doch lassen sie ihm dieses herrliche Zeugniß

Zeugniß zurück, daß Abt Aegidius ein guter Hauswirth, und eben so gut zur Besorgung des Mönchslebens, als der Hausbedörfnisse gebohren gewesen; daß er die Pflichten eines Abtes genau und rühmlich erfüllet, und zum Nutzen des Klosters mehrere Gebäude aufgeführet habe. *)

*) Was dieses für Gebäude gewesen seyn, hat unsere Chronick entweder nicht untersucht, oder nicht gefunden.

Die damaligen Kriegszeiten, und andere vortheilhafte Ursachen bewogen unsern Abt Aegidius einige Güter des Klosters zu verkaufen, unter welche zuerst jene eilf Stücke, Gülten und Güter, jedoch ohne Tage, Jahr und Kaufschillinge angesetzet werden, die er dem Caspar Portner, Burger zu Mauttendorf im Lungau verkaufte. *) Zweytens bekam im Jahre 1544 der Edle und Veste Eustach von der Alm zu Hieburg und Triebenbach Erbtruchseß des Erzstifts, und Hofmarschall zu Salzburg von uns käuflich sieben Güter zu Heiming, samt dem Burgsrecht Pfenninge auf fünf Häuser zu Vildärn, jedoch mit Vorbehalt der Zehenten. Auch finden wir, daß im Jahre 1546 ein Pfund Pfennige jährlichen Zinses auf ein Haus in der Bergstraße über der Brücke, und im Jahre 1551 einem Burger, Johann Eder, ein Stück von der Abtwiese im Nonnenthale, auf welches er ein Haus baute, verkaufet wurden.

2. Besorgt nützlich unser Kloster

Hingegen brachte Abt Aegidius folgende Güter käuflich an das Kloster; als im Jahre 1542 von dem Herrn Johann Oefferl, Weltpriester, und dessen Bruder Rupert das Drummerlechen zu Pars, samt der Schildwiesen und Holzgesuch allda um 1400 Pfund Pfenninge guter Salzburger Gewähr; dann im Jahre 1545 von dem edlen Herrn Georg Nopping zu Perwang die Grundherrlichkeit auf 28 Güter, oder dienende

Unter

Unterthanen zu Aberſee im Pfleggerichte Hüttenſtein, oder St. Gilgen um 700 Pfund Pfenninge. b) Im Jahre 1553, anderer geringerer Täuſche zu geſchweigen, vertauſchte der durchleuchtige Herzog, und Hochwürdigſte Erzbiſchof Ernſt von Baiern die zur hochfürſtlichen Hofmeiſterey urbarliche Gaymühl in der Vorſtadt, nebſt einer Aufgabe von 120 Pfund Pfenninge, und einem Dienſte von 6 Schaf Roggen, um unſere eben allda ſtehende Malzmühl, welche jährlich 6 Schaf Weizen einlieferte.

Stiftungen kommen unter dieſem Abte nur zwo vor: nehmlich im Jahre 1538 ſtiftete Herr Johann Pleyer, Hochfürſtl. Rath und Protonotarius einen Jahrtag und zwey Meſſen, wofür uns der Hof, Ruzenlehen, im Amte Weildorf, und Pfleggerichte Raſchenberg; und im Jahre 1544 die Frau Anna Klözlin, alle Freytage in der Faſten die Abſingung des ſogenannten tenebrae, oder: Es ſind Finſterniße geworden ꝛc. welches nun alle Freytage des ganzen Jahrs nach dem Konventamte abgeſungen, in der Faſten aber unſern Schülern, nach dem Ausbrucke des Stiftsbriefes, ein gewiſſes Allmoſen an Geld ausgetheilet wird. Zu einem Stiftsgrunde wurden 10 fl. Jahrszins auf ein Pfannhaus zu Reichenhalle angewieſen, welche aber im Jahre 1617 durch eine andere Verwechſelung wieder ergänzet worden. Um auch einen geiſtlichen Nutzen zu verſchaffen, gieng Abt Aegidius im Jahre 1547 den 9ten des Märzmonates mit dem löblichen Benediktiner Stifte zu St. Michael in Attl, Landsbaiern, eine Mittheilung gottſeliger Werke ein. c)

a) Dieſe eilf Güter werden hier nicht benamſet.

b) Würde unſere Chronick nicht beſſer gethan haben, wenn ſie obige verkaufte, und die allda gekaufte Güter anſtatt

statt des Anfangs und Schlußes der Kaufbriefe eingerücket hätte?

c) Besagter Bundsbrief steht in unserer Chronick Fol 474.
Col. 1.

Unser Abt Aegidius lebte unter zween Erzbischöfen, nämlich unter Sr. Eminenz dem Kardinal Matthäus Lang, höchstwelcher, nachdem er 20 Jahre und
10 Monate die Kirche Salzburgs, nach der Größe
seines Geistes, mächtig regieret, den 30sten des Märzmonates im 1540sten, seines Alters aber im 72sten
Jahre, nach einem kurzen Krankenlager, die bewun-
drungswürdige Bahn seiner ihn immer begleitenden Ehren endigte. a) Welchem demnach kein anderer, als
ein Sohn eines weisen Vaters, des Herzogs aus
Baiern Albert des IV. den er mit Kunigunde, Kaiser
Friederichs Tochter erzeuget, nachfolgen könnte; und
dieser war Ernst, Pfalzgraf beym Rhein, und Herzog
in Ober- und Niederbaiern, welchen das Hochwürdige
Domkapitel, da er vorhin schon das Bisthum Passau
als ein wachsamer Kirchenprälat in das 23ste Jahr verwaltet, zu ihrem Erzbischof begehrte, und erwählte.
Unter diesem letzten Durchlauchtigen Herzoge und Hochwürdigsten Fürsten, Ernst, beschloß auch unser Abt Aegidius in einem hohen Alter, den 8ten des Christmonates im Jahre 1553, b) die Tage seines Lebens, und fand
in oftermähnter St. Veits Kapelle seine Grabstätte.
Während der 18 Jahre und 6 Monate, welche hindurch
er dem Kloster untadelhaft vorstund, nahm er von 18
Mönchen das Bekenntniß zur heiligen Regel an, und
gleich im ersten Jahre seiner abteylichen Verwaltung
erhielt er von dem apostolischen Legaten, Peter Paul Ver-
ger, einen Freyheitsbrief, dessen Urschrift wir noch in
Handen haben, daß er 6 junge Religiosen nach erfülltem

21ſten Jahre zu allen heiligen Weihen, auch ſogar zum
Prieſterthume, und auſſer den gewöhnlichen Quatembers-
zeiten befördern könnte. Wir finden zwar von dieſem
Abte einen Auffaß der vorgehabten Abtretung ſeiner
Würde, in welchem er ſich, als ein ſchon 50 jähriger
Mönch, gewiße Bedingungen vorbehielt; doch iſt es
ganz ſicher, daß er dieſelbe nicht eher, als mit ſeinem
Tode abgelegt.

a) Ich kann mich nicht anheiſchig machen, die ausnehmenden Tugenden, die tiefeſte Gelehrtheit, die unermüdete Hirtenſorge, die unerſchütterte Standhaftigkeit,
mit einem Worte, die Hauptzüge des auſſerordentlichen
Charakter dieſes gepurpurten Fürſten, welcher ihn zu
den größten Würden, wichtigſten Geſchäften, und ver-
worrenſten Angelegenheiten der Kirche und des Staats
geſchickt machte, auch nur im Schatten zu entwerfen;
muß alſo meine geneigten Leſer auf P. Hanſiz Germ.
S. Tom. II. a Fol. 564; und auf Dückers Chronick
a Fol. 229 verweiſen. Doch aber aus letzterer, Kürze
halber, nachſtehenden Beytrag zur Geſchichte Salzburgs
anführen; daß Höchſtermeldtem Fürſten, ſowohl wegen
des Aufſtands der Bürger, und vorgefallenen Türkenkriegs, als anderer unentbehrlicher Ausgaben im Jahre
1523 von der lbbl. Landſchaft das Umgeld von allem
Getränke auf 6 Jahre, doch gegen einer Verzicht, und
mit Ausnahme des Prälaten- und Ritterſtandes, verwilliget wurde, ſo aber in zwey Jahren nicht mehr als
5000 fl. betrug. Dem berufenen Bauernkriege, welcher
die hochfürſtl. Hofkammer ſo weit erſchöpfte, daß ſie
von ihrem Münzmeiſter 10000 fl. gegen eines Verſatzes
entlehnte, folgte, wie man damals davor hielt, eine
Theurung, ſo daß das Maaß Wein von 16 bis 20;
das Pfund Fleiſch von 4 bis 6; und das Pfund
Schmalz von 8 bis 14 Pfenninge ſtieg. Im Jahre
1522 war der Markt Werfen gänzlich abgebrannt, und
im Jahre 1534 vom Erzbiſchof Matthäus mit Hilfe
der Gewerken, und der Landſchaft der Weg durch die
Clam in die Gaſtein gemacht, deſſen Unkoſten ſich auf
2885 fl. beliefen, und im Jahre 1535 um Weihnachten
die Maut aufgeſetzet worden. Auch hatten im Jahre
1540

1540 in der 5ten Faſtenwoche die Zigeuner den Markt Straßwalchen angezündet.

b) Freyherr von Dücker, und P. Hanſitz ſchreiben, daß im Jahre 1553 zur Herbſtszeit, alſo noch unter dem Abte Aegidius, zu Salzburg die leidige Peſt einge-riſſen, wegen welcher Erzbiſchof Ernſt mit ſeinen Rä-then nach Hallein entwich; allein unſere Chronick mel-det hievon nichts.

Benedikt.

Benedikt.

LXVI. Abt zu St. Peter.

Vom Jahre 1554. bis 1577.

Unter den Römischen Päpsten Julius dem II. Marcell dem II. Paul dem IV. Pius dem IV. Pius dem V. und Gregor dem XIII.

Unter den Erzbischöfen und Fürsten Salzburgs Ernst aus Baiern; Michael von Kühnburg; und Johann Jacob von Kuen.

Unter den Römischen Kaisern Karl dem V. Ferdinand dem I. Maximilian dem II. und Rudolph dem II.

I. Benedikt ein vortrefflicher Abt. Unser Kloster war, nach dem Hintritte des Abts Aegidius, 9 ganzer Wochen verwaiset, indem dasselbe auf Verordnung unsers Hochwürdigsten Ordinarius, des Erzbischofes Ernst, durch aufgestellte Kommissarien untersuchet wurde, ohne daß wir die wahre Ursache dessen angeben könnten. Nach Verlauf dieser länge-

längeren Zeit, als sonst gewöhnlich war, fielen im
Jahre 1554 den 9ten Hornungs die vereinigten Wahl=
stimmen auf den P. Benedikt Obergasser, zu Bri=
ren im Tyrol gebohren. Dieser Benedikt legte im
Jahre 1538 den 21sten des Augustmonates in die
Hände seines Vorfahrers die heil. Gelübde ab, und
diente dem Kloster bey mehrern Gelegenheiten. Denn
bald nach empfangenem Priesterthume schickte man ihn
als Gehilfen der pfarrlichen Verrichtungen in die Ab=
tenau, dann wurde er im Jahre 1546 als Subprior,
und im folgenden Jahre als Prior dem Konvente vor=
gesetzet. Ob er aber letzteres Amt bey dem Absterben
des Abts Aegidius noch versah, ist ungewiß, und
vielmehr wahrscheinlich, daß er damals schon bey der
Schaffnerey angestellet war, in welchem Charakter er
zur Zeit des entledigten abteylichen Sitzes die Haus=
wirthschaft besorgte; zumal jederzeit auf erfolgten To=
desfall eines Abtes von dem landsfürsten ein Admini=
strator, oder Verwalter des Geistlichen, und des Zeit=
lichen ernannt, und gemeiniglich ein jeweiliger Prior
das erstere, und dem Schafner das zweyte anvertraut
wird. Da nun die vorgegangene Wahl den 28sten
Hornungs von dem Hochwürdigsten Erzbischofe Ernst
gut geheißen wurde, so empfieng Abt Benedikt von
dem Hochwürdigsten Bischofe zu Chiemsee, Hierony=
mus Meittinger, in unserer Klosterkirche den 4ten des
Märzmonates die abteyliche Einsegnung; an welchem
Tage der durchleuchtigste Fürst Ernst in höchster Per=
son der Mittagstafel zu St. Peter beyzuwöhnen ge=
ruhte.

Alle unsere Urkunden und Verzeichnisse der Aebte
preisen die Frömmigkeit, Gottesfurcht, Andacht, und
den brennenden Seeleneifer für das Heil seiner anver=
trauten Schafe unsers Abt Benedikts an; und heißen
ihn einen freygebigen, mitleidigen, doch getreuen Aus=

spender,

spenber, welcher das ihm auferlegte Amt bestens ver=
waltete, und bey jedermann angesehen und be=
liebt war. Er baute die Kanzley und das Mayrhaus
vom Grunde auf, und verfaßte mit sonderbarem Fleiße
das Urbarsbuch aller unserer Aemter und Unterthanen,
welches noch heut zu Tage als ein Muster aufbehalten,
und zum immerwährenden Gebrauche angenommen wird.

2.
Steht un=
ter 3 Erzbi=
schöfen dem
Kloster vor.
In dem Zeitraume, da unser Abt Benedikt dem
Kloster vorstund, führten drey Erzbischöfe das Steuer=
ruder der Kirche Salzburgs; nehmlich der durchleuch=
tigste Herzog und Fürst Ernst aus Baiern, welcher aber
solches im Jahre 1554 den 16ten des Heumonates ab=
legte, indem er sich aus allzugroßer Demuth des könig=
lichen Priesterthums unwürdig schätzte, welches doch der
Papst, und die Reichsgesetze bey jedem Bischofe ver=
langten. Er brachte den Rest seines Lebens anfänglich
zu Hallein zu, beschloß aber daßelbe an dem 7ten des
Christmonates im Jahre 1560, und in dem 60sten sei=
nes Alters auf der Herrschaft Glatz in Böheim, die
er sich aus eigenen und ersparten Mitteln erkauft; und
seine Leiche wurde zu München in der Gruft seiner Ur=
väter eingesenket. Die Geschichtschreiber von Salzburg
melden von diesem durchleuchtigen Fürsten, daß er ein
besonderer Liebhaber der schönen Wissenschaften, vor=
züglich der Mathematik gewesen, die ihm sein Lehrmei=
ster, der berühmte Historiker Johann Avantin, bey=
gebracht. Er wird als ein milder, mühe= und arbeit=
samer Herr angepriesen, der alle Bittschriften selbst
durchlas, die meisten selbst beschiede, oder wenigstens
seine Entschlüße in die Feder angab; und das Land
wohl und löblich 14 Jahre lang ohne einige Steuer
oder andere Beschwerde der Unterthanen regierte, auch
12 Chorvikarien, und 6 Choralisten im Dom ihre
Besoldung, ersteren um 5, letzteren um 2 fl. quatem=
berlich

herlich verbefferte, und nebft dem fchöne Kirchenzierden,
und priefterliche Kleider benfchaffte. Ferner erbaute und
erneuerte er das Lufthaus Freyfal, das Jägerhaus im
Monnenthale, das Priefterhaus im Afchhof, das kalte
Bierhaus im Habermarkte, und einige Zimmer in der
fürftl. Burg. Im Jahre 1541 wohnte er dem Reichstage zu Regensburg bey, und im Jahre 1549 hielt er
felbft, wegen eingeriffener lutherifchen Irrung, zu Salzburg eine Landsfynode. Im Jahre 1552 beforgte
er fich eines feindlichen Einfalls des Herzogs Morih,
Churfürften von Sachfen, und feiner Bundsgenoffen,
die wider den Kaifer Karl den V. in das Tyrol zogen;
daher er die Stadt Salzburg mit einem Fähnlein Soldaten, unter dem Hauptmanne Michael Grueber ver-
ficherte. Nach dem Abtritte des Herzogs Ernft erwählte
das Hochwürdige Domkapitel den 21ften des Heumonates im befagten 1554ften Jahre aus vielen würdigen
ein, aus dem vormals freyherrlichen Haufe von Küen-
burg Lands Kärnthen, ihriges würdigftes Mitglied, Michael, zum Erzbifchofe, welcher als ein Befchützer der
katholifchen Religion; als ein ungemein artiger, und
milder Fürft, und als ein mitleidiger Vater der Armen
gerühmt wird; daher er, unerachtet feines prächtigen
Hofftaats, den augenfcheinlichen Segen Gottes in den
Gold- und Silber-Bergwerken hatte, und die Güter
des Erzftifts nicht fchmälerte, fondern vermehrte; zugleich auch das herrliche Gebäude des Schloffes zu
Mattfe, fo fein Vorfahrer anfieng, vollendete. Als
er im Jahre 1560 den 29ften des Weinmonates den
Herzog in Baiern, Albert den V. mit dem er in ver-
trauter Freundfchaft ftund, auf der Schweinjagd be-
fuchte, und den 17ten des Wintermonates im Klofter
Geifenfeld noch fröhlich den Abfchied nahm, traf ihn,
nach einer hinterlegten halben Meile Wegs im Beyfenn
des Heil. Georgs Trauner, Pflegers zu Reichenhall,

der

der bey ihm in der Kutsche saß, ein so gewaltiger
Schlagfluß, daß er an demselben bald darauf unter einem Baume, des sogenannten St. Colomanns Walds,
nachdem er nur 6 Jahre regiert, Todes verblich.
Sein erstarrter Körper wurde nach Salzburg geführt,
mit aufrichtigen Thränen des ganzen Landes von den
Aebten zu St. Peter, Mondsee, und Bayern einbe-
gleitet, und den 24sten eben dieses Monates in der
Cathedralkirche vor St. Ruperts Altare eingesegnet.
Noch in diesem nämlichen Wintermonate, als den 28.
betrat, vermittelst einer einhälligen Wahl, Johann
Jakob, damals Domdechant zu Brixen, aus einem
hochadelichen Geschlechte in Tyrol, Namens Kuen
von Belasi, den erzbischöflichen Stuhl, welcher den
Anfang seiner Regierung mit größen Unternehmungen
verherrlichte, indem er, zum allgemeinen Nutzen des
Landes, die Straßen von Golling nach Werfen durch
den Lueg, dann durch die Friz nacher Nabstadt, wie
auch den Weg in die Großarl durch die Felsen brechen,
und allenthalben verbessern ließ. Ferner gedachte er die
Salzache von Werfen bis in den Lueg durch Spren-
gung einiger Felsen schiffreich zu machen, so ihm aber
nicht gelungen. Sein Werk ist die sogenannte Hochstraße
zwischen dem chiemseeischen Schlosse Fischhorn und dem
Markte Zell im Pinzgau; die Bevestigung des Schlosses Hochen Werfen, so er gleichsam aus dem Schutte,
in welchen es bey dem Baurenaufstande verfiel, wieder erhebte, und die 60 Centner schwere Glocke, die
er in dem alldortigen großen runden Thurme aufhieng.
Deßgleichen eröfnete Erzbischof Johann Jakob in dem
Salzberge am Dürnberg einen neuen Bergaufschlag,
welcher noch heut zu Tage nach seinem Namen, die
Johann Jakobs Stolle, benamset wird. *)

*) Dieser ganze Absatz ist ein Auszug aus des P. Hansiz
und Dückers Chronick; welcher schreibet, daß Johann
Jakob

Jakob eben eine solche Glocke, wie zu Werfen, auch auf der hohen Vestung Salzburgs verordnet habe, wovon aber Hansitz nichts erwähnet.

Von unserm Abt **Benedikt** verdient besonders angemerkt zu werden, daß er zu der Weltberühmten, und allgemeinen Kirchenversammlung in Trient im Jahre 1562 gleich andern Kirchenprälaten, welche persönlich zu erscheinen rechtmäßig verhindert waren, einen Bevollmächtigten aufstellte, und hierzu den P. und edlen Herrn Felician Ringuard, einen Dominikaner Mönch, und d. Z. geistlichen Rath und Hoftheologen des Erzbischofs durch eine errichtete Urkunde a) ernannte, welcher ihm, während dieser Versammlung, öfters von dem Vorgange und Abhandlungen derselben schriftlichen Bericht ertheilte. Als der Hochwürdigste Erzbischof Johann Jakob im Jahre 1569 eine feyerliche Metropolitansversammlung hielt, um die beschlossene Lehrsätze der allgemeinen Kirchenversammlung zu Trient zu eröffnen, und den fast verfallenen Glaubenseifer in dem Salzburgischen Kirchensprengel wieder aufzurichten, wurde unser Abt Benedikt, sowohl zu dieser wichtigen Handlung als auch zu der andern im Jahre 1573 in Salzburg vorgenommenen Synode durch zwey Hochfürstliche Dekrete berufen. b)

3.
Hält bey der Kirchenversammlung zu Trient einen Bevollmächtigten, u. wird zu den 2 Synoden Salzburgs berufen.

a) Der verfaßte Gewaltsbrief ist in unserer Chronick Fol. 478. n. VI. zu ersehen.

b) Einen Auszug von den Abhandlungen dieser Salzburgischen Synode giebt P. Hansitz Fol. 628. n. XI.; die Hochfürstl. Dekrete aber, derer eines lateinisch, das andere deutsch verfasset ist, unsere Chronick Fol. 479. n. VII. Col. 2. und Fol. 480. n. VIII.

Da unser Kloster St. Peter dem wohllöblichen Magistrat der K. Hauptstadt Wien das Brunnenwasser

4.
Besorget den Nutzen des Klosters

fer auf unserem eigenthumlichen Grunde zu Dornbach
bey Herenals überließ, dieses Wasser aber zu gemeiner
Nothdurft und Nutzen in bleyernen Röhren in die Stadt
mußte geleitet werden, so errichtete unter dem Abt Benedikt ermeldter Magiſtrat im Jahre 1573 den 20ten
des Weinmonates einen Verzichtbrief, in welchen er diesen freundlichen Nachbarsdienſt mit allain zu hohen
Dankh annahm, sondern sich auch anheiſchig machte,
jenen Parteyen, durch derer Weingärten oder Gründe
die benöthigten Wasserschläuche geführet werden, den
allenfalls zugefügten Schaden wieder zu erſetzen, und
zu vergüten. Im Jahre 1564 den 29ten des Wintermonates vertauschte uns der Hochwürdigſte Erzbiſchof
Johann Jakob die Halbscheide des Urbarguts Darlueg,
in dem Pfleggerichte Neuhaus, oder Gnigl gelegen, so
jährlich 2 ß 5 Pfenninge und zwo Hennen liefert; und
das Gut Wolfgarten genannt, so gleichfalls jährlich 9 ß
und 2 Hennen abführt, um ein Haus, drey Hofſtät-
ten, Garten, und andern darzu gehörigen Ge-
rechtigkhaiten, nemblich 5 ß 5 Pfund für Erung
sechs Hennen, mer, und auf den halben May
Prunn 20 Pfenning, Erung 6 Pfenning, und
mer 3 ß Pfenning, so von solchen Stücken dem
Gotteshaus St. Blaſien Pfarrkirchen jährlich
sind gedienet worden, alles in Markht in der
Abtenau ligent, welche Stück und Gütter weiland der Hochfürſtliche Landrichter Wilhelm
Fränkinger zu rechten Erbrecht ingehabt. Die
andere Halbscheide des ermeldten Guts Darlueg, erkaufte Abt Benedikt im folgenden 1565ſten Jahre den
20ten März von Johann Odengugger, damals im Tall-
gauer Amte wohnhaft. Höchſt erwähnter Fürſt Johann
Jakob gieng auch im Jahre 1575 den 24ten des Heumonates mit unserm Kloſter und Abte Benedikt in Betreff der Zehente zu Anif einen Vergleich ein, kraft deſſen
er

er uns den Zehent der dreyßigsten Garbe bey dem Schloße
Rif, welchen der von St. Peter aufgestellte Vikarius
jährlich zu suchen hatte, um 300 fl. Rheinischer Münz,
den Gulden zu 15 Batzen, oder 60 Kreutzer gerechnet,
auf ewig ablößte; doch sollte der jeweilige Vikarius von
dieser aufgelegten Summe die Zinsen zu genießen haben.
Zum andern behändigten Se. Hochfürstlichen Gnaden
dem Abte noch ein hundert Gulden zur Abwechslung eines Grundes zum Schloße Rif, um hievon zum Guten des Pfarrhofs die Wiese sammt dem Stadel hinter
Glanegg, welche aus dem Hager Gut zu Grebig gebrochen, zu erkaufen; würde aber dieß Geld zu solchem
Kaufe nicht hinlangen, so bewilligten seine Hochfürstl.
Gnaden aus eigenem Säckel, und aus Gnaden von 16
bis in die 20 fl. noch darzu zu geben. Zum Dritten, weil
ein Pfarrer zu Anif wegen Genuß verschiedener Zehenten
dem Gotteshaus St. Peter jährlich 17 fl. abzuführen
schuldig war, so sollte sich der Abt in Rücksicht des geringen und schlechten Einkommens, dieser 17 fl. begeben, jedoch aber ein jeder Pfarrer, damit er wisse, daß der
Pfarrhof und die Pfarr dem Gotteshause St. Peter
einverleibet, und zugehörig sey, zur Erkenntlichkeit jährlich 2 fl. zu reichen verbunden seyn. *)

*) Erst besagte Erkenntlichkeit wird noch heut zu Tage
   von jedem Pfarr=Vikarius zu Grebig, welchen unser
   Kloster darzustellen das Recht hat, an unserm Kirch-
   weihfeste bey der Mittagstafel erleget. Die vier hier
   erforderlichen Briefe besehe man in unserer Chronick a
   Fol. 481. n. LX. et seqq.

In den Zeiten des Hochwürdigsten Erzbischofes
Johann Jakob mußte Salzburg harte Schicksale ertragen, an welchen auch unser Abt Benedikt seinen Antheil
nahm. Denn im Jahre 1567 den 30ten des Heumonates wuchs die Salzache durch einen großen Regen, welcher

[Randnotiz:] und be-
schließt,
nach über-
standener
Widerwär-
tigkeiten,
sein Leben.

welcher zwo Nächte und einen Tag dauerte, dermaſſen an, daß ſie eine Elle hoch über die Brücke gieng, wodurch viele Menſchen und Vieh erſäuft, und viele Häuſer, Aecker, Wieſen, Gärten und Dämme theils fortgeriſſen, theils verwüſtet wurden; beſonders war jener Schaden beträcht-lich, welchen dieſes Gewäſſer in den Salzpfannſtätten, und Pfieſeln zu Hallein verurſachte, den man auf 100000 fl. (Hanſitz ſchreibt Dukaten) rechnete. Noch in dem nehmlichen Jahre den 17ten des Weinmonates erhob ſich ein heftiger Wind, der die Dächer und Gebäude beſchä-digte, und zugleich auf den Gebirgen den Schnee zer-ſchmolz, dardurch ſich mehrmal das Waſſer, mit einem der erſtern Güße faſt ähnlichen Schaden ergoß. Im Jahre 1568 (oder, wie Dücker ſetzet 1569) war, den 14ten des Heumonates auf den Alpen in der Gaſtein ein Wolkenbruch, der über 200 Menſchen verſchlang, und 51 Häuſer verſchüttete; und im Jahre 1573 a) trat abermal die Salzache dergeſtalt aus, daß ſie die Merk-maale der erſten Ergießung des 1567 Jahres um eine Mannslänge übertraf. Im Jahre 1571 den 3ten des Auguſtmonates brannte ein Donnerkeil die Stadt Titt-moning, bis auf wenige kleine Gebäude, gänzlich ab. Im Jahre 1571 wüthete zu Salzburg von dem 30ten des Maymonates an, bis auf den 4ten des Aprils des darauf kommenden Jahres die Peſtilenz ſo grauſam, daß faſt die ganze Stadt von ihren Einwohnern ver-laſſen wurde, indem der Hochwürdigſte Erzbiſchof Jo-hann Jakob ſich mit ſeinem Hofſtaat nach Mühldorf, die Hochwürdigen Domherren aber, und viele andere Vornehme und Vermögliche in verſchiedene Oerter und Länder flüchteten. Unſer Abt Benedikt hingegen ver-blieb mit ſeinem Konvente beſtändig im Kloſter, und verwahrte daſſelbe mit einer ſolchen Vorſicht und Sorg-falt, daß Niemand aus demſelben ſtarb. Nur den Kloſter-Meßner, welcher heimlich in die Stadt hinaus

ſchlich,

schlich, bey seiner Zurückkunft aber nicht mehr eingelassen wurde, ergrief alsobald die Pestseuche, die ihn auch von allen den unsrigen allein dahin raffte.

Nebst den öftern Wassergüssen, und der leidigen Pest b) mußte Abt Benedikt noch andere Widerwärtigkeiten ertragen, und besonders unsere benöthigte Weinfuhr aus Oesterreich, Schifbruch leiden sehen, obschon etliche Fässer gerettet, und mit harter Mühe in das Kloster gebracht wurden. Wegen der damals tobenden Irrlehren des Luthers konnte Abt Benedikt kaum gut katholische Seelenhirten auf unsere Pfarreyen zu Wietting und Dornbach) finden; daher sich nicht zu verwundern, daß er unter so mannigfaltigen Sorgen und Drangsalen die abteyliche Last öfters abzulegen dachte, wenn nur jemand gewesen wäre, auf welchen er dieselbe, ohne Nachtheil des Klosters, hätte abwälzen können. Doch nahm ihm der Tod diese Bürde ab, indem er nach mehreren erduldeten Krankheiten, besonders der empfindlichsten Steinschmerzen, in dem 58sten Jahre seines Alters, den 11ten des Aprilmonates im Jahre 1577 seine fromme Seele dem Schöpfer übergab, und in der St. Veitskapelle seine Ruhestätte fand. Wie wirthschaftlich Abt Benedikt 23 volle Jahre hindurch unser Kloster besorget, bezeugte der große Vorrath, den er an allen nothwendigen Dingen, benanntlich an Wein, und Getreide, hinterließ.

a) Auf dieses Jahr setzet Dücker einen erschrecklichen Komet an den Salzburgischen Himmel.

b) Hier meldet unsere Chronick Fol. 477. n. IV. Col. 2. daß Abt Benedikt auch eine bevorstehende Kriegsgefahr zu besorgen gehabt. Ich finde aber weder in Dückers Chronick, noch in P. Hansitz was von einem Kriegsfeuer, ausgenommen das im Jahre 1552. wie gleich oben n. 2. gesagt worden, in welchem Jahre aber noch Abt Aegidius dem Kloster vorstund.

Andreas.

Andreas.

LXVII. Abt zu St. Peter.

Vom Jahre 1577. bis 1584.

Unter dem Römischen Papste Gregor dem XIII.

Unter dem Erzbischofe und Fürsten Salzburgs Johann Jakob von Kuen.

Unter dem Römischen Kaiser Rudolph dem II.

I.
Abt Andreas,

Dieses Jahrhundert beschloß ein Abt, von dem unsere Chronick selbst bewähret, daß auch die Aebte gebrechliche Menschen und nicht immer unsträflich sind. Denn, dem, um unser Kloster bestverdienten Abt Benedikt folgte den 6ten May darauf, und zwar durch eine recht einträchtige Wahl P. Andreas Graser, ein Baier, der unter seinem Vorfahrer im Jahre 1572 den 15ten des Herbstmonates die geheiligten Schwüre abgelegt, folglich erst 6 Jahre ein Mönch war. Wer dieser Andreas vor seiner Erwählung gewesen, ob er einige Aemter im Kloster versehen (welches zwar nicht allzeit ein
untrüg-

untrügliches Zeichen der Fähigkeit ist) und welche Studien er vollendet, dieß ist uns unbewußt; daß er sich aber durch seine Eigenschaften unter seinen Mitbrüdern ein großes Zutrauen erworben, läßt sich daraus klar abnehmen, weil sie ihn als einen so jungen, und leider noch unerfahrnen Mann zum Vorsteher und Vater des Klosters aufstellten. Andreas, nun einmal Abt, wurde von dem Hochwürdigsten Erzbischofe Johann Jakob den 31ten May in seiner Würde bestätiget, und in der obern Kapelle St. Eberhards in der Pfarrkirche den 2ten des Heumonats eingeweihet; Höchstwelcher sich auch würdigte, das Mittagsmahl zu St. Peter einzunehmen.

In dem ersten Jahre ward unser Abt Andreas sowohl bey dem Fürsten, als den Vornehmsten des Hofes beliebt, indem er durch seine angenehme Beredsamkeit, und aufgeweckte Einfälle, mit welchen ihn die Natur begabt hatte, von selbst alle Gemüther gewann. Hierzu trug auch seine große Freygebigkeit sehr vieles bey, die aber in eine solche Verschwendung ausartete, daß die Hauswirthschaft gar bald zu wanken, und das Kloster in Schulden zu gerathen anfieng. Denn er war, wie ihn sein Nachfolger Abt Martin beschreibet, ein junger, leichtsinniger und wankelmüthiger Mann, welcher bald nach seiner Erhebung zum Abte ein weltliches Leben führte, unnöthige Reisen machte, und andern Ausschweifungen, besonders dem Spielen zugethan war, und auf solche Art das Geistliche vernachläßigte, und das Zeitliche nicht besorgte. Daher ward er noch in dem nehmlichen Jahre, in welchem er erwählet wurde, schon genöthiget, von dem Hochwürdigsten Erzbischofe Johann Jakob 1000 fl. zu entlehnen, und unsern Garten im Kay, welcher an den Fürst Chiemseeischen, und den Berchtoldsgadischen Hof stieß, dem Hochwürdigsten Herrn Christoph Schlatel, Bischofen zu Chiemsee, gleichfalls um 1000 fl. zu verkaufen;

2.
ein schlechter Hauswirth.

kaufen; das Konvent bewilligte zwar, jedoch mit großer
Schwierigkeit, diesen Verkauf; der Abt aber verwendete
dieses Geld nicht zum Nutzen des Klosters, wie man
es ihm auftrug, sondern zur Fortsetzung seiner ange=
wohnten Ausschweifungen. Damit noch nicht zufrieden,
nahm er auch eine gewiße Summe Gelds von einem
Burger zu St. Veit in Kärnthen, und von unserm
Verwalter zu Absdorf in Unterösterreich bey Göttwieck
alle Jahr so vieles Geld zu leihen, als die Erhaltung
der Weinberge foderte, hingegen aber die Losung von dem
öffentlichen Schankswein, die er dahin hätte anwenden
sollen, brachte er ungebührlich durch; dessentwegen dann,
wegen Anwachs der Schulden und Zinse, besagter Hof
zu Absdorf gleichfalls mußte verkauft werden. Abt
Andreas überlegte zwar manchmal, auf was Art er sich
von der Ungestümmigkeit seiner Gläubiger befreyen
möchte, und vermeynte, diese die geschickteste zu seyn,
daß das Frauenkloster unserer Versammlung, welches
bereits 500 Jahre unter dem Gehorsam und der Vor=
sorge unserer Aebte gestunden, sollte aufgehoben werden,
wodurch dessen Güter St. Peter zufallen, und sodann
mit selben die Schulden getilget würden.

§.
**Befördert
die Aufhe=
bung des
Klosters un=
serer Ver=
sammlung.**
Da Abt Andreas schon lange mit diesem Ge=
danken schwanger gieng, ereignete sich zur Aufhebung
desselben eine recht gute Gelegenheit; denn im Jahre
1582, als der Hochwürdigste Georg von Künburg
schon als Coadjutor erwählt war, berathschlagte man
sich an dem Fürstlichen Hofe, welchen Ort man den
W. W. E. E. P. P. Franziskanern, die man in
Salzburg einzuführen dachte, ohne vielen Aufwand
neuer Gebäuden, einräumen könnte, und fand hierzu
eben keinen tauglichern als das Kloster unserer Non=
nen. Diesem Vorschlage war die geringe Anzahl der=
selben desto günstiger, indem die damalige Priorinn,
eben=

ebenfalls ein eitles, und unvernünftiges Weib, aus
eigener Nachläßigkeit, und aus, vielleicht gar boshaf-
ter, Nachsicht unseres Abts Andreas keine Mägdlein
aufnahm, daß also die Anzahl benannter Nonnen im
Jahre 1580 bis auf sieben herabgebracht wurde, von
welchen in Kürze mit eben dieser Oberinn noch fünfe
starben, und nur zwo noch übrig blieben. Abt Andreas bediente sich der Gesinnung des Hofes, und zeigte sich zur Uebergebung des Klosters bereit, ohne daß
er vorher (wie es öfters zu geschehen pflegt) sein Konvent darum befragt hätte, weil er nehmlich wohl wußte,
es würde solches seinen Absichten entgegen seyn. Die
Sache wurde nach Rom berichtet, und von dort aus
die Erlaubniß ertheilet, das Nonnenkloster den E. E.
P. P. Franziskanern überlassen zu dürfen. Hierauf
trug man dieses ganze Geschäft unserm Konvente vor,
welches, da es sah, daß es nun nicht mehr an der
Zeit wäre, sich dießfalls zu weigern, den Vorschlag
gleichwohl unterschrieb. Von da aus gieng man zu
den Nonnen, und kündigte ihnen den schon geschlossenen Vergleich, und ihren Auszug an; welche dieser
unerwartete Befehl desto heftiger betrübte, weil sie an
ihrem Abte, der ihr Vater, und Schützer hätte seyn
sollen, gleichsam ihren Verräther und Verkäufer erfahren mußten, und weil sie noch überdieß, wie vertrie-
bene, aus dem Vaterlande in das Frauenkloster Nie-
dernburg bey Passau sollten verwiesen werden. Doch
rührten ihre gerechten Thränen den Hochwürdigsten
Coadjutor, und die sämtliche Kommißion, daß sie also
nach ihrem Verlangen, den 12ten des Augustmonates
im Jahre 1583 in das Hochadeliche Frauenstift auf
dem Nonnenberge allhier in Salzburg abgeführet, und
der damaligen Frau Aebtißinn, und dem ganzen Konvente bester massen empfohlen wurden. Es waren, wie
erst gesagt worden, dieser Nonnen unserer Versamm-

Ausz. der St. Pet. Chr. 2r Th.   (E)   lung

lung nur noch zwo übrig; die ältere, Namens Scho-
lastica, welche schon 40 Jahre Profeß war, starb nach
3 Jahren; die andere mit Namen Korbula, ließ sich
im Jahre 1588 dem Konvente im Nonnenberge einver-
leiben, und führte einen so erbaulichen Lebenswandel,
daß sie nach dem Tode der Frau Aebtißinn, Anna Pi-
trichinn, erwählet, und im Jahre 1601 in Gegenwart
des Hochwürdigsten Fürsten Wolf Dietrich von dem
Hrn. Lorenz Mongolo, Weihbischofe, eingeweihet wurde. Abt Andreas war demnach der erste und größte
Beförderer der Aufhebung der Nonnen unserer Versammlung. Nach diesem wurde das alte Frauenkloster noch im Jahre 1583 um das Feste des heil. Martins den E. E. P. P. Franziskanern zur Wohnung an-
gewiesen, derer anfänglich nur 6 waren, dermal aber,
ungeachtet einer erst kürzlich geschehenen Verminderung,
bis auf 40 angewachsen sind. Die wesentliche Absicht
ihres Daseyns ist eigentlich diese, daß sie das Wort
Gottes verkündigen, die Beichten der Büssenden anhören, den Kranken und Sterbenden beystehen, und mehr
andere gottselige Liebeswerke ausüben sollten. Diese
ehrwürdige Väter haben auch einige Jahrtage, und
Todtentagzeiten, zu welchen vormals unsere Nonnen
verbunden waren, zu verrichten, wofür unser Kloster
St. Peter verschiedene Ausgaben machen muß, und
ihnen, zu ihrem Unterhalte, von allen Gattungen der
Lebensmittel, jährlich einen gewissen Vorrath, unter
dem Titel eines heil. Almosen, mit aufrichtiger Liebe
darreicht.

4.
wird seiner
Gewalt be-
raubt.
Obwohl der Hochwürdigste Coadjutor, Georg von
Kühnburg, unsern Abt Andreas seiner ausgelassenen
Sitten halber öfters bestrafte, und zugleich ermahnte,
seine Abtey besser zu verwalten, so richteten doch bey
ihm alle heilsame Erinnerungen nichts aus, sondern

er

er gerieth zuletzt in einen solchen Wahnsinn, und Wuth,
daß er mehrere Vornehme des Staats mit Schimpf-
worten beleidigte, und sich durch seinen unverbesserlichen
Prälatenstolz den verdienten Haß des ganzen Konvents,
und alter Hausgenossen über den Hals zog. Da nun
das Maaß voll war, und Abt Andreas im Jahre
1584 bey der Feyerlichkeit der ersten Messe eines unsrigen Mitbruders die am Sonntage in der Octave der
Erscheinung des Herrn gehalten wurde, unter vielen
adelichen Gästen den ganzen Tag fröhlich und muthig
zubrachte, auch sich von einem bevorstehenden Uebel
nichts träumen ließ, so kamen am Montage darauf in
der Frühe um 7 Uhr der Hochfürstliche Official, Herr
Siegmund von Arzt, nebst den anderen aufgestellten
Kommissarien in unsere Kirche zu St. Peter, von da
verfügten sie sich in die Wohnung des Abtes, und kündigten demselben an, daß sie von Sr. Hochfürstlichen
Gnaden Befehl hätten, sowohl den geistlichen als zeitlichen Zustand des Klosters zu untersuchen. Worauf
sie von dem Abte alle zur Abtey gehörigen Schlüssel
abfoderten, und ihm wegen seiner schlechten Aufführung
und Hauswirthschaft die bittersten Vorwürfe machten.
Abt Andreas suchte zwar auf alle mögliche Weise
diese Vorwürfe von sich abzulehnen, seine Unschuld vorzustellen, und bath sich, um von allem seine Rechenschaft ablegen zu können, eine Bedenkzeit aus; allein
umsonst: Man verboth ihm ohne weiters alle Ausübung der abteylichen Gewalt, und verschloß ihn in seine
Abtey, welche sogar, damit er nicht etwan entfliehen
möchte, mit zween Wächtern versichert wurde. Indessen wurde das ganze Konvent, noch genauer aber die,
welche Klosterämter verwalteten, und alle Bedienten,
über den Lebenswandel, und über die Verwaltung des
Abtes abgehöret, alle Behältnisse, die Kanzley, der
Zehngaden, der Kasten, die Keller, und sämtliches

(E) 2   Haus-

Hausgeräth durchforschet, aber alles im schlechten Stande, die Kassen völlig erschöpfet, und noch überhin ein sehr großer Schuldenlast gefunden.

5.
Endlich gar abgesetzet, und stirbt zu Mariazell.

Nach 8 Tagen, den 15ten des Jänners, kam besagte Kommißion abermal auf St. Peter, und befragte den Abt, ob er eine Rechnung ablegen könnte, und wollte, wie er sowohl die jährlichen Einkünften des Klosters, als das so häufig aufgenommene Geld verwendet hätte; und man stellte ihm auch nach der Länge vor, wie unanständig und boshaft er bisher gelebt, und wie verschwenderisch er zum schädlichsten Nachtheile des Klosters gewirthschaftet. Abt Andreas spannte zwar neuerdingen alle Kräfte an, sich zu rechtfertigen, und alle Einwürfe zu vereiteln; weil aber die Thatsachen so bekannt und klar waren, daß er nichts mehr läugnen konnte; so gestund er endlich seine gewaltigen Fehler, und rufte flehentlich die Gnade des Hochwürdigsten Erzbischofes Johann Jakobs an, auf dessen Hohe Gunst und Hilfe er noch seine einzige Hofnung setzte; jedoch zu spät. Denn man berief das ganze Konvent, und las demselben das schon gefällte Urtheil der Absetzung des Abtes vor, dem Abte aber selbst wurde zu seiner äussersten Beschämung, die alle Umstehende zum Beyleid bewog, sowohl seine Würde als die Verwaltung des Klosters feyerlich abgenommen. Nach diesem führte man den Andreas in das Konvent, wo er neun Monate lang in dem kleinern Krankenzimmer verwahret, und gleichsam eingesperret worden.

Als nun hernach das ganze Wahlgeschäfte des Abt Martins vollendet war, wurde die Befreyung des Andreas vorgenommen, und er aus seiner gefänglichen Wohnung einige Wochen lang bis auf weitere Verordnung freygelassen. Man befragte ihn indessen, ob er als ein

ein gemeiner Mönch in unserm Kloster leben; oder sich in ein anders unsers Ordens begeben wollte. Er verlangte aber, und erhielt auch das Kloster St. Lambrecht in Steyermark, als den Ort seines künftigen Aufenthalts, wo er unter dem Gehorsame des dortigen Herrn Abtes volle 25 Jahre stund, von welchen er einige in dem Kloster selbst, und einige auf den Pfarreyen als Seelsorger zubrachte. Doch mußte Andreas anfänglich von seinen Pfarrkindern, derer viele von dem Lutherthum angesteckt waren, manches Ungemach leiden, die er aber mit Geduld übertrug, und durch Predigten, Unterweisungen, und auf verschiedene andere Wege zu dem katholischen Glauben bekehrte. Mehr andere widrige Schiksale begegneten unserm Andreas zeit seines Aufenthalts zu St. Lambrecht, jedoch aus eigener Schuld, indem er die Freyheit schon gewohnt war, und sich der Regelzucht nicht unterwerfen wollte. Endlich gieng Andreas den 13ten des Christmonats im Jahre 1609 in den weltbekannten Gnadenort Mariazell, welches zu dem berühmten Stift St. Lambrecht gehöret, und wo er der ordentliche Prediger war, mit Tode ab, und bekam auch daselbst seine Ruhestätte. Dessen ungeachtet setzte ihm sein Nachfolger Abt Martin, in unserer St. Veits Kapelle einen Grabstein mit einer Inschrift. Ich beschließe die Geschichte unsers Abts Andreas mit der Gesinnung meines Hochwürdigen Herrn Chronickverfaßers, welcher sagt, er seye hier darum etwas weitläufiger gewesen, damit Andreas allen seinen Nachfolgern zum Beyspiele dienen möchte, daß jene, welche stehen, auf guter Hut seyn sollten, auf daß sie nicht fallen; und füge diesem noch die Worte unserer heiligen Regel bey: Der Abt solle jederzeit die Erbarmnissen über das Gericht erhöhen, damit er auch selbst Barmherzigkeit erlange. *)

*) S Reg. Cap. LXIV. De ordinando Abbate.

(E) 3

Unsere

6.
Was Abt Andreas doch noch Rühmliches gethan.

Unsere Chronick aber betrachtet den Abt Andreas vielleicht eben darum, weil er ein Abt war, nicht immer auf der schwarzen Seite, sondern gleichwie Niemand so bös ist, daß er nicht auch etwas Gutes an sich habe, so rühmet sie an ihm, daß er die sieben Jahre hindurch, welche er nicht gar als Abt erfüllt, sieben Neulinge aufnahm, unter denen sein unmittelbarer Nachfolger, der P. Martin Hattinger, ihm zur grösten Ehre gereichet. Und unerachtet Andreas so vielen Ausschweifungen ergeben war, so litt doch hierbey die Klosterzucht keinen Schaden; sie wurde vielmehr, aus besonderer Vorsehung Gottes, so aufrecht und blühend erhalten, daß man unter ihm einige Mönche von uns zur Verbesserung und Erhaltung der klösterlichen Ordnung in andere benachbarte Klöster, die aber hier nicht benennet werden, begehrte. Auch erkaufte Abt Andreas einen Hof, Namens Hienloo, in unserm Amte Weildorf, Pfleggerichts Raschenberg, wie die Kaufbriefe vom Jahre 1579 gegeben den 23ten des Brachmonats, bezeugen. Und unter ihm bekräftigten Se. Majestät Kaiser Rudolph der II. alle Freyheiten und Gnaden, die seine glorwürdigsten Vorfahrer aus dem Durchleuchtigsten Erzhause Oesterreich unserm Kloster St. Peter bisher schon wiederholtermalen verliehen, und bestätiget hatten. *)

*) Diesen uns theuersten Bestätigungsbrief, mit der eigenhändigen Unterschrift des Kaisers Rudolph, und angehängtem Insiegel versehen, haben wir in unserm abteylichen Archive aufbewahret.

Eilftes

Eilftes Jahrhundert.

Vom Jahre 1582. bis auf das Jahr 1682.

Martin.

LXVIII. Abt zu St. Peter.

Vom Jahre 1584. bis 1615.

Unter den römischen Päpsten Gregor dem XIII. Sixtus dem V. Urban dem VII. Gregor dem XIV. Innocenz dem IX. Clemens dem VIII. Leo dem XI. und Paul dem V.

Unter den Fürsten und Erzbischöfen Salzburgs Johann Jakob von Kuen; Georg von Kůnburg; Wolfgang Dietrich; und Markus Sittich.

Unter den Römischen Kaisern Rudolph dem II. und Matthias.

I.
P. Martin
Hattinger.

Abt Martin trat in dieses Jahrhundert ein; ein Mann, welcher diesen rohen Zeiten gewachsen war, und der starke Schultern genug hatte, die damalige schwere Bürde unsers Klosters zu tragen. Zu Brünn in Mähren erblickte er im Jahre 1551 das Licht der Welt; sein Vater, Georg Hattinger, ein gebohrner Salzburger, nährte sich mit der Weißgerbers Handthierung; und seine Mutter, schon damals eine Wittwe, da Martin noch in der Wiege lag, verehlichte sich mit dem Stadtschreiber zu Brünn. Ganz sicher waren seine Eltern der lutherischen Sekte zugethan, weil unser Martin den 1sten Aprils im Jahre 1577, und seines Alters im 24sten in der Jesuitenkirche zu Wien das Lutherthum öffentlich abschwur, und sich feyerlich zur römischen Religion bekannte. Solches erprobet das noch vorhandene Zeugniß seiner abgelegten Glaubensbekenntniß, so ihm der E. P. Johann Ascherman, Doctor der Gottesgelehrtheit aus der Gesellschaft Jesu gab, welches aber erst Abt Amand unter andern verworfenen Papieren fand. *) Hernach, da Martin in Wien die Weltweisheit studierte, brachte er fast ein ganzes Jahr mit der Wahl seiner künftigen Lebensart zu, und entschloß sich ein Benediktiner des berühmten Stifts Tegernsee in Oberbaiern, unter dem Abte Quirin, zu werden. Als ihn aber die Reise nach Tegernsee durch Salzburg führte, veränderte er seinen Entschluß, und suchte bey uns zu St. Peter aufgenommen zu werden, welches er auch wegen seiner vortreflichen Naturgaben, und angebohrnen Fähigkeiten erhielt. Nach erfülltem Prüfungsjahre, so Martin mit aller Frömmigkeit, und bestem Eifer zurückgelegt, verband er sich im Jahre 1579 den 27sten des Aprilmonates zur heil. Regel;

bekam

bekam noch in diesem Jahre von seinem Abte, Andreas,
die vier mindern, dann im folgenden Jahre im Herbst=
monate die andern größern heil. Weihen, samt dem
Priesterthume, und hielt den 25sten des Wintermona=
tes darauf seine erste heil. Messe.

*) Abt Martin meldet von dieser Glaubensbekenntniß
in seiner Chronick, wo er doch sein Herkommen, und
seine Studien in Wien ꝛc. anführet, kein Wort; unsere
Chronick will ihn desenthalben damit entschuldigen,
daß er es vielleicht aus Schamhaftigkeit gethan habe,
damit er nicht etwan Gefahr laufe, in unserm Kloster
nicht aufgenommen zu werden. Allein, würde ihm
wohl dieses zu bekennen auch noch als Abt geschadet
haben? — — Das Zeugniß seiner Glaubensbekennt=
niß, und sein Professionszettel ist in unserer Chronick
Fol. 491. zu lesen.

Das heut berühmte, und uns benachbarte Or=
densstift Michaelbeyern befand sich zur selben Zeit, wel=
ches in diesem Jahrhunderte nicht zu verwundern ist,
in sehr unruhigen Umständen, denn die klösterliche
Zucht verfiel unter ihrem Abte Johann Dulcius ge=
waltig, und die Religiosen, die mit ihrem Abte sehr
unzufrieden waren, verklagten denselben bey dem Hoch=
würdigsten Ordinarius, Johann Jakob, öfters; be=
gehrten und erlangten auch zugleich eine vollständige
Untersuchung des Klosters. Es wurden demnach im
Jahre 1580 den 15ten des Hornungs auf Befehl
des gnädigsten Fürsten, der Hochwürdige Siegmund
von Arzt Domherr und Official von Salzburg, und
Herr Johann Schreindl, Konsistorialrath, zu diesem
Ende dahin abgeschicket, und ihnen auch unser Mit=
bruder P. Martin Hartinger beygesellet. Man un=
tersuchte das Kloster, und die Klagpunkte des Kon=
vents; und als der Abt, welcher sich hernach einige
Zeit bey uns zu St. Peter, als Gast aufhielt, aber

a.
Wird an=
fänglich Abt
zu Michael=
beyern.

(F) 5

nimmer=

nimmermehr zu seiner Abtey gelangte, schuldig befunden worden, stellte die abgeordnete Kommißion unsern P. Martin, als Administratorn, oder Verwalter des Klosters auf. Dieser neue Haushalter war den Michaelbeyern mehr verhaßt als angenehm, und sie wandten alles an, daß er ihnen nicht gar als Abt sollte aufgedrungen werden. Dem ungeachtet wurde doch unser P. Martin im folgenden 1581 Jahre den 3ten des Heumonates durch die obbenannte Hochwürdige Herren Kommissarien als Abt zu Michaelbeyern erkläret, und aufgestellet. In den vier, und einem halben Jahre, in welchen Martin als Administrator und Abt dieses Stift verwaltete, befliß er sich ungemein zuförderst die Klosterzucht zu verbessern, und das Hauswesen stattlich zu besorgen; er würde auch nach und nach die Schulden abgethan haben, wenn er diesem Stifte länger vorgestanden hätte. Bey allem dem ließ er doch seinem Nachfolger, Abt Wolfgang dem II. einem Mönche und Prior zu Michaelbeyern, den Getreidkasten, und den Weinkeller im besten Stand zurücke.

8.
Hernach
Abt bey uns
zu St. Peter.

Indessen erfolgte, wie erst oben gemeldet worden, im Jahre 1584 den 15ten des Jänners, die schimpfliche Absetzung unsers Abts Andreas, von welchem Tage an, bis auf den 3ten des Herbstmonates, mithin achthalb Monate, St. Peter ein Körper ohne Haupt war. Auf den nehmlichen Tag aber wurde das Wahlgeschäft eines neuen Abtes ausgestecket, zu welcher Handlung man auch unsern Herrn Mitbruder den Abt Martin von Michaelbeyern nur Ehren halber und als einen Beystand einlud, zumal man davor hielt, er könnte als schon wirklicher Abt zu keiner weitern Beförderung gelangen; daher man ihn anfänglich nicht einmal berufen wollte. Damit aber sich nicht etwann unter der Wahl selbst eine Mishelligkeit oder ein anderes Hinderniß ereignen möchte, berathschlagte

klagte sich Abt Martin mit dem P. Sebastian Cataneus, der Gottesgelehrtheit Doctor, und Mönch des
Prediger-Ordens, der sich damals an dem salzburgischen
Hofe befand, welches Recht er ihm bey vorhabender
Wahl zustünde; und da er vernahm, daß er wenigstens
erwählt werden könnte, so erschien er bey der Wahl,
und sein Name wurde den Wahlzetteln eingetragen.
An dem Tage vor der Wahl verfügten sich, wie gewöhnlich, die Hochfürstliche Commissarien in unser Kloster,
um von unsern Mitbrüdern die Gesinnungen zu erfor-
schen, auf welche Person sie abzielten. Die Hochwürdigen Commissarien selbst waren dem P. Caspar, d. z.
Prior zugethan, das Konvent aber mehr dem P. Jakob,
damals Kellermeister, geneigt. Des andern Tags,
nehmlich den 3ten des Herbstmonates, als der P. Prior
das Lobamt von dem heiligen Geiste abgesungen hatte,
schritt man zur Wahl, und befand bey Untersuchung
der Wahlstimmen, daß keiner aus den 14 Erwählenden
die Hälfte derselben, sondern der P. Jakob 6, der P.
Martin 5, der P. Caspar, Prior 2, und der P. Leonhard nur eine hatte. Bey so zerstreuten Wahlstimmen
erklärten die Commissarien die Wahl für ungiltig, und
weil der Vormittag schon verflossen war, verschoben sie
solche auf den Nachmittag. Bey diesem Zusammentritte
machte man dem Konvente den Vortrag, ob es zu neuen
Wahlstimmen schreiten, oder aber das ganze Geschäft
dem Ausspruche der Commißion überlassen wollte. Es
wurde letzteres angenommen, und nach reifer Ueberlegung P. Martin in den dasigen Umständen unsers
Klosters, als der allerfähigste erkohren, und öffentlich
ausgerufen. Den 22ten des Herbstmonates gieng die
Begnehmigung dieser Wahl vor sich; der Einweihung
aber bedurfte der neuerwählte nicht mehr, indem er schon
im Jahre 1581 den 30 des Heumonates als Abt zu
Michaelbeyern eingesegnet worden.

Als

4.
Rater vier Hochwürdigsten Erzbischöfen.

Als nun bereits schon im Jahre 1576 am St. Matthiastage der Hochwürdigste Erzbischof Johann Jakob von Kuen, da er in seiner Burge einem Lustspiel beywohnte, von einem Schlagflusse getroffen wurde, und aller angewandten Arzneyen ungeachtet, nicht mehr vollkommen konnte hergestellet werden, so begehrte er selbst einen Gehilfen bey seinen bischöflichen Hirtenarbeiten, welche die in Steyermark und Kärnthen verworrene Religionssachen besonders erfoderten, und nahm seinen Hochwürdigen Domprobst, Herrn Georgen von Kūnburg, den das Domkapitel im Jahre 1580 den 18ten des Heumonates einhellig hierzu erwählte, als Coadjutor an, und zu sich an Hof. Endlich nach 6 Jahren, nehmlich den 11ten, oder wie andere wollen, den 4ten May im Jahre 1586 entschlief Erzbischof Johann Jakob selig in dem Herrn, da er die Kirche Salzburgs 25 und ein halbes Jahr lang löblichst regieret. Hierauf trat der Hochwürdigste Georg von Kūnburg, ein gottseliger, eifriger, vernünftiger, geschickter, und bey den Unterthanen ungemein beliebter Fürst, die wirkliche Regierung an, welche er aber nach sieben Monaten, zum grösten Leidwesen des ganzen Landes, den 25sten Jänner im Jahre 1587 mit seinem frühzeitigen Tode wieder ablegte. a) Wolf Dietrich, aus dem ritterlichen Geschlechte von Raittenau, Domprobst zu Basel, und Domherr zu Salzburg wurde an dem darauf folgenden 2ten Tage des Märznonates durch die Mehrheit der Wahlstimmen auf unsern Metropolitan Sitz erhoben. Er war einer der grösten Geister, in dem Glück und Natur ihre Gaben versammelt hatten, wenn er nur dieselben mit Mässigkeit hätte brauchen können; b) worinn ihn aber seine Jugend entschuldigen mag, indem er erst 27 Jahre seines Alters zählte, und daher von Rom aus mußte begnadiget werden, das Erzbisthum antreten zu dürfen. Im Anfang seiner Regierung ward er bey der Gemeinde

weber

weder geachtet, noch geliebet, er bediente sich aber derer
Kunstgriffe, mit welchen große Regenten sich ihre Unterthanen zu gewinnen wissen.   Denn da er in Veränder-
rung, und bey Ersetzung öffentlicher Aemter eine hervorragende Weisheit, Großmuth, und Scharffsinnigkeit;
gegen die Arme eine besondere Liebe, Milde, und Freundlichkeit; und als ein seltnes Beyspiel, auf dem heiligen
Rednerstuhle eine bewunderungswürdige Beredsamkeit
zu erkennen gab;   auch bey einer Theurung, da das
Schaff Korn auf 11 bis 13 fl. kam, den Armen solches
nicht höher als um 8 fl. abgeben ließ, erwarb er sich bey
dem ganzen Lande Liebe, Furcht, und Ehrerbietigkeit.
Dieser Hochwürdigste Hirt bezeugte in Ausrottung der
eingerissenen Irrlehren einen brennenden Eifer, den
der römische Hof, dahin er sich unter dem Papste Sixtus
wegen Verbesserung der verdorbenen Religion begab, so
gar mit dem Purpurhute zu krönen dachte.   Dem Durchleuchtigsten Erzhause Oesterreich schickte Fürst Wolf Dietrich sowohl in dem Türkenkriege, als in andern Anfällen
und Aufruhren zahlreiche Hilfsvölker, welches vielleicht
die Ursache konnte gewesen seyn, daß er der erste, neben
dem im Jahre 1588 eingeführten Getränks Umgelde,
auch im Jahre 1592 die Vermögensteuer, nehmlich
auf jeden Termin zu St. Georgen, und St. Michaels
Tagen von 100 Gulden 3 Schillinge also jährlich 6 ß,
aufbrachte: welches Vermögen die Unterthanen eidlich
und bey Verlust ihrer Güter ansagen mußten.   Zum
Vortheile der Hochfürstlichen Kammer ließ dieser vortrefliche Regent alle Güter und Gerechtigkeiten des ganzen Landes in ein auf Pergamen geschriebenes Urbarsbuch
ausführlich verfassen;   auch richtete er das Salzwesen
zu Hallein in jene Ordnung, die heute noch wenigstens
in der Hauptsache üblich seyn wird.   Höchstermeldter
verherrlichte unsere Vaterstadt mit den schönsten Gebäuden (Steinhäuser zählet derselben 65) von welchen er
                                                            aber

aber viele wieder einreissen ließ, worunter sich auch der
prächtige Pallast seines Herrn Bruders Jakob Hannibal von Reittenau, der 80000 kostete, befand; doch ste-
ßen davon noch die Hochfürstliche Burg, die er erweiterte, und erneuerte; das Neubau, in welchem die ho-
ßen Dikasterien ihre Gemächer und Archive haben; das
Kapitelhaus, allwo die Wahlgeschäfte vorgenommen
werden; der ansehnliche Hofmarstall; das herrliche Lustschloß Mirabell; und auf dem Lande die Pfleghäuser
zu Hallein, Mattsee und Taufen, dahin er sich ein Fürstl.
Wohnschloß erbaute. Ferner führte dieser Hochwürdigste Erzbischof im Jahre 1596 die Kirche des wunderthätigen Marianischen Gnadenbilds am Dürnberg
ober Hallein aus Quaterstücken von Marmor auf; im
Jahre 1597 wurde bey St. Sebastian das Gebäude
des berühmten Gottesackers zum Gebrauche der Armen,
wie Hansiz schreibet, angefangen, und in die Mitte
desselben die St. Gabrielskapelle; dessen Wände und
Statuen mit mosaischer Arbeit ausgezieret sind, gesetzet;
im Jahre 1599 schuf er das alte Schloß auf dem In-
berg in ein Kloster um, welches nebst der daran gebauten Kirche dem W. W. E. E. P. P. Capuciner eingeräumet wurde, und im Jahre 1605 führte er die W. W.
E. E. P. P. Eremiten St. Augustins Orden ein, denen er das von Grunde aus neu errichtete Gotteshaus,
welches zu Ehren der glorwürdigsten Himmelfahrt Mariä eingeweihet ist, samt dem Pfarrhause vollkommen
übergab. Mehr anderer Gebäude zu geschweigen verdient noch die unterste Wolf Dietrichsstolle beygesetzt zu
werden, welche dieser Fürst in dem Salzberge zu Hallein in der Länge von 751 Klafter, und in gerader Linie
über 400 Klafter durch den lebendigen Marmel auszu-
brechen befahl. Die Bestungen Hohen Werfen, und
Hohen Salzburg versah er mit Geschütze, und besetzte
sie mit Soldaten, welche nun durch seine Verordnung
alle

alle Viertel Stunden in der Nacht, anstatt daß sonst
allda die Nachtwächter die Stunden ausrufen, durch
gewiße Glockenzeichen ankündigen. Das berühmte fürstliche Stift der regulären Chorherren St. Augustins
Orden zu Berchtholdsgaden gerieth unter sich in eine
Mißhelligkeit, ein Theil dieses Kapitels hieng sich an
unsern Erzbischof; der andere aber mit dem damaligen
Herrn Probste, Jakob Prietricher, an das durchleuchtige Haus Baiern, weil es den Herzog Ferdinand (welches eben der Zunder dieses Feuers war,) Coadjutor zu
Kölln, und Domherren zu Salzburg zu ihres Hochadelichen Stifts Coadjutor verlangte, und auch mit Gutheiß-
sung des Papsts Klemens des VIII. erhielt. Unser
Fürst Wolf Dietrich ward hierüber so aufgebracht, daß
er, unangesehen aller Vermittlung großer Höfe, mit
seinem Landsvolke und hundert neu angeworbenen Soldaten das Berchtoldsgadner Land ohne Widerstand einnahm. Allein, zu seinem eigenen Unglücke, indem der
Herzog aus Baiern Maximilian der I. ein Bruder des
schon wirklichen Probstes, mit einer noch größern Macht
in unser Erzstift eindrang, das Schloß Tittmoning hin-
wegnahm, und in die Städte Laufen und Salzburg mit
1000 Mann zu Fuß, und 200 zu Pferd den 26ten des
Weinmonates im Jahre 1611 einzog. Fürst Wolf
Dietrich flüchtete sich 3 Tage zuvor in weltlichen Kleidern, mit dem Degen an der Seite, und von 14 Personen begleitet nach Kärnthen, woselbst er unweit Gmünd
von den Baierischen Reitern gefangen, und anfangs auf
Hohen Werfen, sodann in die Vestung Hohen Salzburg
geführt wurde; welches zwar auf Anleitung und Ersu-
chen des Hochwürdigen Domkapitels, und der Landstände
geschah, die sämtlich eine lange Reihe verschiedener Be-
schwerden wider ihren Erzbischof vorlegten. Nachdem
nun Wolf Dietrich ganz allein mit seinem Beichtvater 5
Jahre, 2 Monate und einige Tage zu Hohen Salzburg
gefan-

gefangen saß, und gleich im ersten Jahre sein Erzbisthum
in Gegenwart des päpstlichen Nuntius in der Kirche
auf dem Nonnenberge ablegte, segnete er im Jahre 1617
den 16ten des Jänners dieses Zeitliche, und hinterließ
große und seltene Beyspiele der Gottseligkeit. Die Leiche
dieses erhabenen Fürsten, dem Salzburg die Reinigkeit
der Religion, und seine Verherrlichung zu verdanken
hat, wurde nicht, wie er es vorschrieb, bey der Nacht,
ohne Geläute, und ohne Trauer, sondern mit gebührendem Leichengepränge in die Mitte obbesagter St. Gabrielskapelle beerdiget; allwo er unter seinem Volke, welches
er im Leben so brünstig liebte, und schützte, zu ruhen
verlangte. c) Als Wolf Dietrich seine Würde feyerlich abgetreten hatte, fielen im Jahre 1612 den 18ten
des Märzmonates die Wahlstimmen auf den Hochwürdigen Herrn Markus Sittich, Domprobsten zu Con-
stanz, und Domherren zu Salzburg aus dem alten Geschlechte in Graubündten, der Grafen von Hohen-Embs,
Wadunz und Galara gebohren. Er war ein frommer,
gelehrter, und freundlicher Herr, geboth die Festtage des
heiligen Ruperts und Virgils, wie auch der Kreuzer-
findung, St. Veits, St. Ulrichs, und St. Margarethens
zu feyern, und führte, nebst dem 40 stündigen Gebethe
am Palmsonntage und dem Charfreytags Umgange, die
Bruderschaften zu Trost der armen Seelen, zu Ehren des
allerheiligsten Altars Sakraments, der heiligen Monika,
und der heiligen Mutter Anna ein. Die ehrwürdigen
Gebeine des heiligen Ruperts und Virgils, welche sein
Vorfahrer bey Abbrechung des Domes nach Hof nahm,
setzte er auf dem Hochaltar in der Pfarrkirche dem Volke
öffentlich aus, damit sie desto mehr sollten verehret werden. Er verfaßte die Abhaltung der Kirchenverrichtun-
gen, und für die Seelsorger eine Stolordnung, und
legte im Jahre 1614 den 14ten des Aprilmonates den
ersten Grundstein zu der Kathedralkirche. Gleichfalls
baut-

baute er die St. Markuskirche, und das Kloster, so er den barmherzigen Brüdern einräumte; dann eine neue Kirche zu Wagrain, und zu Radstadt; erneuerte die Kirche zu Waging; die Schlößer Glanegg, und Tittmoning; vollendete das Gebäude der Fürstlichen Burg gegen dem Markte; und führte den Lustort Hellbrunn, das Klausenthor bey Mülln; das Thor bey dem Burgerspital und zu St. Sebastian, oder das Linzerthor vom Grunde auf. Und dieses sind die vier Hochwürdigsten Erzbischöfe und Fürsten Salzburgs, unter welchen Abt Martin unser Kloster St. Peter verwaltete.

a) Dieser Erzbischof Georg nahm zuerst die Verbesserung des Kalenders an, welche durch Papst Gregor den XIII. im Jahre 1582 geschah, und wohnte im Jahre 1583, noch als Koadjutor, der Baierischen Kreisversammlung zu München bey, allwo die schon damals immer gekränkte, und angestrittene Rechte der Kirche, und Geistlichkeit verfochten wurden.

b) Also Gewold bey dem Hansiz.

c) Von diesem Hochwürdigsten Fürsten wird zwar in der Geschichte unsers Abts Martins noch mehreres vorkommen; wer aber seine vielen und großen Unternehmungen ausführlicher einzusehen verlangt, der beliebe Dückers Chronick a Fol. 267. und den P. Hansiz Germ. S. Tom. II. a Fol. 650 nachzulesen; desgleichen den mit Baiern geschlossenen Salzvertrag, in der Unpartheyischen Abhandlung von dem Staate des hohen Erzstifts 2c. VI. Abschnitt. a § 259. Fol. 304. aufzusuchen. Uebrigens war höchstermeldter Wolf Dietrich der erste, der mit dem Fürstl. Titel, Celsissimus, benennet wurde, und, mit Abschaffung der sogenannten Einspänninger, die Leibwache, welche nun aus 30 Karabiniern, und 20 Trabanten besteht, aufrichtete.

Zumal nun Abt Martin von seinem abgewürdigten Vorfahrer Andreas eine überschwengliche Schuld

Ausz. der St. Pet. Chr. 2r. Th.   (F)   5.
Abt Martin verkauft zur Tilgung

denlast

der Schulde
ben Hof in
Absdorf, u.
das St.
Magdalene
Spital im
Kay.

denlaft übernahm, bey welcher es unmöglich war, eine gute Hauswirthschaft zu führen, so suchte er auf allerley Wege, sich der fremden Gelder zu entbürden, und entschloß zu diesem Ende den oben erwähnten Hof zu Absdorf zu verkaufen. Denn Abt Andreas hatte diesen Hof, welchen Christoph Krem, unser Verwalter, gegen Inhaltung der Gebäuden, und Erlag einer jährlichen Zinsung lehenweis besaß, schon dergestalt verschuldet, daß sich die Summe des Darlehens über einige 1000 fl. belief, und nebst dem dem Kloster nur ein geringes Zinsgefäll verblieb. Damit also Abt Martin diesen überlästigen Gläubiger, den er ohnehin von seiner ausgeleerten Kasse nicht befriedigen konnte, sich von dem Halse schafte, behandelte er die Sache mit besagtem Krem, und überließ ihm im Jahre 1586 den oft angezogenen Hof als ein vollständiges Eigenthum; von dem Ueberreste des bedungenen Kaufschillings aber brachte er hernach andere Güter zum Kloster, wovon solches einen größern Nutzen einsammelte. a) Auf eine fast gleiche Art kam unser Kloster um die Kapelle im Kay, die Erzbischof Eberhard, der Heilige, im Jahre 1150 den 22sten des Heumonates zu Ehren des heil. Lorenz einweihte, und die hernach der heil. Magdalene gewiedmet wurde, allwo auch unsere Mönche die Gottesdienste hielten. Es war bey dieser Kapelle ein Spital errichtet, welchen Erzbischof Konrad der IV. auf St. Peter schenkte, welcher auch daselbst einige arme Weiber nährte. Da aber der Hochwürdigste Fürst Wolf Dietrich eine neue Pflanzschule für Jünglinge, die bisher in dem Hofe des Bischofes von Chiemsee wohnten, aufzuführen gedachte, so schien dieser Ort, und Platz, wo gemeldtes St. Magdalenen-Spital stund, seinen Absichten am bequemsten. Der schon erwähnte Dominikaner Sebastian Cataneus, so damals das Bisthum Chiemsee bekleidete, nahm die dießfällige

Unter

Unterhandlung mit unserm Abt Martin desto vergnüg-
ter auf sich, weil er besorgte, ansonst seines Gartens,
den auch unser Abt Andreas für 1000 fl. dahin verkauft,
verlurstig zu werden.   Sowohl Abt Martin, als sein
Konvent wollte diesen alten Ort, welchen es schon durch
einige Jahrhunderte innhatte, anfänglich gar nicht von
sich lassen; um aber nicht in die Ungnade ihres sonst
so gnädigsten Fürsten zu fallen, schlug es im Jahre
1591 den 13ten des Maymonates in den anerbothe-
nen Kaufschilling von 2000 fl. ein; von welchen es
doch nicht mehr als 900 fl. an barem Gelde bekam;
denn die andern 1100 fl. bezog die Hochfürstliche Hofkammer, als einen Schuldausstand unsers Abts Andreas.   Die 5 alten Weiber aber, die sich noch in diesem Spitale befanden, wurden von dem Hochwürdigsten
Erzbischofe lebenslänglich versorget. b)

a) Unsere Chronick bemerket hier, daß Abt Martin besser gethan hätte, wenn er sich doch wenigstens die
Grundherrlichkeit dieses Hofes vorbehalten hätte; allein,
es ist Niemand sich allein klug genug.

b) Der ausgefertigte Kaufbrief steht in unserer Chronick
Fol. 500. Col. 1. An welchem Orte des Kay ange-
führtes St. Magdalene-Spital eigentlich möchte ge-
standen haben, habe noch nicht erfahren können; vermuthlich um jene Gegend, wo noch heut zu Tage
das St. Niklas-Kirchlein steht, dessen Daseyn
aber einem unbenannten Bischofe von Lavant zugeschrie-
ben wird. Es müßte nur seyn, daß diese vormalige
St. Niklas-Kapelle, die heutige sogenannte Schwarz-
bruderschafts-Kirche wäre; denn Hansiz schreibt Germ.
S. Tom. II. Fol. 674. N. XLVII. daß im Jahre
1603 den 3ten Hornungs die Kirche des heil. Nikolaus,
welche vormals ein Bischof von Lavant aufgeführet, von
dem Erzbischofe Wolf Dietrich abgebrochen, und herrlicher aufgebauet, sodann der Versammlung von den
armen Seelen sey übergeben, und am Feste der heiligen
Mutter Anna (an welchem noch das Einweihungsfest
allda begangen wird) sey eingeweihet worden.

6.
vermehret
aber hin-
wieder ver-
schiedentlich
die Güter
des Klofters

So beforgt Abt Martin in Austilgung der Schulden war, eben fo fehr bewarb er fich das Befte des
Klofters in allen Stücken zu beförbern. Hierzu kam
ihm als eine Beyhilfe die Stiftung zwoer Jahrmeffen,
nebft der Ausfpendung eines gewiffen Almofens, und
der Grabftätte in unfrer St. Wolfgangs- ober St.
Benedikts-Kapelle, welche der Herr Ludwig Alt verlangte, und dafür im Jahre 1594, mit Begnehmigung des Landesfürften, den 3ten Theil der Zehenten
von drey Häufern zu hohen Maurach in dem Pfleggerichte Taxenbach verfchafte. Noch mehr aber trachtete
Abt Martin die Güter des Klofters durch nützliche
Käufe zu vermehren. Daher er im Jahre 1591, weil
wir an der benöthigten Holzung Mangel litten, und die
Zufahrt von unfern halleinifchen Waldungen zu koftfpie-
lig fiel, jenen Wald nebft dem Unterthan in der Gnigl,
welcher der Kirche zu Halming angehörte, für 300 fl.
erkaufte. Im Jahre 1594 brachte er den herrlichen
Hof, Fröfchelmoos genannt, in der Vorftadt Mülle
gelegen, käuflich an das Klofter, den er mit einer
Mauer einfaffen ließ, hernach aber wieder an Hrn. Joh.
Kurz, Hochfürftlichen Rath mehr aus Ehrerbiethung
des Hochwürdigften Fürften, als aus Wirthfchafft verkaufte. Im Jahre 1597 vermehrte er die Einkünfte
unfers Urbaramts durch den Kauf einiger Zehente, den
er mit einem unfrigen Unterthane im Pongáu, Namens
Georg Gugg, eingieng. Im Jahre 1603 kaufte Abt
Martin folgende Güter, wie fie in dem Erzbifchöfli-
chen Freyheitsbriefe, wo fie aus fogenannten Beutellehen aus Gnaden zu Ritterlichen wurden, angefetzt fte-
hen: von einem Burger zu St. Johanns im Pongáu
ein Gut Afchertaufch; ein Gut Falfchheben; ein
Gut Hinterneureith im Halbmoos; ein Gut Nie-
derwißberg; ein Gut in Halbnach; ein Gut Taxlueg;
ein Gut bey Goldegg ob der halben Hueb genannt; ein
Gut in der Großarl Hinterneureith, und dann zwey
Güter

Güter in der Obernperneb; gleichfalls ein Gut Welnsperg, und wiederum drey Güter an der Mul, alle im Matt= seer Gerichte; item ein Gut zu Purkhirnen, und ein Gut zu Pabing, beyde im Landgerichte zu Tittmoning; letzt= lich ein Gut im Stainhall in der Herrschaft Wald gelegen. Unter allen diesen Käufen zeichnet sich sonderheitlich je= ner aus, den unser Abt Martin mit dem Erben des weiland Hochwürdigen Herrn Michael Freyherrn zu Wolkenstein, und Rodenegg, Domprobstens zu Salz= burg im Jahre 1604 geschlossen hatte, da er ihnen für einige 1000 fl. das ausser der Stadt, unweit Müllen, gelegene Gut Lind, oder Peters Lind, auch Aigels= hof genannt, abkaufte, welchen letztern Namen dieser Hof von den alten Besitzern desselben, nehmlich von dem Herrn Aigel zu Lind noch heut zu Tage beybehalten hat. Diesen Hof nebst noch einem andern zu Tittmoning er= kauftem Gut machte der Hochwürdigste Erzbischof Wolf Dietrich in Höchsten Gnaden mehrmal aus Beutellehen zu Ritterlehen. Der hiehergehörige Freyheitsbrief er= wähnet hievon so viel, das Guet und Siz Lindt zu Wärtlstein zu nächst bey der Stadt Salzburg im Hof, Urbar Gericht, Glan, und Müllner Pfarr gelegen, sambt dem Mayrhof, Weyern, und zwey dritt Zehent daselbst, auch die hohe Ridenburg sambt deren *Pertinentien*, und Zuge= hörungen, als Holz, Stainbruch, item den gan= zen Hof und Guet zu Pietling im Tittmoninger Landgericht und Fridolfinger Pfarr gelegen, so dieser Zeit Wilhelm Dautel und sein Nach= bar daselbst zu Erbrecht besitzen. a) Besagten Aigelhof ließ Abt Martin in sehr vielen Stücken er= neuern, daselbst einen großen Garten anlegen, und mit einer Mauer umgeben. Er pflanzte Obstbäume dahin, und machte zu seiner Gemüthserholung selbst den Gärtner. b)

Unter diesem Abte geschah auch der Auswechsel unsers Frongarten insgemein, jedoch mit verdorbener Aussprache, Frauengarten genannt. Dieser war ein grosses breites Feld, so sich von unserm Kloster an bis an das Burgerspital St. Blaß erstreckte, und jene Burger, welche aus ihren anliegenden Häusern eine Thüre in dieses Feld ausbrechen wollten, mußten St. Peter alle Jahre eine Erkenntlichkeit abführen; welcher jährlicher Zins oder Burgerecht noch heut zu Tage von ermeldten Behausungen genommen wird. c) Schon im Jahre 1593 begehrte der Hochwürdigste Erzbischof Wolf Dietrich durch seinen Herrn Bruder Hannibal von Raittenau von diesem Felde einen Bezirk, um auf solchem eine Reitschule aufzuführen, gegen der Zusage, allen hierdurch verursachten Schaden zu ersetzen. Abt Martin verwilligte indessen in dieses nachdrückliche Ansuchen, und da er im Herbste darauf nach Wietting in Kärnthen verreißte, um die alldasige Probsten zu untersuchen, so wurde während seiner Abwesenheit der Bau des prächtigen Hofmarstalls, wie er vor unsern Augen noch dasteht, angefangen, von einem Ersatze oder Vertrage aber bis auf das Jahr 1599 gar nichts gemeldet. Da nun der gnädigste Fürst dieses ganze Feld verlangte, damit er selbes in der Stadt nach seiner Bequemlichkeit verwenden könnte, dann gab er uns für unser Feld Frongarten die so benamste Stockauwiesen bey Pernau im Glanegger Gerichte gelegen, welche wir wirklich noch besitzen. Ob sich aber schon Abt Martin von besagtem Frongarten ein Stück zu einem Kuchengarten vorbehielt, den auch Fürst Wolf Dietrich mit einer Mauer einfassen ließ, so mußte er doch im Jahre 1606 wieder einen Wechsel eingehen, indem die Patres Franziskaner, welche sich in kurzer Zeit sehr vermehrten, keinen andern Platz zu einem Garten, als eben diesen Abtsgarten hatten; der ihnen denn auch eingeraumet, St. Peter aber dafür ein kleines

Feld,

Feld, die Hammerwiesen in der Riedenburg überlassen wurde.

In dem nehmlichen Jahre 1606 kaufte uns das
hohe Erzstift in dem zweyten Hause in der Pfarrgasse,
welches noch das heutige Hochfürstl. Kapellhaus ist, den
ersten Boden für 1000 fl. ab, also, daß ein Pfarr
Mößner auch die Corporal Knaben samt iren
Inspectoren bey Tag und Nacht ir ruebige Wohnung darinn haben.   Demnach aber der Kaufschilling, als ain tausend Gulden noch unbezahlt,
als haben Jre Hochfürstl. Gnaden (Marx Sittich
im Jahre 1613) solche ausständige ain tausend
Gulden iber sich zu nemmen, und abrichten zu
lassen verwilliget, auch ihr Behausung auf dem
Nonnberger Weeg bey St. Peters Freuthof
über, ingemain das Peutscher Haus genannt,
so aller Purden frey, auch so lang besagte Behausung in Abbts, und *Convents* Gewalt sein
wird, der Stettlichen Obrigkeit eingrif halben,
als Sper, Jnuentur, und andern dergleichen
burgerlichen Purden begeben und entlassen,
sambt allen dessen Zugehörungen nichts ausgenommen, wechselweis in berirtes Abts *Convents*
und ihres Gottshaus Handen, Nutz, Brauch
und Gwehr eigenthumlich ibergeben.   Dargegen, und darfür St. Peter auch wechselweis
abgetretten, und ibergeben Jr aller Purden freue
Behausung samt dem anstossenden Kuchelgar-
ten in der Kirchgassen neben L. Prantls Behausung gegen unser lieben Frauen Pfarrkirchen
über. d)

a) Also lauten die Worte des angezogenen Freyheitsbrie-
fes aus unserer Chronick Fol. 497. Col. 2.

(8) 4   b) Wt

b) Abt **Martin** ließ in die Mauer des kleinen Eckhauses im Gartenau seine Blatte von Marmor diese Innschrift eingraben:

Si nihil ædificas, quid spectas ista viator,
     Aut mea ne carpas, aut meliora struas.
Si meliora tenes, id divos poscito mecum,
     Ne quod uterque tenet, fascinet invidia.

c) Das in dem Kaufrechte vorbedungene Burgrecht besteht meistens nur in 10= 20= 30 Pfenninge: und ist noch ein geringes Ueberbleibsel unseres Alterthums.

d) Mehrmal Wort des errichteten Kaufs= und Tauschesbriefes, welcher, mit vielen anderen hier erforderlichen, in unserer Chronick in der Geschichte des Abt Martius hin und wieder zerstreuter zu erholen sind.

7.
Erbauet
fast neu das
Kloster, u.
errichtet die
Büchersaal.
Abt **Martin** vergrößerte aber nicht nur die Einkünfte unsers Klosters, sondern er legte auch an dem Gebäude desselben werkthätige Hände an; von welchem freylich der Hochwürdigste Fürst Dietrich der erste Urheber, und zugleich der freygebigste Stifter war. Unser Kloster stund damals in der Mitte jenes Bezirkes, wo heut unser noch zimlich eingeschränkter Klostergarten angeleget ist, so daß unsern Mönchen ein nur sehr enger Raum zur Erquickung übrig blieb. Der Bau selbst war nieder, eng, finster, mit wenigen Zellen versehen, und mehr einer Einsiedley als einem Kloster ähnlich; daher es auch in eine gewisse Geringschätzung verfiel. Höchstermeldter Fürst befahl demnach unserm Abt **Martin** das alte Kloster, so viel es thunlich, auszubessern; wo es nothwendig, auch niederzureissen; und vom Grunde neu aufzuführen, und versprach zu dieser weit aussehenden Unternehmung eine fürstliche Beyhülfe zu leisten. Auf so herrliche Verheißungen gieng Abt **Martin** zu Werke, und stellte nach gemachter Vorschrift in Zeit von 4 Jahren, nämlich vom Jahre 1606 bis 1610 einen ansehnlichen Klosterbau

hat her, zu welchem der allergnädigste Fürst sowohl alle
Gattungen der benöthigten Baugeräthe, als auch am
baaren Gelde mehr als die Hälfte der Kosten, die sich
über 12000 fl. beliefen, großmüthigst beyschaffte. Die
Innschrift eines alten Steins überzeuget uns, daß Abt
Martin auch die Abtey im Jahre 1599 von neuem
aufgerichtet habe. a)

Nebst dem war Abt Martin beflissen, die noch
rohen Gemüther seiner Mönche zu bilden; und gleich=
wie er selbst ein gelehrter, und in der griechischen Sprache
ungemein bewanderter Mann war, also bereicherte er
unsern Büchersaal, den zwar schon vorhin Abt Wolf=
gang merklich vermehrt hatte, mit einer großen Menge
Bücher, zur Beyschaffung derer er einige 1000 fl.
mit bestem Wucher verwandte. Er selbst schrieb eine
Chronick unseres Klosters vom heiligen Rupert an, bis
auf das Jahr 1611, die wir bisher unter den Hand=
schriften der Buchstaben R oder B immer angeführt; auch
sammelte er eigenhändig aus zerschiedenen Schriften ein
Buch in Quart, wo von dem Ursprunge und Fortgange
des Mönchswesen, und von den Klösterlichen und Ritter=
lichen Orden gehandelt wird. Die spate Nachwelt be=
dauret hier noch zugleich, daß unser Abt Martin aus
einem gar zu pünktlich genommenen Verstande der päpst=
lichen Bulle, die nach vollendetem Kirchenrathe zu
Trient herausgekommen war, und alle Innhaber der ke=
tzerischen Bücher in den Bann legte, die Bücher und
Handschriften des Martin Luthers in das Feuer gewor=
fen hat, b) indem doch diese Schriften, welche Abt
Staupitz dem Kloster hinterließ, die tauglichsten würden
gewesen seyn, die Grundsätze und Irrlehren der Herren
Protestanten zu widerlegen. c)

a) Dieser Stein befand sich in unserer Abtey eingemau=
ert; als aber selbe im Jahre 1753 erneuret wurde,
ward

warb er von da weggeschaffet, und, ich weiß nicht, wohin? geworfen worden.

b) Die gelehrten Herren Friburger halten dafür, es seyen unter diesen, und dergleichen Schriften des Luthers besonders folgende befindlich gewesen, als: *Resolutiones Lutheri; Acta Colloquii Augustani; et duo exemplaria commentarii in Epist. S. Pauli ad Galat.*

c) Unsere Chronick sagt zwar hier, daß Abt **Martin** dieses aus bester Absicht unternommen habe, um fernern Gefahren vorzubeugen, damit nämlich unsere Mönche durch Lesung dergleichen Schriften nicht weiter sollten verführet werden; allein hätte man denn diese Bücher, oder Schriften, nicht so sicher verwahren können, daß sie Niemand unter die Hände gekommen wären? wie z. B. noch heut zu Tage die verbothenen Bücher in einem abgesonderten Schranke versperret sind.

8.
Eifert ungemein für die alte Klosterzucht, u. für die Zierde des Hauses Gottes.

Es war damals die Zucht unsers Klosters in ihrer vollkommenen Reife, welche Abt **Martin** nach allen seinen Kräften zu erhalten, und zu befördern suchte; doch die Anzahl unserer Mönche verminderte sich bis auf dreyzehen, so, daß man kaum so viele tüchtige Männer finden konnte, welche das allgemeine Seelenwohl an andern besorgen sollten; denn die meisten starben in ihrem fast noch jugendlichen Alter, und in der besten Hofnung dahin, so man der damaligen Lage des Klosters zuschrieb, indem es nahe an dem Berge, und Gottesacker stund, wo also schädliche Feuchtigkeiten, und die eingesperte Luft verschiedene Krankheiten verursachten. Nebst dem waren unsere Mönche gar zu sehr in ihre Mauern eingeschränket, daß sie nicht einmal einen Garten hatten, in welchem sie entweder durch einen Spaziergang, oder andere Leibesbewegung ihrer Gesundheit pflegen konnten. Besonders wußte man nicht, daß unsere Mönche von ihrer ersten Stiftung an, niemals Fleischspeisen, sondern nur immer, wie es die heil. Regel vorschreibt, Fastenspeisen genossen hatten.

hatten. Wegen dieser so eingeschränkten und strengen Lebensart verabscheuten die sonst tauglichsten
Jünglinge unser Kloster; daher es an Kandidaten, und
Neulingen nicht geringen Mangel litt. Der Hochwürdigste Fürst Wolf Dieterich, Höchstwelcher für die Erhaltung, und Herstellung unsers Klosters allezeit mildreichest wachte, erwog alle diese Umstände, und führte
sie zugleich als die Beweggründe an, als Höchstselber
im Monate Augusts des 1603ten Jahrs den Doktor,
Herrn Johann Kurz, zu unserm Abt Martin schickte, mit dem Auftrage und Befehle, daß unsere Mönche von nun an, und in das künftige wenigstens dreymal in der Woche Fleisch essen, und bey guter Witterung auf unsere Felder und Gärten einen Spaziergang
machen sollten, damit das Kloster nicht etwan durch die
bisherige allzuharte Strenge gänzlich aussterbe, und
mit der Zeit in fremde Hände verfalle. Ein so uner-
warteter Befehl versetzte unsern Abt Martin anfänglich in eine große Verwunderung, und gleichwie er ein
ungemeiner Eiferer der alten Beobachtungen, und ein
sehr strenger Mann war, so machte er in aller Unter-
würfigkeit verschiedene Gegenvorstellungen, und Einwendungen, worunter diese die wichtigste heißen kann, daß
er das Gesetz der heil. Regel nicht so leicht abändern
könne. Allein unangesehen aller vorgerückten Einwürfe
ließ der Hochwürdigste Erzbischof Wolf Dieterich dem
Abt Martin vermelden, er sollte seinem gnädigsten
Befehle gehorchen, widrigenfalls würde Höchstselber
Regeln und Satzungen vorschreiben, nach welchen die
Mönche von St. Peter hinfüro leben müßten. Auf
welches Abt Martin gezwungen war, dem Hochfürstlichen Begehren beyzustimmen, und wurde wirklich im
besagten Jahre und Monate, nämlich den 24sten Augusts das erstemal der Genuß der Fleischspeisen angefangen, und sodann die Woche dreymal, als an Sonn-

Dienst-

Dienst= und Donnerstagen fortgesetzet, welchen hernach
die Satzungen unserer salzburgischen Benediktiner=Ver=
sammlung auch auf den Montag erstreckten. Abt
Martin aber erbaute im Jahre 1604 in dieser Ab=
sicht ein neues Speiszimmer, damit das alte, wo bis=
her nur Fastenspeisen aufgesetzet wurden, durch die neu
eingeführten Fleischspeisen nicht entweihet, und gleich=
sam verunreiniget würde. *)

Einen heiligen, und bescheidneren Eifer hegte Abt
Martin für die Ehre Gottes, und für die Zierde sei=
nes Hauses; von diesem beseelet, vermehrte er den Kir=
chenschatz mit 6 Leuchtern von Silber, die über 1000 fl.
kosteten; mit einer kostbaren Infel, welche durchgehends
mit Perlen besetzt war; und mit andern priesterlichen
Kleidungen und Kirchenzierrathen von weißer und ro=
ther Farbe. Den Chor, linkerseits, versetzte er in die
Höhe, die St. Veitskapelle erneuerte er, und führte
daselbst eine Mauer gegen den Freydhof auf, dahin er
eine Thüre ausbrechen ließ. Im Jahre 1606 schafte
er den alten Hochaltar weg, und errichtete einen neuen,
der zu diesen Zeiten ansehnlich genug war, und erwei=
terte das Gewölb des Chors, wo der Altar stund.
Und da man den Hochaltar, oder vielmehr den soge=
nannten Altarstisch um 6 Schuhe zurückschob, fand
man unter demselben den Leib des heiligen Amands,
wie wir dafür halten, vormals Bischofes zu Worms,
welchen unser heil. Stifter Rupert mit sich hieher ge=
bracht. Zu größerer Verehrung dieses Heiligen behielt
Abt Martin ein Schienbein, die untere Kinnbacken,
und ein Armspindel zurück, die in Silber gefasset wur=
den; die übrigen heiligen Gebeine aber setzte er wieder,
in einem Sarge von Kupfer, unter dem Hochaltare bey,

*) Wird diese Stelle nicht vielen meiner geneigten Leser
lächerlich vorkommen?

Die

Die ausserordentliche Gnadengunst, welche der Hochwürdigste Fürst Wolf Dietrich unserm Kloster und Abte Martin bezeugte, verdienet hier eine besondere Anmerkung. Im Jahre 1593 den 3ten des Aprilmonats in der Fasten ließ sich Höchstselber in unserm Kloster ein Wohnzimmer zubereiten, in welches er sich bis auf den Vorabend des grünen Donnerstages verschloß, und daselbst nur allein Gott und den geistlichen Uebungen oblag. Das Mittagsmahl nahm er mit dem Konvente, unter dem regulären Stillschweigen, und gewöhnlicher Tischlesung, auf welche er ämsig merkte. Die Speisen, welche Er nebst dem Weine für sich und für das ganze Konvent vom Hofe beyschafte, trug einer von unsern Mönchen auf; ja Er wohnte sogar der abendlichen Erquickung, oder sogenannten Collation bey, zu welcher eine kalte, aus Wein und Zucker gekochte Speiß, und ein süßer Wein aufgesetzet wurde. Nach vollendeter Complet sang bey dem alten Kreuz Altare die Hofmusik das: Gegrüßt seyst du Königinn rc. und den 50 Psalm, Erbarme dich meiner, O Gott rc. ab. Der andächtige Fürst las auch diese Zeit hindurch in unserer St. Pauls Kapelle täglich die heilige Meß. Den 14ten April verfügte er sich wieder zurück nach Hof, und dennoch wurden unsere Brüder bis Ostern mit den bisherigen Speisen begnadiget. Am grünen Donnerstage hielt ermeldt Hochwürdigster Erzbischof das Amt, weihete den heiligen Chrisam, und bestieg Nachmittags in höchster Person den geheiligten Rednerstuhl. Am feyerlichen Festtage der Ostern bereitete Höchstgedachter abermal in unserm Klosterspeißzimmer eine herrliche Tafel von 50 Gedecken, welcher Er mit vielen Hochwürdigen Domherren, Ministern, Räthen, und den ansehnlichern Bürgern beyzusitzen geruhete. Was aber noch auf diese Zeiten am meisten zu bewundern ist, und fast unglaublich scheinet, ist, daß wir lesen, es sey bey diesem Gastmahle

9. Genoß sehr viele Gnaden des Landesfürsten.

mahle eine solche Menge verschiedener Speisen aufgetragen worden, daß man derer 400 besondere zählte. Und
diese fürstliche Freygebigkeit erfuhren unsere Mitbrüder noch öfters: als im Jahre 1594, wo in den Fa-
schingstagen mehrmal eine so prächtige Bewirthung vor-
gieng; und im Jahre 1595, in welchen zwey Jahren
der gnädigste Fürst noch bey uns zu St. Peter die geistliche Versammlung machte, die er aber hernach alljährlich in seiner Burg fortsetzte.

Jedoch solche, obschon nicht geringe Kleinigkeiten,
waren der Großmuth des Fürsten Wolf Dietrichs nicht
gewachsen, sondern er bezeugte unserm Kloster noch nach-
drücklicher seine höchste Gnade. Denn, als im Jahre
1593 sein Herr Vater, Johann Werner von Raittenau,
Kaiserlicher Hauptmann in dem Türkenkriege in Croa-
tien auf dem Bette der Ehren verblich, wurde dessen
Leiche nach Salzburg gebracht, anfangs in einem Sarge
von Meßing einige Tage in der St. Sebastianskirche
ausgesetzet, und sodann den 5ten May in unser Gotteshaus St. Peter vor dem alten heiligen Kreuzaltare
(heut zwischen den St. Ruperts, und St. Benedikts
Altären) mit einem so ungewöhnlichen Trauergepränge
beygesetzet, daß Salzburg dergleichen vorhin noch nie
gesehen hatte. Es wollte dieser Hochwürdigste Erzbischof seinen Herrn Vater gleichsam darum bey uns zu
St. Peter begraben, damit Höchstselber seine sonderbare
Achtung, Liebe, und Gnade gegen uns desto lebhafter
ausdrücken, und zugleich mehrere Gelegenheit haben
könnte, uns mit noch größern Wohlthaten zu überhäu-
fen; indem Höchsterwähnter, um die Gottesdienste seines Hochseligen Herrn Vaters recht ansehnlich zu begehen, einen ganz neuen, sogenannten Ornat samt aller
Zugehörde vom feinsten schwarzen Sammet, der mit
Borden von Trädlgold geschmücket ist, beyschafte, und
unserer

unserer Küsterey schenkte. Im folgenden Jahre, da der
Jahrtag für seinen Herrn Vater sollte gehalten werden,
errichtete dieser gutthätigste Fürst neuerdingen den Altar
des heiligen Kreuzes, und opferte zu demselben einen vergoldeten Kelch samt der Paten, 2 Opfer-Kandeln und
Blatel von Silber, dann auch seidene Meßkleider von
allen Farben, derer sich die Kirche nach Verschiedenheit
der Feste bedienet. Das große und prächtige Grabmaal,
welches der Gottselige Fürst seinem Herrn Vater aus
Marmor aufführte, sieht man noch heut in der rechten
Ecke unserer Kirche, bey der Pforte, wo man in unsern
Kreuzgang hinausgehet. Dieser Stein stund vormals
vor dem schon oft besagten heiligen Kreuz Altare; weil
er aber allda, als der neue St. Rupertsaltar errichtet
worden, gar zu unbequem war, so wurde er im Jahre
1627 dahin versetzet. Zu größerer Zierde unserer Kirche,
welche damals noch kein Gewölb hatte, ließ Erzbischof
Wolf Dietrich das alte Tafelwerk wegreißen, und
mit einem neuen auszieren. Das schöne und künstliche
Gemälde, so die Kreuztragung Christi des Herrn vorstellet, und noch an unserer Kirchenwand gegen Mit-
tag hängt; dann sind auch jene zween große und kostbare Wandleuchter, a) welche nach aller Kunst und Geschmack aus Erz gegossen sind, und heut zu Tage noch
vor unserm Hochaltare prächtig dastehen, gleicher massen
Schankungen, welche uns und unsern Nachkömmlingen
so wie das unvergeßliche Angedenken, also auch eine unsterbliche Dankbarkeit gegen diesen unsern größten und
mildreichsten Gutthäter auf ewig einprägen sollen.

Eine besondere Neigung und Zuversicht aber hegte
dieser hochwürdige Fürst zu unserm Abt Martin, welchen Er im Jahre 1598 wiederum zum Administrator,
oder Verwalter des uns benachbarten löbl. Benedikt-
ner Stifts Michael Beyern aufstellte. Als Abt Martin

rin von dieser Abtey zu unserer auf St. Peter berufen
wurde, war zwar aus dem Schooße des alldortigen
Konvents ein Abt, Namens Wolfgang, im Jahre 1585
erwählt, da er sich aber, wie das Verzeichniß der Hochwürdigen Herren Aebte dieses löblichen Stifts meldet,
der großen Schuldenbürde nicht zu entledigen wußte;
begab er sich im Jahre 1592 den 27ten des Märzmonates der Abtey und auf die Pfarre Seewalchen, wo er
im Jahre 1612 mit Tode abgieng. Indessen, weil
kein tauglicher Nachfolger in diesem heut berühmten
Stifte anzutreffen war, wurde das Kloster durch andere
verschiedne, und endlich gar durch einen weltlichen Verwalter besorget. Damit nun nicht das Geistliche mit dem
Zeitlichen zugleich in Verfall gerathen sollte, so wurde
demselben unser Abt Martin als Administrator, und
gleichsam auch als Abt von dem Hochwürdigsten Erzbischofe Wolf Dietrich, kraft eines ausgefertigten Be-
fehls, b) neuerdingen vorgesetzet. Fünfzehen Jahre
verwaltete er dieses Stift, binnen welchen er das Drittheil der Schulden tilgte, die Kirche mit neuen Tafel-
werken versah, auf beyden Seiten ein Gewölb sprengte,
vier Altäre mit neuen Gemälden und Tafeln bekleidete,
dann einen Kelch von Silber, mehr andere Ornate und
Priesterkleider beyschafte, und zugleich die Klosterzucht
in den besten Stand versetzte. Nachdem aber Abt Martin allgemach mit Unpäßlichkeiten behaftet wurde, und
ihm das öftere hin und her reisen zu beschwerlich fiel,
übergab er im Jahre 1613 die Abtey von Michaelbeyern
zu gnädigsten Handen des kurz zuvor neuerwählten Hochwürdigsten Erzbischofs Markus Sittich, Höchstwelcher,
aus einem besondern Zutrauen gegen St. Peter, unsern
Prior, den P. Ulrich Hoffbauer, welcher unter dem Abt
Martin im Jahre 1605 den 25ten des Augustmonates
die Ordensgelübde abgeleget hatte, zum Administrator
oftberührten Stiftes, und dann im Jahre 1614 den

10ten

10ten des Heumonates als vollkommenen Abt vorstellte.
Dieser Ulrich stund dreyzehen volle Jahre in seiner Würde,
welche er doch hernach, weil ihm vielleicht das dortige
Konvent nicht gar wohl geneigt war, freywillig ablegte.
Einige Zeit hielt er sich als Gast in dem berühmten
Stifte zu St. Paul in Kärnthen auf, kehrte aber wieder
auf Michaelbeiern zurück, und beschloß daselbst im Jahre
1637 den 23ten Augusts seine Lebenstage.

a) Dücker schreibet, daß diese Leuchter 1500 Gulden
gekostet haben.

b) Vid. Chronicon. Fol. 506.

Uebrigens betrafen unsern Abt Martin sehr viele
große Unheile, welche in seinen Zeiten zum Theil auch
unsere Vaterstadt Salzburg jämmerlich mitnahmen.
Im Jahre 1597 fieng zu Hallein die leidige Pest zu
regieren an, die denn auch Salzburg ergrief; es wurde
aber solche durch schleunige, und bestens angebrachte
Veranstaltungen bald wieder gedämpfet. In dem Fran-
ciskaner Kloster wurde mit derselben ein Laienbruder behaftet; daher alle übrigen, an der Zahl 7, auf ein Schif
gesetzet, und auf eine Zeit von hier weggebracht wurden.
Unser Kloster aber, obschon in dessen Kirchhofe mehrere
an der Pest verstorbene begraben worden, hatte die Er-
barmung Gottes verwahret; und der Hochwürdigste
Fürst Wolf Dietrich selbst verabscheuete die vergiftete
Luft nicht, sondern verblieb, andern zum Beyspiele, unerschrocken in der Stadt. Im folgenden 598sten Jahre,
da es von der Abends=Dämmerung des 4ten Augusts
an bis auf den 17ten Mittags ununterbrochen fortreg-
nete, und eine sogenannte Landsgüsse machte, ergoß sich
der Fluß Salzache dergestalt, daß er über die Brücke her-
rauschte, und ob diese gleich noch so stark gezimme-
ret war, dieselbe einstürzte, und wegführete. Die

Ausz. der St. Pet. Chr. 2r Th.   (G)   Holz

Holz Drähling, welche in unſern Gebirgen zum Salz-
ſude zubereitet lagen, welzten mit ſo erſtaunlicher Gewalt,
und in ſolcher Menge daher, daß ſie den koſtbaren Holz-
rechen zerriſſen, und die Salzache, gleich einem veſten
Boden, bedeckten.　Die Waſſerleitung des kleinen Fluſ-
ſes, der Albe, wurde ſo verheeret, daß ſich deſſen Wie-
derherſtellung auf etliche　1000 fl. belief, woran unſer
Kloſter das Drittheil beyzutragen hatte.　Die ganze
Stadt ſchien in einem See zu ſtehen; denn das Gewäſſer erhob ſich bis an den Brunnen des großen Markt-
platzes, und in der Traidgaſſe konnte man nur durch
Hilfe der Schiffe von Haus zu Haus kommen.　Noch
erſchrecklicher wüthete die Fluth in dem Salzburgiſchen
Städtchen Laufen, wo ſie die Stadtmauern einwarf, die
Pforte des Thurns in der Höhe einer Elle beſtieg, und
etliche gemauerte, und veſt gebaute Häuſer vom Grunde
aus umſtürzte.　Das Bewunderungswürdigſte iſt, daß
dazumahl, als die Gewäſſer an der Salzache, am Inn-
und Donau Fluße ſo greulich tobeten, die Herzogthümer
Kärnthen und Krain kaum mit einem fruchtbaren Regen
befeuchtet wurden.　Nachdem ſich nun Luft-und Waſſer wider Salzburg bewafnet hatten, drohte ihm noch
überdieß in dem nehmlichen Jahre 1598 den 12ten des
Chriſtmonates das ſchädliche Feuer faſt ſeinen Unter-
gang.　Es war die eilfte Nachtsſtunde dieſes abgewiche-
nen Tages, in welcher bey hellem Mondsſcheine (man
weiß nicht aus welchem Ohngefähr oder Verſehen) das
Feuer in dem Bethzimmer oder Oratorium der Domkirche ausbrach, durch eine Mündung des Gewölbes,
die kurz zuvor ausgebrochen worden, den innern Dach-
ſtuhl ergrief, und mit ſolcher Gewalt überhandnahm,
daß man wegen des zerſchmolzenen Bleyes, mit welchem
die Cathedralkirche gedecket war, nicht einmal mehr zukommen konnte, um den wüthenden Flammen Einhalt
zu thun.　Die Flamme ſtieg gerade in die Höhe, ohne
ſich

sich auf eine Seite zu lenken, und dennoch war die Hiße
so groß, daß in den umliegenden, und auch etwas ent-
fernten Häusern das Bley an den Fenstern zerfloß. Das
Feuer, so die 5 Thürne anfiel, zerschmolz und warf auch
die Glocken zu Boden. Einige feurige Brände fielen
zwar auf die Dächer der fürstl. Burg, und der Domprobsten, und die Gewalt der Flammen warf sogar einige derselben auf die Häuser der andern Stadt, wo sie
aber doch leicht, durch die Wachtsamkeit der Hausgenossen gelöschet wurden. Hätte nicht eine ungewöhnliche
Windstille geherrschet, so würde ohne Zweifel die ganze
Stadt im Rauch aufgegangen seyn. Also nehmlich
ließ unser heiliger Landsvater Rupert sich selbst und sein
eigenes Haus, so zu sagen, aus der Acht, um seinen
Kindern das ihrige von der augenscheinlichen Feuersgefahr zu schützen. Wiewohl aber die getreuen Bürger
das Inwendige der Kirche erretteten, so war doch solche
dermassen verwüstet worden, daß sie Fürst Wolf Dietrich im Jahre 1599 den 18ten des Jännermonates nach
und nach samt dem Grunde abzubrechen anfieng. Während dem wurde der Chor in der Pfarrkirche, die Predigten aber an Sonn- und Festtagen bey uns zu St. Peter
abgehalten, wo der Hochwürdigste Erzbischof auch öfters
die feyerliche Meß abzusingen pflog. Im erstermeldten
Jahre und Monate, nehmlich den 28ten des Christmonates legte ein einheimischer Feind *) an mehrere Orte
unsers Klosters Feuer, welches, wenn es nicht die göttliche Vorsicht theils noch entdecket, und theils verhindert
hätte, dasselbe unfehlbar würde eingeäschert haben.

*) Wer diesen einheimischen Feind zu wissen verlangt,
der besehe unsere Chronick a Fol. 509. Ich lasse hier
die ganze Geschichte mit gutem Bedacht weg, denn sie
betrift nur einzelne Fehler dreyer unbändiger Mönche,
und gereichet dem Kloster so wenig zur Ehre, als es
dem Abt Martin nicht zum Ruhme gedeihen kann,

daß

daß er eine so starke Faust hatte, mit der er einen Laienbruder auf einen Streich zu Boden schlagen konnte.

11.
und verläßt
endlich dieß
Zeitliche. Die immer zunehmenden Leibes Entkräftungen verkündigten unserm Abt Martin die herannahende Auflösung; daher er als ein guter Hausverwalter schon im
Jahre 1611 eine kurz verfaßte Rechenschaft seiner bisher geführten Hauswirthschaft zusammen schrieb, und
sich zugleich im Jahre 1613 seine Grabstätte und Innschrift derselben in der St. Bartholomäus, heut heil.
Kreuzkapelle auswählte. Endlich, nachdem er unserm
Kloster 31 Jahre lang rühmlichst vorstund, segnete er
dieß Zeitliche den 23sten des Aprilmonates im Jahre
1615, und wurde den 26sten darauf, vielleicht als der
erste, mit jenem feyerlichen Leichenbegängnisse zu Grabe begleitet, mit welchem ähnlichen, und noch etwas
herrlichern man heut zu Tage unsere Herren Aebte von
St. Peter zur Erde zu bestatten pfleget. *)

*) Wem es beliebt, diese Trauerordnung zu lesen, der
   suche sie in unserer Chronick Fol. 512. Doch habe ich
   hier noch anmerken wollen, daß unsere Herren Aebte
   pontificaliter angekleidet, und auf einer Trauerbühne
   offen zur Gruft getragen werden.

Joachim.

Joachim.

LXIX. Abt zu St. Peter.

Vom Jahre 1615. bis 1626.

Unter den Römischen Päpsten
Paul dem V. Gregor dem XV. und
Urban dem VIII.

Unter den
Fürsten und Erzbischöfen Salzburgs
Markus Sittich; und Paris von
Lodron.

Unter den Römischen Kaisern
Matthias, und Ferdinand dem II.

Obgleich Abt Martin unser Kloster sonst in einer
unvergleichlichen Verfassung zurück ließ, und
von 26 Neulingen die heil. Ordensgelübde aufnahm,
so befanden sich doch nach seinem Tode nur noch 13 Mönche übrig; und diese waren theils sehr junge Leute (indem der älteste kaum einige 30 Lebensjahre zählte)
theils auch in den nothwendigen Wissenschaften meistens unerfahrne Männer. Diese erlangten dann von
dem Hochwürdigsten Erzbischofe Markus Sittich die

I.
Der Abtey
zu St. Pe-
ter.

(G) 3   Erlaub-

Erlaubniß, einen Abt aus ihrem Schooße frey zu erwählen. Die Anzahl der Wählenden, weil Hr. Ulrich d. Z. Abt zu Michaelbeyern zur Wahl nicht zugelassen wurde, bestund aus zwölf Stimmen, die einhellig auf ihren Prior und Senior, P. Thomas Fremmel, ausfielen. Allein, entweder hatte der gnädigste Landesherr seine Gesinnung geändert, oder dieselbe erst hernach eröfnet, zumal Höchstselber die vorgegangene Wahl wegen Unfähigkeit der erwählten Person als ungültig erklärte, und wegen Mangel eines tauglichen Mannes sich, jedoch nur für diesesmal, die Aufstellung eines Abtes zu St. Peter, Kraft eines erlassenen Dekrets, vorbehielt. Wie nun der Hochwürdigste Fürst mildreichest für das Beste unsers Klosters sorgte, um demselben einen Mann, welcher sowohl die Anzahl der Religiosen vermehren, als die erforderlichen Wissenschaften einführen sollte, vorzusetzen, da wurde ihm von einem Rathsherrn, Namens Hieronymus Ritter, der damalige Prior des heut noch berühmten, und befreyten Benediktiner-Stifts zu Wessobrunn in Oberbaiern, P. Joachim Puechauer vorgeschlagen. Dieser wurde dann von seinem Herrn Abte, der ihn ungern entließ, begehret, und unserm Kloster als Administrator aufgestellet; ob ihn aber schon unsere Mönche anfänglich, als einen Fremdling, mit scheelen Augen ansahen, so gewann er doch durch seine ungeheuchelte Sanftmuth, und hervorragende Vernunft in kurzer Zeit dergestalt ihre Gemüther, daß sie ihn freywillig, nach Zeugniß einer überreichten Bittschrift *), von dem Hochwürdigsten Erzbischofe zu ihrem Abte verlangten. In dieser Würde bestätigte ihn im nämlichen Jahre 1615 den 1sten des Christmonates auf Hochfürstl. Befehl der Hochwürdige Wilhelm, Freyherr von Schrattenbach, d. Z. Präsident des Hochwürdigen Consistoriums, und am dritten Sonntage des Advents ertheilte ihm der Hochwürdigste

digste Bischof von Chiemsee, Ernfried von Künburg, in unserer Klosterkirche die abteyliche Einsegnung.

*) Diese Bittschrift, wie auch das obige Hochfürstl. Dekret sind in unserer Chronick Fol. 519. und 518. zu lesen.

Unser neu vorgesetzter Abt Joachim erblickte un-2. gefähr um das Jahr 1570 zum erstenmal das Tages-wird P. licht in dem uralten Schlosse Reuchelsberg, in Ober-Joachim baiern, so zwar selbst ein Pfleggericht hat, jedoch in ein Mönch Betreff des peinlichen Halsgerichts dem Landgerichte von Wesso-Landsberg unterworfen ist. Vermuthlich stund der Va-gesetzt. ter unsers Joachims auf diesem Schlosse in dem Charakter eines Gerichtsschreibers, der seinen Sohn, weil er ein taugliches Talent verrieth, zum Studiren nach Dillingen schickte, wo er die untern Schulen samt der Weltweisheit mit bestem Nutzen vollendete. Ungezweifelt würde er nach dem Vorhaben seines Vaters zur Rechtsgelehrsamkeit übergegangen seyn, wenn er sich nicht entschlossen hätte, in unsern heiligen Orden zu treten, und in dieser Absicht sich den göttlichen Wissenschaften zu wiedmen. Hierzu erwählte er das Kloster Wessobrunn, daselbst er nach hinterlegtem Probjahre im Jahre 1588 den 14ten des Aerntsmonates feyerlich zur Regel schwur. Bald darnach wurde ihm die Obsorge des Kirchenschatzes anvertrauet, und sodann, da er eine besondere Klug- und Geschicklichkeit zeigte, das Kelleramt aufgetragen: welches letztere er auch noch als aufgestellter Prior des Klosters beybehalten mußte. Das Priorat versah er unter drey Herren Aebten; er erhielt, und beförderte die Klosterzucht, und erwies doch hiebey eine so auszeichnende Bescheidenheit, und Sanftmuth, daß er jedermann ein Genügen leistete, bey allen beliebt war, und ein sehr großes Verlangen nach ihm zurück ließ. Diese so selten vereinig-

(G) 4   ten

ren Eigenschaften waren es, welche unsern **Joachim**
auch zu Salzburg berühmt machten, und auf den Stuhl
unserer entledigten Abtey setzten.

**§.
welcher die
Errichtung
der hohen
Schule
Salburgs
befördert.**
Das erste Augenmerk unsers Abts **Joachim** war,
die Absichten seiner Berufung zu erfüllen; daher er alsobald unser Kloster mit auserlesenen Neulingen vermehrte,
und seine jungen Religiosen in die höhern Studien nach
Dillingen abordnete. Denn damals bestund zu Salzburg aller Vorrath der Wissenschaften und freyen Künste
in der einzigen Grammatik, oder Sprachkunst; da man
aber auch diese aufhob, so war zu St. Peter die Haupt-
schule, wo man aber mehr nicht, als die ersten Gründe
lehrte, und wurde der schon als ein Gelehrter angerühmt,
der ohne Fehler wider die Wortfügung eine lateinische
Rede zusammensetzen konnte. Der meiste Theil bürger-
licher Jünglinge war zur Bude, oder zur Schenke bestimmet; und bey den Einwohnern unserer Gebirge, wegen Abgang der Seelsorger, nebst den rohen Sitten,
eine große Unwissenheit des Christenthums zu finden.
Nur der Adel, welcher seine Jugend besser bilden wollte, schickte dieselbe in das berühmte Kloster Baum-
burg, in welchem die regulären Chorherren St. Augustins Orden eine adeliche Pflanzschule hatten, und ihre
Zöglinge in den unentbehrlichen Wissenschaften unterrich-
teten. Es gedachten zwar schon längst mehrere Hochwürdigste Fürsten öffentliche Kanzeln zu errichten, und
eine Pflanzschule für junge Geistliche anzulegen, aus
welcher Männer aufwachsen sollten, die sich den, in ihrem Lande einschleichenden Irrthümern widersetzten; zu
welchem Ende bereits im Jahre 1564, und 1577 der
Hochwürdigste Erzbischof, Jakob von Kuen, an den P.
Jakob Lain, General der Gesellschaft Jesu schrieb.
Nicht minder berathschlagte man sich unter dem großen
Fürsten Wolf Dietrich über die Errichtung einer Lehrschule

schule für die salzburgische Jünglinge, und ersuchte die Franziskaner dieß Geschäft auf sich zu nehmen, welches sie auch thaten; da sie aber die zum Lehren tauglichen Mönche, vermög ihrer Einrichtung, in andere Klöster verwechseln mußten, und keine fähige mehr nachsetzen konnten, entzogen sie sich wieder dieser Bürde. Der Hochwürdigste Erzbischof Markus Sittich empfahl, gleich beym Antritte seiner Regierung, mehrmal den Franziskanern die Unterweisung der Jugend; sie entschuldigten sich aber damit, daß sich dieses mit ihren Berufsgeschäften nicht leicht vereinigen lasse. Auch die W. W. E. E. Augustiner verbathen das ihnen angetragene Lehramt; daher dann wiederum, und zwar zum drittenmale von dem Höchstgedachten Fürsten Markus Sittich im Jahre 1612 die stolzen Väter der Gesellschaft Jesu durch ein Schreiben nach Salzburg geladen wurden, um sich mit ihnen wegen Einführung der Studien zu verabreden. Sie würdigten sich zwar endlich dießmal persönlich zu erscheinen; allein, da nur wenige Tage an dieser Unterredung verstrichen waren, verließen auch sie wieder Salzburg; entweder weil ihnen der angewiesene Platz, der vielleicht ihrer künftigen Residenz zu wenig Ansehen gab, mißfiel; oder, welches das wahrscheinlichste ist, weil man ihren Anforderungen, welche gewiß beträchtlich genug werden gewesen seyn, kein Genügen leistete. Auf so viele abschlägige Antworten war der Hochwürdigste Fürst Markus Sittich der Sache überdrüßig; und unentschlossen, auf was Art Er sein so nothwendiges als nützliches Vorhaben, eine öffentliche Lehrschule allhier zu errichten, ausführen sollte. Einstens aber zog Höchstselber den P. Sylverius, einen Kapuziner, mit dem er sich öfters zu unterreden pflegte, zu Rath, welcher dann die Väter unsers Benediktinerordens als künftige Lehrer vorschlug, denen, wie er sagte, der gnädigste Fürst ohne das sehr gewogen war, die durch den

heill-

heiligen Rupert diesem Lande das Glaubenslicht ange=
zündet, und den ersten Grundstein des hiesigen hohen
Erzstiftes geleget hatten. Es erwiederte zwar der aller=
weiseste Fürst einige Einwürfe, die ihm nicht die Abnei=
gung, sondern die Vernunft in den Mund gab, und be=
sonders daß die Aebte verschiedener Klöster ihre taugli=
chen Religiosen zu Hause brauchen, oder dieselben, nach
Beschaffenheit der Laune des Abtes, nicht aus den
Mauern entlassen würden. Um also die Gesinnungen
der Herren Aebte auszuforschen, und einige auf ver=
nünftigere Gedanken zu leiten, war unser Abt Joachim
ausersehen, welchem besagter P. Sylverius die Meynung
des Höchsten Landsfürsten entdeckte, und zugleich die
Ausführung dieses ganzen Werks übertrug. Abt Jo=
achim bath sich eine Bedenkzeit aus, um dieses weitaus=
sehende Geschäft wohl überlegen zu können; entschloß
sich aber endlich, dieses wichtige Werk zu übernehmen,
zu welchem Entschluß ihn hauptsächlich der anzuhoffende
Nutzen des eigenen Klosters, und auch des ganzen Or=
dens bewog, und welchen zween Hochwürdige Dom=
herren Salzburgs, Marquard von Schwendi, und von
Frenberg unterstützten, die alle mögliche Hilfe zur beglück=
ten Ausführung dieses Werkes verhießen, und auch in
der That erwiesen. Der Hochwürdigste Fürst Markus
Sittich war über die Einstimmung unsers Abts Jo=
achim ungemein vergnügt, und händigte ihm alsbald
einen Gewaltsbrief ein a) an die Aebte in Schwaben
und Baiern, des Innhalts: daß Höchstselber das Gym=
nasium, so er zu errichten gedächte, aus besonderer Zu=
neigung den Benediktinern einräumen, und dasselbe mit
der Zeit zu einer hohen Schule erheben wollte.

Abt Joachim tratt dann im Frühlinge des 1617
Jahres die Reise an, besuchte unterschiedliche Klöster in
Schwaben, und legte seine aufhabende Kommißion ab.
Allein,

Allein, die meisten Aebte sprachen zwar gute Worte, und gaben noch weit entfernte Verheissungen, sagten aber dießmal noch nichts sicheres zu, sondern ein jeder suchte auf Kosten des andern erst den Erfolg der Sachen zu erwarten. Der erste, welcher die fast schon verlohrne Hoffnung unsers Abts Joachim wieder auf richtete, war Herr Georg Abt des heutigen freyen Reichs stifts zu Ottobeyern, ein Mann, dessen Angedenken nie mals erlöschen soll. Dieser einsichtsvolle Herr glaubte, daß diese Gelegenheit, die sich etwa nicht mehr ergeben dürfte, zum Ruhme des ganzen Ordens nicht aus den Händen zu lassen wäre; und machte sich alsbald anheis schig, sowohl von seinem Kloster einige Lehrer nach Salzburg zu schicken, als auch andere Aebte im Reiche zu einem Verbündnisse aufzumuntern; wie ihm denn auch die berühmten Stifter St. Gallen, Ochsenhausen, Ursee, und Elchingen unverzüglich beytraten. Mit dieser herrlichen Versicherung kam Abt Joachim den 1. des Heumonates nach Salzburg zurück, und erstattete hievon dem Hochwürdigsten Fürsten vollkommenen Be richt, setzte aber doch diese Bedingungen bey, daß Höchst selber die neue Schule mit hinlänglichen Einkünften aus: steuern, solche mit Verwilligung des Hochwürdigen Domkapitels dem Benediktinerorden übergeben, und mit den gewöhnlichen Freyheiten des römischen und kaiserli chen Hofes versehen möchte; nicht minder sollte die Lage des Orts ruhesam, und die nothwendigen Lebensmittel leicht zu bekommen seyn. Fürst Markus Sittich, wel cher öfters betheuerte, er hätte in seinem Leben keine an genehmere Bothschaft, als eben diese, empfangen, nahm dieses billige Verlangen der Aebte in Gnaden auf, und gieng alle Bedingungen ohne die mindeste Weigerung ein. Noch in diesem Jahre, den 20ten des Herbstmo nates wurde der Stiftsbrief b) des neuen Gymnasiums errichtet, und mit den Insiegeln des Fürsten, des Hoch würdi

würdigen Domkapitels, und des Konvents und Abts
zu St. Peter ausgefertiget. Der erste Wohnsitz der öffentlichen Lehrer, bis zu einem neuen Gebäude Vorsehung geschah, war unser Kloster St. Peter, dem zur
vollständigen Verpflegung derselben für jeden Lehrer jährlich 150 fl. Rheinisch in baarem Gelde ausgeworfen wurden; wenn aber unser Kloster sich hierdurch beschweret
befände, sollte demselben vermög eines neuen Vertrags,
auch eine größere Summe verwilliget werden. Weil
aber der Hochwürdigste Erzbischof der baldigen Einführung der Studien recht sehnlich entgegensah, und deswegen selbst dem Herrn Georg Abte zu Ottobeyern, unter dem 25ten des Herbstmonates im Jahre 1617 zuschrieb, so gelangten die neuen Lehrer, nehmlich 6 aus
dem Konvente zu Ottobeyern, und einer aus dem Stifte
Ursee zu Salzburg an, und wurden mit ausnehmenden
Ehrenbezeugungen empfangen. Der 6te Tag des Wintermonates war dem feyerlichen Anfange und der ersten
Eröffnung der Schulen gewidmet, an welchem unser
Abt Joachim unter einer prächtigen Musick das Hochamt von dem Heiligen Geiste absang, und P Andreas
Vogt von Ottobeyern, als Lehrer der Wohlredenheit,
eine auf gegenwärtige Umstände passende Rede vortrug;
diese Feyerlichkeit verherrlichte die Höchste Gegenwart
des gnädigsten Landesherrn, des ganzen Hochwürdigen
Domkapitels, aller Obern der Religiosen, der Vornehmsten der Stadt, und unzählig anderer Personen. Der
erste Director war P. Sylvan Herzog, von Ottobeyern;
die übrigen sechs lehrten die Gottesgelehrtheit im Sittlichen; die Weltweisheit; die Wohlredenheit; die Dicht-
kunst, die Wortfügung, und Sprachkunst. Zu gröſ-
 serer Bequemlichkeit der Lehrer, die wegen der Schulen und Studien nicht mit uns gemeinschaftlich leben
konnten, wurde im Jahre 1618 der erste Grundstein
zu dem Gebäude des neuen Gymnasiums, unter dem
Schutze

Schutze des heiligen Karls von Boromä, eines Blut-
freundes des Erzbischofes, gelegt; und hierzu der leere
Platz des geweßten Frongartens, gleichsam der Mittel-
punkt der Stadt, als der anständigste, auserkiesen.
Unerachtet schon in diesem Jahre 33 Benediktinerklöster
aus Salzburg, Baiern, und Schwaben mit dem neu eingeführten Gymnasium ein Verbündniß geschlossen hatten, nahm doch der gütigste Fürst, Markus Sittich,
alle Baukosten vollkommen über sich. Im folgenden
Jahre gieng zwar der mildreicheste Stifter des aufkeimenden Gymnasiums zum grösten Leidwesen mit Tode
ab, aber das Hochwürdige Domkapitel, so solches schon
vorhin unter seinen mächtigen Schutz nahm, vermehrte
die Einkünfte der Lehrer um 600 Gulden, und der
nachfolgende Hochwürdigste Erzbischof Paris von Lo-
bron samt hochermeldtem Kapitel erhob das Gymnasium
zu einer allgemeinen hohen Schüle, versah dieselbe mit
den erforderlichen Freyheiten des Papstes, und des Kaisers, und übergab sie ganz und gar dem jeweiligen
Hochwürdigen Herrn Abte der verbundenen Klöster,
aus welchen alle drey Jahre einer als Vorsteher, und
4 als Beystände sollten erwählet werden, und zugleich
verpflichtet seyn, die Studien zu untersuchen, die öffentlichen Lehrer aufzustellen, und das allgemeine Wohl
der hohen Schule zu besorgen. Unser Abt Joachim
stund schon in dem ersten Bundsbriefe der Herren Aebte,
welcher im Jahre 1618 den 8ten des Weinmonates
errichtet wurde, als immerwährender Beyständer
unterschrieben; Fürst Paris aber bestätigte ihn, und
alle seine Nachfolger in diesem Charakter, und zwar
auf ewige Zeiten.

a) Angezogener Gewaltsbrief steht in unserer Chronick
 Fol. 522.

b) Auch dieser Stiftsbrief ist daselbst Fol. 523 zu finden.

Nach-

den geistli-
chen, und
zeitlichen
Nutzen des
Klosters be-
sorgte.

Nachdem die neu errichtete hohe Schule zu der erwünschten Aufnahme gediehen, vermehrte auch Abt
Joachim die Anzahl seines Konvents mit 14 Religiosen; und ob er gleich ein Mann war, der eine große,
und einsichtige Beurtheilungskraft besaß, und der in
allen seinen Handlungen eine so besondere Bescheidenheit und Freundlichkeit zu erkennen gab, daß er von
selbst aller Liebe gewann, so war er doch ein ungemeiner Liebhaber und Eiferer der klösterlichen Zucht, die
er immer bestens erhielt, und beförderte, so, daß der
Hochwürdigste Erzbischof Markus Sittich darüber seine
höchste Zufriedenheit durch eine öffentlich Urkunde a)
bezeugte, und unsere Mönche zur unabläßlichen Fortpflanzung derselben huldreichest anmahnte. Nicht minder lag diesem unserm Abte der Eifer für das Haus
Gottes sehr am Herzen; denn, da unsere Klosterkirche
nieder, finster, und nur mit einem Oberboden vom Tafelwerk gebaut war, verwandt er etliche 1000 fl. und
ließ das alte Gemäuer erhöhen, mehrere Fenster ausbrechen, und das ganze Langhaus mit einem steinernen
Gewölbe bedecken. Er stellte einen neuen Hochaltar,
zwar nur von Holze, auf, an dem aber das Alterthum
die Kunst ihres Schnitzwerks, und die Dauer ihrer
Goldsverfassung bewährte, welche beyde denselben prächtig und kostbar machten. b) Damit aber dieser Altar
mehr Licht hätte, führte er über denselben eine Kuppel
auf, durch deren Fenster er beleuchtet wurde. Zur
Verherrlichung des Gottesdienstes versah Abt Joachim
den Musikchor mit der großen Orgel, die noch steht;
und mit nicht geringen Kosten erneuerte er unsere Toch-
terkirche St. Michael allhier in der Stadt. Unter ihm
war zum erstenmale ein Mönch aus unserm Konvente
als Seelsorger in die uns einverleibte Pfarr Abtenau,
nämlich P. Veit Seidel, ehemaliger Prior des Klosters, abgeschicket worden, welcher im Jahre 1623 den

faßt

faſt verwüſteten Pfarrhof wieder aufrichtete, und dieſe
Pfarre ſowohl im Geiſtlichen als Zeitlichen zum Beſten
der Kirche und des Kloſters 17 volle Jahre hindurch
verwaltete.

Gleichfalls ließ ſich Abt Joachim auch den zeitlichen Nutzen des Kloſters angelegen ſeyn, indem er das
Gut Urſprung ſamt der anliegenden Mühle erkaufte, ſo
nun aber ſchon vor hundert Jahren mit andern Gütern
vertauſchet worden. Auch brachte er zu Dornbach einen
Weinberg von den Erben eines gewißen Zaplers, und im
Dachlueg eine Waldung käuflich an das Kloſter. Kaiſer Ferdinand der II. beſtätigte ihm im Jahre 1621, nach
dem Beyſpiele ſeiner glorwürdigſten Vorfahrer alle Freyheiten unſers Kloſters. Im Jahre 1625 überſetzte er,
mit Hochfürſtlicher Verwilligung und Einſtimmung der
Gemeinde, den Pfarrhof von Anif nach Grebig, wo er
aus dem gekauften Gut, Pitterlehen, das Vikariats-
Haus aufführte.

a) Ermeldte Urkunde giebt abermal unſere Chronick 528.

b) Dieſer Altar war im Jahre 1779, als der neue von
Marmor aufgeſetzet wurde, abgebrochen, und weil er ſich
wegen ſeiner Größe ſonſt nirgends hinſchickte, gänzlich
zertrümmert worden.

Die Hochwürdigſten Erzbiſchöfe, unter welchen
Abt Joachim für das Wohl unſers Kloſters wachte,
waren die Fürſten Markus Sittich von Hohenems, und
Paris von Lodron. Der erſte verwechſelte das Zeitliche
mit dem Ewigen im 45ten Jahre ſeines Alters, und im
6ten ſeiner ruhmvollen Regierung den 8ten des Weinmonates im Jahre 1619 und war in der neuen Domkirche, deſſen Bau und Hauptmauern er nur bis unter
die Dachung brachte, beſtattet. Den 13ten des folgenden

§.
Unter zween
Hochwür-
digſten Erz-
biſchöfen
lebte.

genden Wintermonates bestieg der Hochwürdige Dom=
probst von Salzburg Paris, aus dem uralt gräflichen
Geschlechte der Lodronen, den Fürstlichen Thron unsers
Hohen Erzstifts. Mit beyden Hochwürdigsten Erzbi=
schöfen hatte unser Abt Joachim, besonders wegen Er=
richtung der hiesigen hohen Schule, sehr wichtige Unter=
handlungen vorzunehmen.

Bald darauf, als Fürst Paris zum Steuerruder
gelangte, bemühte sich Höchstselber die Landschaft in eine
Ordnung zu bringen; denn die Versammlungen der Lands=
stände waren, seit dem Fürsten Wolf Dietrich, gänzlich
unterblieben. Fürst Paris aber verlangte, daß die Lands=
stände wieder, wie vor Alters, ordentlich zusammen
treten, der Einsamlung der Steuern und Auflagen vor=
stehen, und die allgemeine Landscasse, die seine Vor=
fahrer meistentheils an sich zogen, besorgen sollten. Und
dieser gütigste Fürst unterwarf sich selbst und seine Güter
den öffentlichen Auflagen, welche die Stände zum Nu=
tzen, oder zur Nothwendigkeit des Landes den Untertha=
nen abforderten. Damals wurden folgende unter die
Landsstände gezählet, als: der Hochwürdigste Bischof
von Chiemsee, der Hochwürdige Domprobst; der Abt
zu St. Peter; Herr Probst von Berchtoldsgaden; der
Abt zu Michaelbeyern; der Probst von Högelwehrt; und
die Frau Aebtißin am Nonnenberg, dann die vier Erb=
ämter, welche zu dieser Zeit ein Graf von Lodron, und
die Freyherren von Thonhausen bekleideten. Hierauf
folgte der zahlreiche Adel, und endlich die Begwalten
der Städte und Märkte Salzburgs. *) Im Jahre
1620 wurde demnach wieder die erste Versammlung erst=
erwähnter Landsstände angefangen, und denselben die al=
ten Freyheiten zugestellet, und mit neuen vermehret.
Auch unser Abt Joachim war durch ein Hochfürstlich
Dekret unter dem 27ten des Heumonates hierzu vorge=

laden

laden worden; welcher, als ein beredter und herzhafter Mann, bey solchen Versammlungen jederzeit für das Wohl des Vaterlandes ohne allen Scheu, aber mit einer so einleuchtenden Vernunft redete, daß seiner Stimme fast alle übrigen beyfielen.

*) P. Hansiz Germ. S. Tom. II. Fol. 765. N. V.

Die besondern Eigenschaften dieses Abts Joachim versprachen zwar unserm Kloster, welches ihm ohnedieß einen unaufhörlichen Dank schuldig ist, noch nützlichere Unternehmungen, wenn er demselben länger als 10 Jahre und 3 Monate vorgestanden hätte. Er verrichtete zu Fuß eine Wahlfahrt auf St. Wolfgang, in dem Rück-wege aber erhitzte er sich stark, und that einen Trunk, der, wie einige davor hielten, zur Abkühlung dienen sollte. Von dieser Zeit an überfielen ihn Nervenkrämpfungen, das Podagra, und mehr andere Zustände, welche er mit Geduld übertrug, und öfters gar unterdrückte. Diese machten ihn so schwach und elend, daß er in den letzten Jahren seines Lebens nicht mehr gehen konnte, sondern nur liegen, oder sitzen mußte. Endlich im Jahre 1626 ergrief ihn in der Fasten ein hitziges Fieber, und da er sein Ende nahe sah, rief er das Konvent zusammen, von dem er sich beurlaubte, und dasselbe in einer langen Anrede, zur brüderlichen Liebe ermahnte. Den 21ten des Märzmonates gieng der Hochwürdigste Erzbischof Paris durch die Abtey, um nach ruhmwürdigster Ge-wohnheit das Fest unsers heiligen Erzvaters Benedikts zu verherrlichen; auch bey Höchstdemselben nahm Abt Joachim gebührenden Abschied, und empfahl unser Kloster seinem höchsten landsherrlichen Schutze. Als nach vollendetem Hochamte die Vesper gehalten, und eben die letzte Antiphon: Heut stieg St. Benedikt durch die Strasse des Aufgangs geraden Wegs gen

Ausz. der St. Pet. Chr. 2r Th. (H) Him-

Himmel ꝛc. angeſtimmet wurde, entſchlief er gottſelig
in dem Herrn. Seine Leiche ſenkte man vor dem Hochaltare in die Gruft, und ſein Nachfolger ließ ihm
ein Grabmal vom Marmor errichten.

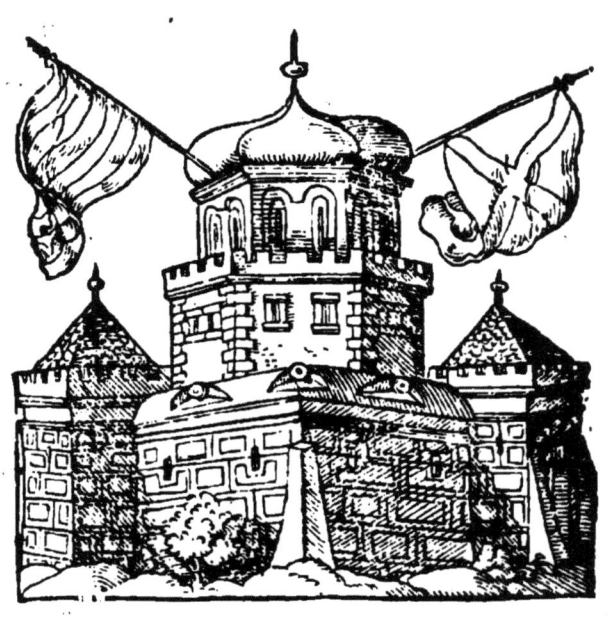

Albert

Albert der III.

LXX Abt zu St. Peter.

Vom Jahre 1626. bis 1657.

Unter den römischen Päpsten
Urban dem VIII. Innocenz dem X. und
Alexander dem VII.

Unter den
Fürsten und Erzbischöfen Salzburgs
Paris Grafen von Lodron; und Gut-
dobald Grafen von Thun.

Unter den Römischen Kaisern
Ferdinand dem II. und Ferdinand dem III.

So sehr sich immer Abt Joachim bemühete un= **I.** **P. Albert**
ser Kloster mit gelehrten und fähigen Männern **Reuslim,**
zu versehen, so wuchs dennoch in so kurzen Jahren keiner **ein Mönch von Otto-**
heran, dem man die abteyliche Würde sicher auftragen **bevern, und**
konnte.   Denn entweder waren es alte unwissende **Rektor all-**
Köpfe, oder junge Wißlinge, denen die Erfahrenheit, **hier, wird**
und gesunde Unterscheidungskraft mangelte. **Abt zu St.**
  Sogar der damalige Prior, P. Martin Steinegger, **Peter.**
war nicht aus unserm Schooße, sondern von dem Abte

Joachim

Joachim aus dem fürstlichen Benediktiner Stifte zu
St. Blasien im Schwarzwald schon im Jahre 1623 als
Prior und Novitzenmeister, welche beyde Aemter nicht eine
mechanische, sondern eine vernünftige und bescheidene
Geistslehre fordern, begehret worden. Umsonst hielten
also unsere verwaiseten Mönche um die freye Wahl eines
Abts an; denn der Hochwürdigste Fürst Paris, dessen
erster Charakter die vorsichtige Weisheit war, wollte St.
Peter weder dem dummen Eigensinne eines alten, noch
der stolzen Einbildung eines jungen Mönchs überlassen,
sondern zum besten unsers Klosters selbst einen Mann
vorschlagen, der beyden das Gleichgewicht hielt, und
die Gelehrtheit mit der Demuth zu vereinigen wußte.
Dieser war seine Magnificenz Herr P. Albert Kreuslin,
erster Rektor der hohen Schule allhier, welcher den 7ten
May im Jahre 1591 im Schloße Liebenthan gebohren
wurde, woselbst sein Herr Vater Johann Edler von
Keuslin dem Kasten und der Pfleg des Hochwürdigsten
Fürsten von Kempten vorstund; hernach in den schwedischen Kriegsläufen zu seinem Sohn nach Salzburg
floh, und daselbst im Jahre 1636 im 81ten Jahre seines Alters mit Tode abgieng, und zu St. Peter begraben
liegt; seine Frau Mutter aber, gleichfalls eine Edle von
Hohenegg, bereits im Jahre 1634 in Tyrol verstarb.
Unser Johann (diesen Namen gab man ihm in der heiligen Taufe) kam als ein Knab von 10 Jahren als ein
Zögling in das berühmte Reichsstift zu Ottobeuren, in
welchem er die untern Schulen durchgieng, und sodann
im Jahre 1607 den 21ten des Märzmonates zu unserer heiligen Regel schwur. Nach diesem schickte man
den Albert nach Dillingen, um der Weltweisheit und
der Gottesgelehrtheit obzuliegen, und krönnte ihn aus
letzterer mit dem Doktors Hut. Im Jahre 1615 stund
er als neugeweihter Priester am geheiligten Altare, und
bald darauf seinem Kloster als Prior vor. Als aber zu
Salzburg

Salzburg im Jahre 1617 das neue Gymnasium errichtet wurde, vertraute man ihm die Kanzel der Weltweisheit, und hernach auch die Lehre der Gottesgelehrheit; endlich aber gar im Jahre 1622 das erhabene Rektorat der hohen Schule an.

Nachdem nun der Hochwürdigste Fürst Paris unserm Konvente zu St. Peter diesen theuren Mann, den P. Albert Keuslin zur Abtey vorschlug, willigte solches desto einmüthiger in diesen Antrag, je bekannter demselben die vorzüglichen Eigenschaften des P. Alberts waren. Unsere Mönche erwählten ihn also den 30ten des April-monates einhellig, und begehrten ihn von dem Hochwürdigen Herrn Abte und Konvente zu Ottobeuren zu ihrem Vorsteher und Abt, welches Begehren auch ein Schreiben des Fürst Paris begleitete. *) Nach erhaltener Verwilligung wurde der neuerwählte Abt den 27ten des Brachmonates durch den Hochwürdigen Bischof zu Chiemsee, Herrn Christoph von Lichtenstein, im Namen Sr. Hochfürstlichen Gnaden bestätiget, und von Höchstdemselben den 29ten darauf, als am Feste der heiligen Apostel Petrus und Paulus, in unserer Klosterkirche, vermittelst der feyerlichen Einsegnung, mit Infel und Stab belehnet.

*) Diese zween Briefe legt unser Chronick Fol. 533. et 534. vor.

Als unser Abt Albert, nunmehr dieß Namens der III. solchergestalten zur abteylichen Würde erhoben wurde, war sein einziges Bemühen, wie das Licht auf dem Leuchter, allen Untergebenen seines Hauses mit dem erbaulichsten Beyspiele vorzuleuchten. Er bestrebte sich, die Zucht des Klosters an sich selbst unverletzt zu erhalten. Er war Tag und Nacht, wenn ihn nicht

2. Besorget möglichst die allerseitigen Zustand seiner Mönche

recht

recht wichtige Geschäfte hinderten, bey seinem Konvente,
und fast alle Nächte um 12 Uhr, auch bey dem Zulaufe der Gäste, bey der Metten zugegen; wohnte des
andern Morgens früh wieder der allgemeinen Betrach-
tungsstunde bey, und las, so zu sagen, täglich, bis
auf die zwey letzten Jahre, die allererste Messe. Da
er aber das Vorbild seiner Heerde geworden, so verlangte er auch, daß alle seine Mönche eben so, wie er
selbst, seyn sollten; daher drang er mit allem Ernste auf
eine genaue und emsige Beobachtung der klösterlichen
Ordnung, erneuerte, und vermehrte die Satzungen derselben, und schaffete die hin und wieder eingeschlichene
Mißbräuche vollends ab. Besonders forderte er, daß
die Satzungen, oder Erklärungen der heil. Regel, welche die Versammlung der Benediktiner des salzburgischen
Kirchensprengels im Jahre 1641 verfaßte, bis auf den
letzten Buchstaben erfüllet würden: und so sehr, wie er
die eifrigen Befolger derselben liebte, eben so scharf bestrafte er ihre freventliche Uebertreter. Die jungen
Mitbrüder des Konvents sonderte er von den Aelteren
und Priestern ab; und übergab sie der Unterweisung
und Aufsicht eines geprüften Mönchs. Die Kirchen-
gebräuche sowohl in Ansehung der Gottesdienste, als
des Breviers, die man bisher, vielleicht wenig, in
Acht nahm, führte er nach der neuen römischen Vorschrift ein. Die Aemter des Klosters, welche vorhin
oft ungetreue, und gebietherische Laien versahen, theilte
er unter seine geistlichen Mitbrüder aus; doch mußten
sie solche alle Jahre beym Anfang der heiligen Fasten-
zeit, damit sie in der Demuth und Gleichgültigkeit geübet würden, durch Ueberreichung der Schlüssel in die
Hände des Abtes übergeben. Allein Abt Albert wollte
nicht nur dem Kloster fromme Mönche, sondern auch
aus demselben dem Staate und dem gemeinen Wesen
nützliche Männer bilden; denn er ließ seine jungen Geistlichen

lichen auf der hohen Schule allhier in den höhern Wissenschaften unterrichten, wohnte ihren besondern und öffentlichen Prüfungen und Schulgezänken bey, und setzte ihrer viele in allen Fakultäten auf die ordentlichen Kanzeln;
unter welchen sich die drey leiblichen Brüder, nehmlich
die heut noch aus ihren Schriften berühmten Mezger,
die Abt Albert in das Kloster aufnahm, vor allen übrigen auszeichneten.   Um aber seine Mönche in jedem
Fache der Wissenschaften bewandert zu machen, vermehrte
er, um einige 1000 fl. unsern Büchersaal mit kostbaren
und auserlesenen Büchern, zu derer Verwahrung er
über unsere St. Veitskapelle ein eigenes Gebäude aufführte, welches jezt die alte Bibliothek heißt.   Unser
altes Kloster hatte eben darum eine alt hergebrachte Lebensart, und gewiße Sachen, die, wie man scherzweise
zu sagen pflegt, in einem eisenen Buche eingeschrieben
waren.   Die Kost war an sich selbst schlecht, und ganz
gemein, die Fastenspeisen wurden meistens aus Mehl
und Brodt zubereitet, Fische aber das ganze Jahr hindurch niemals, als etwan nur an den höchsten Festtagen
gegeben.   Man setzte keinen ältern als nur jährigen Ost-
wein auf; welches auch die Ursache war, warum unsere
Mönche damals mit verschiedenen Krankheiten behaftet,
und wie zu den geistlichen Verrichtungen, also nicht minder zu den Studien untüchtig wurden.   Nebst dem trugen die alten Peterer auch alte und abgeschabene Kleidungen, oder Habite, ja sogar im Winter lange Pelze,
die nicht einmal mit einem schwarzen Tuche oder Zeug
überzogen waren, so wieder alle Anständigkeit lief, und
lächerlich heraus kam.   Solche alte Bräuche hob Abt
Albert auf; er verbesserte die Speisen, verordnete die
Fische und befahl lauter alten, und abgelegenen Wein
aufzusetzen.

Wie Abt Albert die sittliche Ausbildung seiner *3.*
Mönche mit wärmstem Eifer besorgte, so befließ er sich *Vermehret*
die Güter
H 4   *auch* *des Klosters*

Im Geistlichen und Zeitlichen. auch gleichfalls den äusserlichen Bau, besonders zur Ehre Gottes zu verherrlichen, und den öffentlichen Dienst des Herrn prächtig zu machen. In dieser Absicht zierte er die Kirche mit unterschiedlichen Gemälden aus, unter welchen jene zwey, die an der Wand des St. Vitals, und St. Amands Altars hiengen, die grösten waren. Er erweiterte die Kirche damit, daß er die zerstreut herumstehende Bethstühle wegräumte, und solche neue durch die Mitte ordentlich herstellte, wie eben diese heut noch stehen; zu welchem Ende er auch das oben angeführte Grabmaal des Herrn Grafen von Reittenau übersetzte; und den alten heiligen Kreuzaltar, der vor den Staffeln, wo man zu dem Hochaltar hinaufsteiget, in der Mitte stund, auf die Seite schafte, und darfür über die Grabstätte des heiligen Ruperts, welche vorhin nur eiserne Gitter einschloßen, einen neuen Altar baute. In dem Freydhofe ließ er den Kreuzgang, und die in demselben befindlichen Grabmähler, oder sogenannten Felder der Verstorbenen aufführen, und die Gemäuer derselben dergestalt ziehen, daß der Gottesacker, welcher bisher immer offen, und ein Anlaß mancher Uebel war, bey der Nacht könnte gesperret werden. Auch erneuerte er die Einsiedeley des Heil. Maximus, und das Bethhaus des heiligen Ruperts. Vor Alters gieng von dem Mönchsberge eine Stiege in unser Kloster, welche aber wegen des öffentlichen Durchganges uns überlästig fiel; deßwegen brach Abt Albert solche ab, und verschloß unser Mayrhaus. Das allgemeine Klosterthor gegen der Pfarrkirche, welches eng und nieder war, versah er mit einem weitern und höhern Gewölbe, und bey dieser Gelegenheit wurden zugleich fast alle Gastzimmer ausgebessert, erweitert, und neu, doch nach dem alten Geschmack eingerichtet. Gleichfalls erneuerte er den Aigelhof, und baute die Kapelle hinzu; wie auch unter ihm das Haus und die Kapelle zu Mühldorf, und in unserer Herrschaft Praitenau

tenau ausgebessert, und der Hochaltar in der St. Michaelskirche allhier errichtet wurde. So nothwendig es
aber gewesen wäre, und so gerne es auch Fürst Paris gesehen hätte, so konnte man doch unsern Abt Albert
nicht darzu bringen, daß er das Kloster selbst neu aufgebauet hätte.

Zur Küsterey verschaffte Abt Albert einen ansehnlichen Schatz; denn gleich im ersten Jahre 1626,
als er zur Abtey gelangte, kaufte er um einige 1000 fl.
zween kostbare Kirchenornate von goldreichem Zeuge,
einen von weißer, und einen von rother Farbe, welcher letzterer in unsern Zeiten noch der schönste und
reichste in dieser Farbe ist. Gleichfalls kaufte er fünf
kostbare Infeln; von einem bedrangten Abte, zur Zeit
des Schwedenkriegs, einen Kelch samt der Paten von
purem Golde; ferner einen andern silber vergoldeten
Kelch; ein dergleichen Pastoral, und Monstranze; einen silbernen Weihbrunnkessel, und Sprengel; ein pur
goldenes Brustkreuz; ein Altarkreuz von Ebenholz, und
mehr andere vom feinsten Silber; zween große silberne
Leuchter und 6 Buschkrüge auf den Hochaltar; zwey
kleinere Leuchter vor das Hochwürdigste Gut; zwo von
Silber recht schwere Statuen, die den heil. Benedikt,
und die heil. Scholastika vorstellen; ein besonderes Kreuz
von Silber, nebst zwey Buschgeschirren zu der Scapu-
lier-Bruderschaft; dann eine silberne und vergoldte Krone für das Bildniß der allerseeligsten Jungfrau Maria,
die man an den Bruderschaftstagen umzutragen pflegt.
Nicht minder ließ Abt Albert alle alten und abgenutz-
ten Kleider der Priester erneuern, und mit andern kostbaren wieder ergänzen; wie auch die Wände um den
Hochaltar mit seidenen Spalieren verkleiden, und den
Fußboden desselben mit schönen Teppichen bedecken.

(H) 5   Dessen

Deſſen ungeachtet vernachläßigte Abt Albert auch das Hausgeräth nicht, ſondern ſuchte ſolches zur Ehre des Kloſters, und zur anſtändigen Bedienung der Gäſte, nach Möglichkeit zu verbeſſern. Damit nehmlich ſowohl der Tiſch des Abtes als auch des Konvents deſto reinlicher, und zumal etwas anſehnlicher ſeyn ſollte, kaufte er nach und nach ſehr viele theils glatt ſilberne, theils ſilber vergoldte Becher, Kannen, Löffel, Meſſer: und Gabelhefte, nebſt einigen andern minder koſtbaren Silbergeſäßen. Beſonders verewigen uns ſein Gedächtniß zwey große ſilber vergoldte Handbecken, derer er eines von ungewöhnlicher Größe von einem gewiſſen Herrn Abte, welcher ſeine ſtudierenden junge Geiſtliche bey uns zu St. Peter in der Koſt hatte, anſtatt des baaren Geldes annehmen mußte. Auch verehrte die hochlöbliche Landſchaft aus Baiern, welche währendem Schwedenkrieg ihre Koſtbarkeiten bey uns aufbewahret, dem Abt Albert ein großes ſilber vergoldtes Trinkgeſchirr mit einem Deckel. Ueberhaupt beſorgte dieſer Abt, daß in aller nothwendigen Einrichtung an Bettern, Seſſeln, Teppichen ꝛc. kein Abgang wäre.

4.
Wie auch durch Täuſche, Käufe, Stiftungen und Erbſchaften.

Die unermüdete Obſorge des Abts Alberts erſtreckte ſich auch auf unſere auswärtigen Güter und Habſchaften, wo er in allen den Nußen des Kloſters zu befördern trachtete; daher verkaufte er im Jahre 1627 das Gut Urſprung, bey Lengfelden dem Herrn Urſprung, weil es, ob es ſchon erſt von ſeinem Vorfahrer käuflich an das Kloſter kam, wegen ſeiner Entfernung mehr ſchädlich als nützlich war; behielt ſich aber doch die Grundherrlichkeit bevor, die nach 50 oder 60 Jahren auch wieder mußte verkaufet werden. Durch Bezahlung eines Kaufſchillings von 600 Gulden bekam der Freyherr von Weber von uns ein Gut in Dornbach, und Herr Jakob Auer, aber um einen

einen geringeren Preis, ein uns gehöriges Haus in
Tittmoning. Auch hatten wir zu Linz in Oberösterreich
eine Behausung nahe an der Stiftskirche, und dem
Kollegium der Jesuiten; weil nun diese Väter immer
ihre Bequemlichkeit, und Ausbreitung suchten, so verlangten sie das, gleichfalls nahe an ermeldter Kirche
liegende, Haus des Herrn Dechants, welches er ihnen
mit dem überließ, wenn er unser Haus innhaben könnte.
Und wie diese Herren alles durchzutreiben wußten, so
wendeten sie sich an unsern Abt Albert, welcher ihnen
dann, mit Rath und Begnehmigung des Hochwürdigsten Fürsten Paris, dieses unser Haus gegen ein anderes uns anständiges, so sie uns auch einräumten,
vertauschte, zu welchem letzteren auch alle Freyheiten
des ersteren Hauses übertragen wurden.

Hingegen brachte Abt Albert wieder andere Güter an das Kloster, besonders den, unter dem heutigen
Namen, bekannten Hof Petersbrunn in dem Nonnenthale gelegen. a) Dieser Hof war vormals ein Schloß,
Welsperg genannt, indem es ein Herr von Welsperg
Domdechant allhier um einige tausend Gulden von
Grunde aus aufbaute; da nun dieser Hochwürdige zum
Bischofe von Brixen erwählet wurde, trug er erwähntes Schloß unserm Abt Albert käuflich an; weil aber
solches vielmehr ein Ort zur Belustigung, als zur Nutznießung war, schlug er anfänglich das Anerbiethen
aus, bis endlich der Hochwürdigste Bischof das Schloß,
samt dem Garten, um 1500 Gulden zu erlassen versprach. Abt Albert gieng diesen so wohlfeilen Kauf,
der ihm vortheilhaft schien, im Jahr 1635 willfährig
ein; legte den Garten fast neuerdings und nützlich an,
verbesserte das Gebäude des Schlosses, oder vielmehr
des Landguts, und führte im selben eine Kapelle und
eingeweihten Altar auf. Im Jahre 1638 kaufte er
noch

noch das anliegende Haus, Namens Faſchang um 900 Gulden, und das benachbarte Gut Eggerhof, ſamt den Feldern um 2000 Gulden hinzu; um dieſen Luſtort dem Kloſter zugleich nüßlich zu machen. Dermalen zwar ziehet unſer Kloſter vom beſagten Landgute, Peters: brunn, ſehr wenigen Nußen, und auch dieſen verſchlin: gen wieder ſowohl die öftere Ueberſchwemmungen der Salzache, als die beſtändige Unterhaltung des Gartens und der Häuſer.

Geſegneter war Abt Albert an den Stif: ungen, die unter ihm zahlreich gemacht wurden. So ſtiftete im Jahre 1627 Herr Marquard von Frey: berg eine jährliche Meße; im Jahre 1629 Herr Fride: rich von Rehlingen, und ſeine Ehefrau, gebohrne von Haunsperg auf 100 Jahre eine Wochenmeße in der Ka: pelle der 14 Nothhelfer, die ſie zuerſt aufbauten; und bann 2 Jahrmeſſen auf ewig: Im Jahre 1634 Herr Johann Kismägel zween Jahrtäge, und 4 Quatembermeſ: ſen auf den St. Johanns des Täufers (heüt St. Amands) Altare, zu deſſen Errichtung er einen anſehnlichen Bey: trag machte; bey welchen leßtern Meßen unſern armen Schülern ein Almoſen ausgetheilet wird. Dergleichen Stiftungen machten auch im Jahre 1635 Herr Wolf: gang Fleckhamer, welcher den St. Vital Altar auf ſeine Koſten aufführte; im Jahre 1638 Frau Cordula Iglinn; im Jahre 1640 Herr Heinrich Knoll, Doctor der Rech: ten, und Hochfürſtl. Hofrath, welcher uns für einen Jahrtag die Sammlung ſeiner Hausbücher hinterließ; im Jahre 1644 Herr Michael Gattſchnegg, Chorregent bey uns zu St. Peter; im Jahre 1646 Herr Santin Solar, Hofbaumeiſter, welcher gegenwärtige Kathe: dralkirche baute, und bey uns begraben liegt; b) und im Jahre 1651 die Frau Suſanna, Gattin des obbemeldten Herrn Heinrichs Knoll. Das dankbareſte Gedächtniß

unter

unter allen diesen Stiftungen verdienet jene, welche der Hochwürdigste Erzbischof Paris selbst bey uns errichtete; nämlich um den 15ten des Wintermonates einen ewigen Jahrtag, an welchem ein feyerliches Seelenamt abgesungen, und 24 heilige Meßen dabey gelesen werden. Für diese Verbindlichkeit hat das Kloster alle Jahre 30 fl. an baarem Gelde von der Hochlöbl. Landschaftscasse zu erheben, und eben von da aus überkommen die (Titl.) Herren Steuereinnehmer (denen auch unser jeweiliger Abt zu St. Peter beyzuzählen, und die zu diesem Jahrtage jederzeit vorgeladen werden) 74 fl. damit sie für die abgeleibte Seele des Hochwürdigsten Stifters bethen, und ihre Dienste desto getreuer leisten sollten.

Hier ist auch mit dem zärtlichsten Gefühle der wärmsten Dankbarkeit die großmüthige Schankung anzurühmen, welche Höchsterwähnter Fürst Paris unserm Kloster auf die Altäre des heiligen Vitals und des heiligen Ruperts legte; denn da das Hochgräfliche Haus seines Herrn Bruders, Franz Niklas von Lodron, mit der Erstgeburt eines männlichen Erben gesegnet wurde, opferte der gottseligste Fürst 1500 fl. dem heiligen Vital; und dem heiligen Rupert eine herrliche Lampe vom feinsten Silber, die noch jezt an den höhern Festtagen vor dessen Altare eine Zierde unsers Kirchengepränges ist. Beträchtlich kömmt (denn nur diese meldet unsere Chronick) die Erbschaft, welche Abt Albert, oder besser zu reden, unser Kloster von einem einzigen Laienbruder bekam. Dieser war ein hiesiger Kaufmanns Sohn des Alexander Fuchs c), dessen Vater als ein grosser Gutthäter des Klosters nebst einem ehrlichen Erbtheile im baaren Gelde, das grosse silber vergoldete Handbecken, so noch in unserer Küsterey aufbehalten wird, unserm Abte verehrte; welches Handbecken gedachter Fuchs von dem Hochwürdigsten Fürsten Paris, dessen Wappen auch

auf

auf selbes gestochen ist, im Jahre 1625 als eine Erkenntlichkeit empfieng, weil er die damals mit der Pest be-
haftete in dem Lazareth so liebreich besorgte. Ferner
bekam das Kloster von diesem nehmlichen Kaufmann die
große silberne Lampe, einen schweren, künstlich gefaßten
silber-vergoldten Kelch; das silberne Kreuz, welches dem
Konvente bey den Umgängen vorgetragen wird; silber-
vergoldte Opferkannen samt der Plate; ein silbernes Ge-
fäß zur Verwahrung der heiligen Hostien; ein silbernes
Glöckchen, dessen sich die Herren Aebte bey der Wand-
lung bedienen; und eine silber-vergoldte Kanne für das
Konvent. d)   Bey einem so reichlichen Seegen in dem
Zeitlichen, welcher unserm Abt Albert nur darum zu-
geworfen wurde, weil er immer vor allen das Reich
Gottes suchte, hinterlegte dieser Abt annoch eine ziem-
liche Summe Gelds, gegen abreifenden jähelichen Zinsen, auf die hiesige Landschaft, welche aber sein Nachfolger zu dem nothwendigeen Klosterbau wieder zurück-
nehmen mußte.

a) Abt **Albert** veränderte den Namen dieses Schlosses
Welsperg, und nannte es **Petersbrunn**; weil es nun
mit Recht St. **Peter** zugehörte, und nebst dem künstliche **Brunnenwerke** hatte, wo, wie in dem Fürstl.
Hellbrunnen, das Wasser durch unterirdische Röhren
hervorsprißte; dieses Wasserwerk hat man aber nicht
unterhalten, folglich sind von diesem kaum mehr einige
Ueberbleibsel zu sehen.

b) Die Ruhestatt dieses Baumeisters der Domkirche ist
beym Eingange in unsern Kirchhof von dem Ronnenber-
ger Wege her linkerhands die 7te Kapelle, vorhin die
Maroltische Gruft genannt, welche aber jetzt der kapit-
lische Mauermeister Herr Heiß käuflich an sich gebracht;
auf diesem Grabmaale sieht man die Abbildung des
berühmten Zolars gemalt. Es befand sich aber auch
daselbst dessen Brustbild recht künstlich aus Marmor
gehauen, so gedachter Herr Heiß wegräumte; welches
man aber, meines Erachtens, wegen des alten Angedenkens

, denkens von Seiten des Klosters nicht hätte zulassen sollen.

c) Die alte Fuchsische Handlung heißt heut zu Tage, wenn ich nicht irre, die Reiffenstuhlische.

d) Ermeldten Erbschaften erachte ich noch billig beyzuzählen, was unsere Chronick vielleicht übersehen hat, nehmlich einen großen und schweren Kelch samt der Patene von purem Golde, welcher mit der feinsten Silberarbeit, und mit Diamanten, Rubinen, Smaragden ꝛc. gefasset, und nebst andern ein Erbtheil unserer berühmten drey Metzgern ist.

Wenn jener, der reichlich säet, auch reichlich ärntet, so darf man nicht mehr fragen, warum Abt Albert von Gott so reichlich und bewunderungswürdig gesegnet wurde. Denn seine gutthätige Liebe ergoß sich über alle, welche er derselben würdig und bedürftig schätzte. Unter diesen behauptet den ersten Platz die damals erst aufwachsende hohe Schule Salzburgs, auf welcher Abt Albert, nachdem er vorher die Weltweisheit gelehrt, vier Jahre lang als Rektor einen klugen Hausvater machte, derselben aber auch als Abt um so weniger seine sorgfältige Liebe entzog, da er, als dessen immerwährender Beyständer, ihr in den vorfallenden Beschwerlichkeiten mit Rath und That getreulich beystand. Ja diese berühmte Hohe Schule darf sich nicht schämen, unsern Abt Albert der Anzahl ihrer Gutthäter beyzugesellen, indem er im Jahre 1631, da der neue akademische Saal aufgeführet wurde, aus dem Säckel unsers Klosters 700 fl. und im Jahre 1654 zu dem neuen Bau des Convicts, den der Hochwürdige Rektor P. Alphons Stadelmayer aus dem Reichsstifte Weingarten anfieng, abermal 2000 fl. beytrug, und noch überdieß alle Jahr einen Ochsen zum neuen Jahrsgeschenke darreichte; welche Schankung, ob sie schon immer bloß eine freywillige Gabe war, nach einigen Jahren in eine dem damaligen

Vieh-

5.
Bezeiget sich gegen alle wohlthätig.

Viehwerthe, angemeßene Geldsumme abgeändert wurde, die noch in gegenwärtigen Zeiten unausbleiblich fortdauert. Anfangs wurden die jungen Religiosen verschiedener Klöster, welche zur Unterweisung in den höhern Wissenschaften nach Salzburg geschicket worden, als Kostgänger bey uns zu St. Peter an= und aufgenommen, und zwar bis auf das Jahr 1635, in welchem endlich Abt Albert dieser in vielen Stücken ungelegener Gäste, und besonders darum überdrüßig wurde, weil die Herren Aebte das bedungene Kostgeld unrichtig, oder gar nicht abführten. Daher entließ er das Konvict gänzlich von seinem Kloster, und übergab es vollkommen der Obsorge und Verpflegung des jeweiligen Rektors der Hohen Schule; er richtete das neue Gebäude des Konvikts mit Tisch= und Bettgewande, mit Zinn= und Küchengeschirr, samt allem andern benöthigten Hausgeräthe ein, und schenkte, wie wir aus den alten Rechnungen erweisen können, noch überdieß, als eine zwar schon verlohrne Schuld, den Ausstand von wenigstens 15000 fl. her, welche die auswärtigen berühmten Stifter unserm Kloster am Kostgelde schuldig verblieben waren. Die Uebernahme dieses Convikts bestätigte zu sicherer Beglaubigung der Hochwürdigste Fürst Paris vermittelst einer unter dem 2ten Maymonats im Jahre 1635 erlassenen Urkunde. ²)

Hat jemals ein Abt von St. Peter die Gastfreyheit, die unser heiliger Erzvater selbst seinen Kindern nachdrücklichst anempfiehlt, in dem vollkommensten Grade ausgeübet, so hatte ohne Widerspruch Abt Albert seines gleichen weder einen Vorfahrer, noch weniger einen Nachfolger gehabt. Er lebte in den Zeiten, da im Jahre 1632 das schwedische Kriegsheer Franken und Schwaben unversehens überfiel, und in derselben alles Unheil der Waffen toben ließ. Unser Vaterland setzte der

der vorsichtigste Fürst Paris in einen solchen Stand, daß
es den Feinden zum Schrecken, den Bekriegten aber zur
Zufluchtsstadt wurde. Derowegen aus besagten Län-
bern die Vertriebenen und Flüchtigen sich fast täglich
haufenweise hieher begaben, und ihren Unterstand und
Sicherheit suchten. Der erste Zutritt war am allermeisten bey unserm Kloster, wo eine fast unzählige
Menge ausgeplünderter und bedrängter Edelleute, an-
sehnlicher geistlicher und weltlicher Standspersonen, und
armer Menschen von verschiedenen Gattungen, Rath,
Hilf, Bewirthung, Kost und Almosen begehrten. Unter diesen befanden sich sehr viele fremde Mönche, die
vorzüglich bey uns das Gastrecht foderten, benanntlich
10 bis 12 aus dem berühmten Reichsstifte Ottobeuren,
nebst dem ganzen Konvente der Nonnen aus unserm Or-
denskloster zu Holzen in Schwaben, welche, ob sie schon
anfangs ein Haus in der Pfeiffergasse bewohnten, hernach aber auch in ein uns gehöriges aufgenommen wurden, 16 Jahre lang von St. Peter aus ihre tägliche
Meße, eine gewiße Summe am baarem Gelde, Speisen, Wein, Getraid, und alle andere Hausnothdurft
erhielten. Ein gleicher Zulauf, sich flüchtender Religiosen, geschah im Jahre 1645, in welchem das schwedische Kriegsfeuer in Unterösterreich wüthete, wo unter andern die Nonnen zu Imbach bey Krems, Dominikaner
Ordens, bey unserm Abt Albert ihre Zuflucht nahmen,
der sie in unserm Eggershof, bey dem Petersbrunn, anderthalb Jahre freygebig bewirthete. Und als im Jahre
1648 sich Frankreich mit Schweden vereinigte, und neuerdings Baiern wieder verwüstete, flüchtete sich der
Durchleuchtigste Herzog, damals schon Churfürst, Mar-
milian der I. mit seinem Hofe, und fast der ganzen Stadt
München nach Salzburg, und sowohl Höchstselber, als
auch die hochlöbliche Landschaft, und der hohe Abel
Baierns, ja sogar die Väter der Gesellschaft Jesu ver-

Ausz. der St. Pet. Chr. 2r Th.　　(J)　　trauten

trauten unſerm Abt Albert ihre Schätze, Koſtbarkeiten, und beſte Habſchaften zu ſichrer Verwahrung. Bey dieſem Tumulte entflohen zugleich die Kloſterfrauen des adelichen Benediktiner Stifts in Chiemſee, derer 9 bey uns zu St. Peter 2 Monate lang verpfleget wurden. Ungeachtet alles deſſen, entzog doch Abt Albert ſeinen guten Freunden, bekannten, und ſonſt ankommenden Gäſten, die ihn beſuchten, und ſeines Raths oder Hilfe bedurften, keineswegs die gewöhnliche Gaſtfreyheit, ſondern er erwies auch dieſen alle Dienſte und Freundlichkeit. Und was hier am allermeiſten zu bewundern kömmt, ſo litt doch unſer Kloſter bey ſolchen faſt überſchwenglichen Ausgaben an keiner Sache einigen Mangel, oder Abgang.

Abt Albert genoß, beſonders in den erſten Jahren, eine ſo ausnehmende Gunſt des Hochwürdigſten Fürſten Paris, daß er bey Höchſtdemſelben, ſo zu ſagen, einen allgemeinen Fürſprecher abgab, und ihm dieſer gnädigſte Herr einsmals vorwarf, daß er nur immer für andere, niemals aber für ſich, oder für ſein Kloſter eine Gnade begehre. Weil nun dieſes auch auswärtig bekannt war, ſo fleheten ſehr viele Bedrängte auch Geiſtliche von groſſem Anſehen das Vorwort unſers Abtes an, welches denn unſer Kloſter vielfältig mit Gäſten überſetzte; und wenn Abt Albert ſolchen Gedrückten nicht jederzeit werkthätige Hilfe leiſten konnte, ſo tröſtete er ſie doch mit erbaulichen Worten, und bewirthete ſie auf das liebreichſte. Beſonders war er die erſte Triebfeder, daß Herr Johann Chriſtoph, Abt zu Corvey in Weſtphalen, welchen das Ungemach des Kriegs, und die Urbilden der Irrlehrer von ſeiner Abtey unbillig vertrieben, derſelben wieder zurückgeſtellet wurde. Denn er brachte es bey dem Hochwürdigſten Fürſt Paris dahin, daß Höchſelber ſich dieſer gerechten Sache annahm, und ſowohl bey dem päpſtli-

chen

chen Stuhle b) als am kaiserlichen Hofe besagte Zurück-
stellung auswirkte. Mit einem Worte, Abt Albert
war ein allgemeiner Vater der Armen, Wittwen, und
Waisen, denen er alle Jahre einige 100 fl. an baarem
Gelde und noch überdas an Wein, Getreid, besonders
den Klöstern der Bettelmönche einen unglaublichen Antheil ausspendete; und dennoch nahm hierbey das Vermögen unsers Klosters nicht im geringsten ab, sondern
die Vorsehung Gottes vermehrte solches vielmehr auf
das wunderbareste.

a) Diese Urkunde steht in unserer Chronick Fol. 541.

b) Das deßwegen erlassene Schreiben des Hochwürdigsten
Erzbischofs Paris an Papst Urban den VIII. ist in
unserer Chronick Fol. 543 merkwürdig zu lesen. Besonders verdienet hier angemerkt zu werden, daß Höchstgedachter Fürst, nebst der gnädigsten Achtung, die er
gegen unsern Orden trug, auch noch den heil. Rupert
für einen Benediktiner-Mönch hielt: denn er drückt
sich in diesem Schreiben also aus: *: : : quod,* (prae-
fatus nimirum D. Abbas Corbeicensis) *nobile mem-*
brum divi Benedicti sit ordinis, cui ego me, cum
mea metropoli, plurimum debere lubens merito fa-
teor; id enim (NB.) *vitae institutum fundator*
et patronus Ecclesiae nostrae S. Rupertus te-
nuit &c.

Der Hochwürdigste Fürst Paris ernannte zwar bereits im Jahre 1629 unsern Abt Albert aus einem besondern Zutrauen, mündlich zum Generalvisitator, oder allgemeinen Untersucher aller Manns und Frauenklöster
unseres heiligen Ordens in dem ganzen salzburgischen
Kirchensprengel; da aber Abt Albert dieses beschwer-
liche Amt im Jahre 1631 von sich abzulehnen gedachte,
wurde er in dieser Würde, die er 12 ganze Jahre beklei-

6. arbeitet sehr
vieles zum
Besten un-
sers heil.
Ordens.

(J) 2

dete,

bete, nicht nur bestätiget, sondern ihm solche auf ein
neues vermittelst eines gnädigsten Dekrets aufgetragen. a)
Es hatte unser Abt hierbey eine so uneingeschränkte Gewalt, daß er in allen Klöstern in dem, was die Zucht
und Regel betraf, nach Erfoderniß der Umstände willkührlich anordnen konnte, und dem Hochwürdigsten Erzbischofe hiervon nur mündlichen Bericht erstatten durfte.
Es ist leicht zu erachten, wie häufige Reisen, Arbeiten,
und Verdrüßlichkeiten damit verbunden gewesen, derer
ungeachtet Abt Albert aller Orten die allgemeine Zucht,
Beobachtung der Regel, und brüderliche Liebe, wie denn
auch bey den Wahlgeschäften der Aebte, welchen er fast
jederzeit beywohnen mußte, die Einhelligkeit, und allseitigen Nutzen der Klöster zu befördern, und zu erhalten
suchte. Besonders ließ er sich die Ehre, und den guten
Ruf derselben bestens angelegen seyn ; nahm ihre ver-
drüßlichen wie die günstigen Geschäfte über sich, und that
für sie, wie sein Ansehen und Achtung bey großen Fürsten, und hohen Standespersonen nur immer vermochte.

Sehr viele Erlauchte Hochwürdigste und Hochwürdige Herren Aebte unsers Benediktinerordens bemerkten
zur größten Bestürzung ihres eifrigsten Geistes, daß unser Orden in Deutschland in der Art der Kleidung, in
den geschornen Köpfen, und übrigen Gebräuchen und Beobachtungen der heiligen Regel dermassen unterschieden
wäre, als wenn er nicht einen, sondern mehr andere
Orden ausmachte; wie auch, daß schon in denselben Zeiten reissende Wölfe den Gütern und Klöstern also nach-
stelleten, daß viele Stifter entvölkert wurden, und entweder in die Klauen der Irrlehrer, oder in die Hände
ihrer neidischen Feinde geriethen. Um also diesen schädlichsten Uebeln zu steuern, den Aufnahm der hohen
Schule Salzburgs zu befördern, dergleichen in andern

Ländern

Ländern einzuführen, und die Ehre unsers heiligen Ordens wieder herzustellen, und beständig aufrecht zu erhalten, entschloßen sich hochgemeldte Aebte eine allgemeine
Vereinigung sämtlicher Klöster Deutschlands, und gleichsam eine vereinigte Versammlung aufzurichten, welche
unter einem gleichfalls allgemeinen Oberhaupte, und
unter der gleichförmigen Zucht, Lebensart, und Satzung
sollte regieret werden. Zur Vollführung dieser Absicht
erhielten sie sowohl von dem päpstlichen Stuhle, als auch
von Sr. Majestät Kaiser Ferdinand dem II; wie auch
von andern großen Fürsten des Reichs die Erlaubniß,
in Regensburg einen Zusammentritt vorzunehmen, welcher denn auch im Jahre 1630 zu Ende des Weinmonates vor sich gieng, wo vorläufige Ueberlegungspunkte
verfaßet wurden. Diese Punkte aber hatten so viele
Schwierigkeiten, daß sich die damals versammelte Herren
Aebte solche nicht zu entscheiden getrauten, sondern zu
reiferer und gründlicherer Untersuchung derselben eine
allgemeine Versammlung, mehrmal nach Regensburg
ausschrieben, und die übrigen Aebte beriefen, daß sie
im folgenden 1631 Jahre den 20ten Jänner entweder
in Person, oder durch Bevollmächtigte erscheinen sollten.
Unser Abt Albert wurde gleichfalls zu besagter Versammlung eingeladen und wohnte derselben wirklich bey; wie
vieles aber, und mit welchem Eifer er in diesem Geschäfte
zum Nutzen des ganzen Ordens gearbeitet, und was ihm
hierbey für verschiedene Geschäfte aufgetragen wurden,
kann ich Kürze halber nicht umständlich anführen; b)
und also hievon mehr nicht sagen, als daß, obschon nicht
die meisten, doch einige ansehnliche Hochwürdigste Bi-
schöffe und Ordinarien die vorhabende allgemeine Vereinigung sämtlicher Benediktinerklöster Deutschlands nicht
zur Wirklichkeit gedeihen ließen, sondern, weil sie in derselben einen Eingriff in ihre höchsten Rechte verborgen zu
seyn glaubten, vollkommen zertrennten, und vereitelten.

(J) 3   Gleich-

Gleichwie aber der Hochwürdigste Erzbischof Paris, sowohl aus besonderer Neigung zu unserm Orden, als auch zur Fortpflanzung der hohen Schule Salzburgs nichts so sehr, als eine solche Vereinigung gewünschet hätte, so war Höchstselber der erste Urheber, daß sich wenigstens unsere Ordensklöster seines Kirchensprengels vereinigen, und eine besondere Versammlung errichten sollten. Diese höchste Willensmeinung wurde durch ein erlassenes hochfürstliches Dekret c) allen hieher gehörigen Herren Aebten eröffnet, und so weit befolget, daß noch in diesem Jahre 1636 die Aebte geschickte Männer aus ihrem Konvente nach Salzburg schickten, welche mit unserm Abte Albert neue Satzungen, oder auf diese schon feinere Zeiten schickliche Erklärungen unserer heiligen Regel verfaßten. Nachdem der Hochwürdigste Fürst Paris diese Satzungen gut geheissen hatte, mußte sie unser Abt Albert im Jahre 1640 den übrigen Aebten zur Einsicht und Ueberlegung zusenden; worauf dann im Jahre 1641 den 26 Maymonates Höchstgedachter Erzbischof alle unsere Aebte seines Kirchensprengels durch ein gnädigstes Sendschreiben d) hieher berief, welche auch den 6ten des Wintermonates darauf gehorsamst erschienen, und unter dem höchsten Schutze des Hochwürdigsten Fürsten die salzburgische Benediktiner Versammlung oder sogenannte Congregation errichteten, wie sie noch bis auf die heutige Stunde aufrecht stehet, und dessen Satzungen, soviel es die menschliche Schwachheit zuläßt, unverbrüchlich fortgehalten werden.

a) Vid. in nostro Chronico Fol. 546. num. XXI.
b) Verlangt jemand diese weitschichtige Handlung einzusehen, der beliebe unsere Chronick a Fol. 547. et num. XXIII. zu durchlesen.
c) Das Hochfürstl. Dekret ist unserer Chronick Fol. 552.
d) Wie auch das erwähnte Sendschreiben Fol. 553. eingerücket.

Gleich

Gleich in dem ersten Jahre, nehmlich 1626, in welchem Abt Albert zur Abtey gelangte, erhob sich in Betreff unsers Pfarrrechts eine Streitigkeit, welche die zween Herren Stadtkapelläne erregten; sie wurde aber durch das Hochwürdige Konsistorium dahin verglichen, daß unser Kloster auf ewig befugt sey, allen Bedienten und Leuten, welche sich innerhalb des Gotteshauses oder der Klostermauern, befinden, durch einen Priester vom Konvente die heiligen Sakramente der Wegzehrung, und lezten Oelung darzureichen, auch derer Körper zu beerdigen, ohne gedachte Kapelläne beyzuziehen; doch sollte eben dieses auch zur Pestzeit geschehen. Hingegen aber sollen die Stadtkapelläne auch unsere Bediente, wenn sie ausser den Klostermauern wohnen, mit den Geheimnissen der Sterbenden versehen, und ihre Leichen zum Grabe begleiten; und nebst dem berechtiget seyn, zur österlichen Zeit die Beichtzettel unserer Bedienten und Innwohner von dem Kloster einzufordern. a)

7.
Unternimt ferner dem Kloster rechtliche Sache.

Bis auf diese Zeiten waltete noch immer wegen der 30 Fässer Weins, welche uns das allerdurchleuchtigste Erzhaus Oesterreich zollfrey auszuführen vergönnte, bey den alldortigen Zollämtern ein Mißverständniß ob; solches nun endlich aufzuklären, erwirkte Abt Albert an dem kaiserlichen Hofe eine ausdrückliche Bestimmung des befreyten Weins; welche Se. Majestät Kaiser Ferdinand der II. nebst der Bestätigung der Zollfreyheit auf ein tausend fünfzig Eymer, vermög einer Urkunde unter dem 6ten des Wintermonates im Jahr 1630 festsezte; allerhöchst dessen glorwürdigster Sohn und Thronfolger aber Kaiser Ferdinand der III. den 14ten des Weinmonates im Jahre 1637 durch einen neuen Bestätigungsbrief abermal bekräftigte. b)

Obgleich Abt Albert kein Mönch unsers Klosters war, so machte sich dennoch sein immer wirksamer

(J) 4   Fleiß

Fleiß in unsern Alterthümern, und Schriften dermaßen
bewandert, daß er im Jahre 1646 ein Verzeichniß aller Aebte zu St. Peter, von dem heil. Rupert an bis
auf seine Zeiten im Drucke herausgab; der Hochwürdigste Fürst Paris trug an dieser Arbeit ein so gnädigstes Belieben, daß Höchstselber dem Hochwürdigen Verfasser, um dem Werkchen ein desto glaubwürdigeres
Ansehen zu geben, befahl, alle in diesem Verzeichnisse
angeführten Urkunden, Handschriften, und Briefschaften einen öffentlichen Notarius einsehen, und von demselben, daß sie ächt befunden worden, bezeugen zu lassen. c) So wie Abt Albert die allerseligste Jungfrau,
und Gottesmutter Maria jederzeit mit inbrünstiger Andacht verehrte, also beeiferte er sich auch deren Verehrung
zu erweitern, und dieser allerhöchsten Himmelsköniginn
noch mehrere Diener und Pflegkinder anzuwerben; welches also geschah, daß Abt Albert im Jahre 1630
die berühmte und älteste Erzbruderschaft des heil. Car-
meliter-Scapuliers bey uns zu St. Peter einführte,
die bey den noch eifrigen Gläubigen unserer Stadt eine
solche Andacht erweckte, daß in derselben kaum eine
Person zu finden war, die nicht ihren Namen in das
Bruderschaftsbuch eingeschrieben, und das heil. Scapulier an ihre Schultern gehänget hätte. Denn unser
altkatholisches Salzburg lebte damals noch nicht in den
aufgeklärten Zeiten, wie leider jetzt, wo man sich es
zur Ehre machet, dergleichen gottselige Bündnisse zu
verhöhnen, und ihre Zeichen, so man zu tragen pflegt,
mit den schändlichsten Spottwörtern zu beschmutzen.
Im folgenden Jahre 1631 den 2ten des Aprilmonates
erhielt ferner unser Abt Albert von dem Hochwürdigsten Erzbischofe Paris die Erlaubniß, auch die Erzbruderschaft des heil. Rosenkranzes zu errichten; die aber
hernach, nachdem der akademische Saal aufgebauet
war, von St. Peter in die Hochfürstl. Universität versetzet

setzet wurde. Diese beyden Bruderschaften werden bis
jetzt noch, unerachtet alles ärgerlichen Gemurmels bos=
hafter Pharisäer, mit großem Zulaufe wahrer Christen
auf das eifrigste fortgesetzet. d) Unser Kloster befand
sich bisher mit sehr vielen Stiftungen überhäufet, be=
rer Einkünfte an sich selbst schon sehr gering, und gar
selten der aufgetragenen Bürde angemessen waren; da=
her wünschte unser sorgfältigster Abt Albert öfters,
daß solche einmal in etwas könnten eingeschränket wer=
den. Zu diesem Ende erließ er an den Hochwürdigsten
Erzbischof Paris eine unterthänigste Bittschrift, Höchst=
selber möchte erlauben, daß nicht nur die Jahrtage un=
serer Klosterkirche, und der Pfarrkirche Abtenau, son=
dern auch jene, welche die W. W. E. E. P. P. Fran=
ziskaner von uns schon übernommen hatten, vermindert,
und abgeändert würden; wie auch, daß wir die Jahr=
täge der St. Margarethens=Kirche im Gottsacker in
unsere Kirche verlegen dürften. Diese gnädigste Be=
freyung wurde denn auch im Jahr 1653 auf beyge=
brachte gründliche Bewegsursachen unter diesen Bedin=
gungen ertheilet, daß wir, Erstens jener Stifter, von
derer Einkünften nichts mehr bewußt sey, in den heil.
Messen täglich eingedenk seyn; und Zweytens, hinfüro,
laut des Verboths, so Papst Urban der VIII. im Jahr
1625 ergehen ließ, ohne Verwilligung des Ordinarius
keine ewige Stiftungen mehr annehmen sollten. Auf
dieses gieng Abt Albert mit den P. P. Franziskanern
einen Vergleich ein, vermittelst dessen sie anstatt der 19
Messen, und 57 Todtentagzeiten, die sie vorhin ver=
richteten, in Zukunft alle Jahre für unsere Stifter 250
Messen lesen, und 12 Vigilen bethen sollten, für welche
Bürde ihnen das heut noch gewöhnliche Almosen bedun=
gen wurde. e Auch wurde unter diesem Abte unser
Kirchweihfest auf den 2ten Sonntag des Weinmonates
festgesetzet.

(J) 5   a) Die=

a) Diesen Vertrag ließt man in unserer Chronick Fol. 544.

b) Wie auch beyde kaiserliche Freyheitsbriefe Fol. 555.

c) Nicht minder besagtes Zeugniß Fol. 556.

d) Die Erzbruderschaft des heil. Scapuliers wurde anfangs nicht feyerlich eingeführet, sondern uns nur jederzeit auf drey Jahre von den P. P. Provincialen der Carmeliter zugelassen; bis endlich im Jahr 1625 der damalige Ordensgeneral uns die vollkommene Erlaubniß, und Einverleibung mittheilte. Das Hochfürstl. Dekret wegen Einführung der Rosenkranz-Bruderschaft befindet sich in unserer Chronick Fol. 546. Hieher gehörte auch, was Abt Albert bey den Grabstätten des heil. Ruperts, und des heil. Vitals unternommen hatte, wovon aber in der Geschichte dieser beyden Schutzheiligen das Erforderliche schon gemeldet worden.

e) Die deßwegen an uns ergangene Konsistorialbefehle zeiget unsere Chronick Fol. 559. et 560 vor.

§. 8.
Wird mit unterschiedlichen Drangsalen heimgesucht. Wenn schon unser Albert ein von Gott gesegneter, und in allem beglückter Abt zu seyn schien, so verbitterten ihm doch manche widrige Zufälle die Tage seines Lebens. Denn im Jahre 1636 überfiel im Augustmonate unsere Vaterstadt Salzburg eine so gewaltige Pest, die fast den dritten Theil ihrer Einwohner erwürgte. Die Schulen wurden gesperret, die Lehrer entflohen, und mit größter Gefahr der jungen Religiosen ergrief auch die Pest den Hausknecht des Konvikts. Die Vorsicht unsers Abt Alberts schützte unser Kloster, in welchem alsogleich die Thore geschlossen, und kein Mensch, als in der Frühe zum Amte eingelassen wurde. Die Messen las man nur in den obern drey Altären, und die Beichtstühle waren gegen die Thüren des Kreutzganges so gestellet, daß man nur durch ein Glasfenster die Büssenden anhörte. Die Bedienten, Sänger, Köche, der Richter, und Organist wohnten in dem Kloster, und wurden aus demselben nicht gelassen,

fen, als wenn sie alle zusammen einen Spaziergang
machten, und zwar so, daß, wenn jemand aus ihnen
sich in ein anderes Haus begeben sollte, sie nicht mehr
eingelassen würden. Der Hochwürdigste Fürst Paris
wich selbst der Seuche aus, und hielt sich in Hellbrunn, oder zu Anif auf. Abt Albert verblieb ganz
unerschrocken mit seinem Konvente in dem Kloster; und
da der Seelsorger in Gredigg aus Furcht heimlich ent-
floh, ward er genöthiget, einen Mitbruder von uns,
den P. Walter Joch, der sich zwar selbst hiezu anerboth,
dahin auszusetzen. Auf obgedachte Art war St. Peter
36 Wochen lang verschlossen, bis endlich diese wüthen-
de Pest, welche einige 1000 Menschen dahin raffte,
sich wiederum legte. Unter denen Sängern, welche die
wunderbarliche Vorsorge Gottes in unsern Klostermau-
ren erhielt, befand sich auch unser Abt Amand, der
Nachfolger des Abts Albert, welcher als ein
Singknab von 12 Jahren in einem Bräuhause der
Treidgasse seinen Aufenthalt hatte, welches bald darauf
fast ganz ausstarb.

Nebst dem hatte sich schon damals das schwedische Kriegsfeuer entzündet, welches eine ausserordentliche Theurung verursachte; zumal in dem uns benachbarten Herzogthume Baiern, welchem wir Salzburger
immer unsere nothwendigste Nahrung mit dem grösten
Danke zugestehen müssen, alle Aecker und Felder durch
die Feinde verwüstet wurden, und noch über das in
Salzburg sich eine erstaunliche Menge der aus andern
ländern Vertriebenen aufhielt, daß also das Schaff
Korn 38 fl. so man zwey Jahre zuvor für 3½ Gulden
kaufte, und das Schaff Weitzen 48 Gulden kostete. Es
war zwar unser Kloster durch die vorsichtige Veranstaltungen des Abts Albert mit einem hinlänglichen Vorrathe des Getraids versehen, welches man, ohne Wucher,

cher, um einen theuren Preis hätte versilbern können;
doch machte sich unser fromme Abt hieraus ein Gewissen, und da er zugleich auf die etwann noch künftigen
Zeiten gedachte, verkaufte er fast nichts, oder nur etwas
weniges, und dieses um einen geringen Werth.

Welchen Schrecken und Kummer das allezeit sorgfältige Vaterherz unsers Abt Alberts während des so
lange daurenden Kriegs fühlte, kann man sich leicht
vorstellen, indem Salzburg niemals sicher war, ob es
nicht auch das Schicksal der umliegenden Länder werde
zu befahren haben, in welchen die Grausamkeit der
Waffen alles in Grund und Boden verheerte, und ihre
Einsassen, ohne Rücksicht eines Standes oder Würde,
gleichsam in das Elend, und in den Bettel austrieb.
Doch hat es unser geliebtes Vaterland nach dem barm-
herzigsten Schutze des Allerhöchsten lediglich den weisesten Vorkehrungen ihres Hochwürdigsten Fürsten Paris
unaufhörlich zu verdanken, daß es von allen feindlichen
Anfällen, obschon dieser Krieg 30 Jahre lang hartnä-
ckig fortgesetzet wurde, allezeit frey verblieb. Denn
Höchstderselbe, der die bevorstehende Mühseligkeiten mit
Adlers-Augen vorhersah, ließ sich niemals bereden,
mit den andern Fürsten und Häuptern des Reichs, der
sogenannten Lige, oder dem Verbündniß beyzutreten;
sondern er bevestigte seine Hauptstadt Salzburg, so
vorher ein fast offener Ort war, wie auch die Hohe
Vestung mit Wällen, und Gräben; versicherte die
Gränzen mit wehrhaften Pässen; a) bewaffnete nebst
einer großen Anzahl der angeworbenen Mannschaft, die
Schiffleute, Jäger, und Feuerschützen; und versah
das Land mit einem beträchtlichen Vorrathe an Lebens-
und Kriegsmitteln. Und weil dieser gottseligste Fürst
wohl wußte, daß, wenn der Herr die Stadt nicht schü-
tzet, jener umsonst wache, der sie hütet, so wurden,
auf

auf höchſten Befehl, ſo lange dieſer Krieg dauerte, in
der Kathedralkirche, und in allen Klöſtern vor dem Hochamte die ſieben Bußpſalmen alle Tage laut hergebethet;
öffentliche Bitt- und Umgänge angeſtellet, bey welchen
Erzbiſchof Paris das uralte marianiſche Gnadenbild zu
Altenötting, welchen koſtbarſten Schatz man auch hieher
flüchtete, ſelbſt umtrug, und mit entzückter Andacht an ſeine Bruſt drückte. Auch ergieng an alle Prieſter die Verordnung, daß ſie, in dem heil. Meßopfer, und übrigen frommen Uebungen um die Abwendung des göttlichen Rachfeuers eifrigſt bitten ſollten. Allein unſern beſten Abt Albert drückten nicht nur die allgemeinen Plagen,
ſondern es betrafen ihn auch beſondere Unglücksfälle;
nehmlich, da im Jahr 1640 unſere Kapelle in Mühldorf abbrannte, die er mit vielen Koſten wieder aufbauen mußte; und als im Jahr 1645 die ſiegenden
Schweden in Oeſterreich ſtreiften, welche alle unſere
Weinberge zu Krembs dergeſtalt verderbten, daß wir
in dieſem Jahre hievon gar keine Weinleſe hatten.
Am meiſten drang unſerm Abte in ſeinen letzten Lebensjahren recht empfindlich zu Gemüthe, da er ſah, daß
die Zuneigung ſeiner großen Gönner und Freunde all-
mählich zu erkalten anfieng; und weil er den Verluſt
der Gnade und Gewogenheit in verſchiedenen Umſtän-
den ſattſam fühlte, wurde er dergeſtalt betrübt, und
ſchwermüthig, daß er ſich im Jahre 1653 entſchloß,
ſich der Abtey zu St. Peter zu begeben, und in ſein
Kloſter Ottobeuren wieder zurückzukehren. Es iſt noch
der Aufſatz vorhanden, b) den er dießfalls an das
Hochwürdige Konſiſtorium verfaſſet hatte; jedoch kam
dieſer Entſchluß nicht zu ſeiner Ausführung, welches
vermuthlich ſeine geiſtlichen Söhne werden verhindert
haben.

a) Die Päſſe, welche Fürſt Paris an ſeine Landsgränzen
   ſetzte, ſind folgende: als gegen Steyermark der Paß
   an

an der Mandling; gegen Tyrol, die Pässe, Strub,
Kniebas, und Luftenstein bey Lofer; und gegen das
Gebirg der berühmte Paß Lueg bey Golling, deffen
Lage gleichsam die Natur selbst bevestiget. Diesen habe
ich auch noch die andere Gebäude, welche Höchstgedach=
ter aufführte, beysetzen wollen; nehmlich den angeneh=
men Garten und Luftschloß Mirabell; die zween Hoch=
gräflich=lobronische Palläste nebst dem anliegenden Gar=
ten; das Frauenkloster St. Claraordens, worvon zwar
der Urheber ein salzburgischer Landmann Friedrich von
Grimming war, welcher, als er Kapuziner wurde, hier=
zu 5000 fl. vermachte; die ersten Nonnen kamen von
dem Kloster Loretto zu Landshut, welche sich in den
Kriegszeiten nach Salzburg flüchteten, und das neu
erbaute Kloster den 13ten des Heumonates im Jahr
1636 bezogen. Ferner baute Fürst Paris hinzu, die
3 Kapellen, als Maria Loretto, Maria Oetting, und
Maria Einsiedel. Auch das Hochadeliche Stift Non=
nenberg allhier hat diesem Fürsten, Höchstdeffen Stief=
mutter eine eifervolle Aebtissin allda war, das Gebäu=
de des obern Stockwerks, oder Schlafhauses nebst dem
Refektorium oder allgemeinen Speiszimmer zu verdan=
ken. Dückers Chronick, und P. Hansitz Germ. S.
Tom. II. Fol. 781.

b) Diese erbauliche Schriftverfassung enthält unsere Chro=
nick Fol. 559.

§. 9.
Und nach=
dem er un=
ter zween
Hochwür=
digsten Erz=
bischöfen
lebte,

In dem Zeitalter unsers Abts Alberts saß der bis=
her so oftermähnte Hochwürdigste Fürst Paris im vollen
Schimmer seiner glorwürdigsten Regierung auf dem er=
habenen Stuhle der Kirche Salzburgs, Höchstwelcher
dem geistlichen und weltlichen Staate eherne Denkmäler
seiner Großmuth zurückließ. Denn nebst allem dem,
was bisher schon angeführet worden, verehrte Er kurz
vor seinem Ende dem Hochwürdigen Domkapitel 40000 fl.
und machte demselben zugleich mit Genehmhaltung des
päpstlichen Stuhls im Jahre 1628 eine Stiftung, daß,
anstatt des damals üblich gewesenen Spoliums, vermöge
deffen die hinterlassenen Güter und Fahrniffe des Erzbi=
schofes

schofes getheilet wurden, hinfür alle Jahre an dem
Wahltage eines jeden Fürsten einem anwesenden Hochwürdigen Domherrn 100 Thaler ersetzet werden.   Zur
linken Seite der Domkirche führte er einen Altar von
Marmor auf, den er der allerseligsten Jungfrau Maria
vom Schnee einweihete, und hinterlegte hierzu im Jahre
1631 den 6ten Jenner ein Kapital von 150000 Gulden
von dessen abfallenden Zinsen, 7500 fl. den eingeführten
Canonicis, und daher genannten Schneeherren, welche
aus einem Probste, der jederzeit ein Hochwürdiger Domherr ist, und 17 Weltpriester bestehen, sollten besoldet
werden; welche Begnadigung dermal die (Titl.) Herren
Konsistorialräthe genießen, derer Stiftungspflicht erfodert, daß sie in der Kathedralkirche den zweyten Chor,
nehmlich nach den Domherren ausmachen, täglich an
dem Altare ihrer Schutzfrau die heilige Meße lesen, und
den Hochwürdigsten Erzbischof bey den heiligen Handlungen bedienen.   Der Hohen Schule allhier schenkte er
44000 fl. zur Erhaltung zweener offentlichen Lehrer des
Burgerrechts.   Ferner begnadete Höchstgedachter Fürst
die hochlöbliche Landschaft Salzburg mit einer willkühr-
lichen Schankung von 200000 fl. auch ist höchstselber
der mildreicheste Stifter zwoer Erziehungsschulen, nehmlich eine über der Brücke, so das Marianisch Lodronische
Collegium heißt, und den 11ten des Herbstmonates im
Jahre 1645 auf 8 studierende Knaben, die die Erstgeburt des Hochgräflichen Hauses von Lodron vorzustellen
hat, gestiftet wurden.   Die zweyte ist das Rupertinische
Collegium, der Pfarrkirche gegen über, so auf 12 solche
Knaben, derer 6 die zweyte Geburt ermeldter Grafen,
und 6 die löbl. Salzburgischen Landsstände erkiesen, den
22ten des Herbstmonates im Jahre 1653 errichtet wurde.
Demungeachtet hinterließ Er dennoch einen beträchtlichen
Schatz an Baarschaft. Gott selbst wollte gleichsam das
Angedenken dieses unvergleichlichen Fürsten verewigen,
indem

indem ihm das unschätzbare Glück vorbehalten war, den
herrlichen Bau der weltberühmten Kathedralkirche zu
vollführen, und solche in Gegenwart der höchsten, und
ansehnlichsten Gäste im Jahre 1628 den 25ten des
Herbstmonates mit einem ausserordentlichen Pracht feyerlichst einzuweihen. *) Endlich neigte sich diese große
Sonne, welche den Erdkreis unsers Vaterlandes in das
34ste Jahr beleuchtete, erwärmte und ernährte, zu ihrem unwiederkehrlichen Niedergange, da der Hochwürdigste Fürst Paris im Jahre 1653 den 15ten des Christmonates auf seinem Sommerschloße Mirabell, das er
nicht zur Ergötzung, sondern nur Gesundheitshalber bewohnte, an der Wassersucht im 68sten Jahre seines
Alters gottselig und sanft in dem Herrn entschlief. Seine
Fürstliche Leiche wurde den 22ten Monatstag darauf
in gebührender Trauerordnung unter der Kuppel des neu-
gebauten Doms beygesetzet, dahin der Hochseelige, wie
auch zur Universitätskirche, einen erträglichen Jahrtag
stiftete. Die aufrichtigsten Thränen, mit welchen das
ganze Salzburg seine gesegnete Urne befeuchtete, und ihre
angestellten Gebethe zu Gott, um diesen empfindlichsten
Verlust zu ersetzen, mehr und mehr anflammeten, wurden den 3ten des Hornungs im Jahre 1654 durch die
vorgegangene einhellige Wahl wieder abgetrocknet, welche
den damals Hochwürdigen Domdechant, Herrn Guidobald, Grafen von Thun, als rechtmäßigen Landesherrn
erklärte, dessen uraltes Stammhaus der Kirche und dem
Staate Männer vom ersten Range, und eines unverwelklichen Ruhmes gegeben. Höchstgedachten Fürsten,
welchen der päpstliche und kaiserliche Hof wegen seiner
ausserordentlichen Gemüths- und Vernunftsgaben verehrte, zählte Papst Alexander der VII auf Ansuchen
des K. Leopolds den 7ten des Märzmonates im Jahre
1667 seinem gepurpurten Fürsten als Kardinalpriester
bey; weil Er aber in Person niemals nach Rom kam,

so

so wurde Ihm der Titel einer Kirche noch nicht bey-
gelegt.

*) Die Beschreibung dieser feyerlichen Einweihung kann
in Dückers Chronick Fol. 292 nachgelesen werden;
aus welchem ich auch, und ebenfalls aus dem P. Hansitz, die merkwürdigsten grossen Thaten des Hochwürdigsten Fürst Paris gezogen. Dücker schreibet, daß
Höchstgedachter niemals unterließ, für jeden, auch den
geringsten seiner Diener, eine Seelenmesse zu lesen.
Weiter will Dücker, daß ein Jahr vor dem Tode dieses Fürsten ein trauriger weißer, jedoch dunkler Komet-
stern erschienen sey, der einem Todtenkopfe, mit etwas
wenigen Haaren, nicht unähnlich gewesen wäre.

Der neuerwählte Hochwürdigste Fürst Guidobald 10.
bezeugte zwar gleichfalls unserm Abt Albert seine gnä- Verblichte er
digste Gewogenheit und Achtung, welcher er aber doch dienst.
nicht lange genoß; denn die Schwachheit des annahen-
den Alters ließ ihn nicht mehr zu den vorigen Kräften
kommen, und die Zubereitungen, und der schon wirklich gemachte Anfang eines neuen Hofgebäudes, so im
Jahre 1656 veranstaltet wurde, und unserm Kloster,
wie die Folge geben wird, sehr nachtheilig gewesen wäre,
beängstigten sein Gemüth dermassen, daß der Tod bey
ihm gar bald einen Anfang nahm. Und dieß zwar den
1sten Jänner im Jahre 1657, da unser Abt an dem
Festtage der Beschneidung des Herrn der Hochfürstlichen
Tafel beyzuwohnen die Gnade hatte; bey welcher er
über eine gewisse Speise, die die Wälschen Caceato
nennen, einen Eckel bekam, und die sein schon ge-
schwächter Magen nicht mehr verdauen konnte. Daher er den 2ten Jänner, weil er keine Speis mehr zu
sich nahm, dergestalt entkräftet war, daß er selbst seinen
Beichtvater, den damaligen Schaffner P. Bernhard
Molitor, zu sich berief, und ihm die Sorge für seine
Seele übergab. Noch an diesem Abend wuchs die

Ausz. der St. Pet. Chr. 2r. Th. (K) Kraß

Krankheit an; und zeigte sich die Todesgefahr, daß also
Abt Albert mit allen Heilsmitteln versehen zu werden
verlangte; und sich nach dieser Handlung bey seinen betrübtesten Söhnen auf das zärtlichste beurlaubte.　　Am
3ten Jänner aber Nachts um 2 Uhr starb er unter in-
brünstigsten Umfahungen des Gekreußigten, und in
Gegenwart seiner Mitbrüder, den Tod der Gerechten;
nachdem er unserm Kloster 30 Jahre und 4 Monate
lang mit einem unvergleichlichen Ruhme vorgestanden,
und in der zeitlichen Wanderschaft fast 66 Jahre zurückgeleget hatte.　　Der entseelte Körper, in welchem
man bey der gewöhnlichen Eröfnung auffer des zusam-
mengezogenen Magens, und des in etwas angegriffenen
Milzes alles gesund befand, wurde 5 Tage hernach mit
dem üblichen Trauergepränge, so der Hochwürdigste
Fürst selbst, mit dem Hochwürdigen Domkapitel und
dem ganzen Hofstaat zu begleiten geruhete, zu Grabe
getragen, und nach geendigter Leichenrede, und abge-
sungenem Seelenamte in unserer Klosterkirche vor dem
Hochaltare eingesenket.

Amand.

Amand.

LXXI. Abt zu St. Peter.

Vom Jahre 1657. bis 1673.

Unter den Römischen Päpsten
Alexander dem VII. Clemens dem IX.
und Clemens dem X.

Unter den
Fürsten und Erzbischöfen Salzburgs
Guidobald; und Max Gandolph.

Unter den Römischen Kaisern
Ferdinand dem III. und Leopold.

Nachdem unser Kloster zween merkwürdige Aebte
auswärtigen Stiftern zu verdanken hatte, so
gieng, nach dem Hintritte des Abt Alberts, in der
Stadt die Rede, wer jetzt Abt zu St. Peter werden
sollte; und dieß um so mehr, als unserm Konvente, ich
weiß nicht durch wen? drey Männer von ausnehmender Fähigkeit vorgeschlagen wurden. Diese waren der
Hochwürdige Herr Abt Michael von Michaelbeyern;
der Hochwürdige P. Alphons Stadelmayer aus dem
Stifte Weingarten, damals Rektor, und Herr P. Ro-
man Miller von Seeon, d. z. Regent des Konvikts.

I.
Abt Amand
wird einhel-
lig erwählt

Allein,

(K) 2

Allein, unsere Mönche wollten nicht immer Fremdlinge über sich herrschen lassen, sondern ihr freyes Wahlrecht wieder fortsetzen, welches sie auch von dem Hochwürdigsten Erzbischofe Guidobald ohne Widerrede erhielten. Zu diesem wichtigen Geschäfte wurde der achte Tag des Hornungs bestimmt, und an demselben von 19 Wählenden durch 12 Wahlstimmen der Ehrwürdige Herr P. Amand Pachler, ein Mönch unsers Klosters, und damals öffentlicher Lehrer der Gottesgelehrtheit im Sittlichen erwählet, welcher sich zwar aus einer ungeschminkten Demuth dieser Würde als den unwürdigsten schätzte, doch aber solche aus Gehorsam annahm. Einer der Hochfürstlichen Kommissarien, nehmlich Herr Balthauser Zauchenberger als Direktor des Konsistoriums trug in einer zierlichen Anrede dem Neuerwählten besonders drey Punkte vor, die den ächten Charakter eines Abten ausmachen, nehmlich erstens, daß er alles mit Bescheidenheit; und zweytens nichts ohne Rathserholung unternehmen; und drittens allezeit die Barmherzigkeit mit dem Gerichte vereinigen sollte.

Den 20ten des Märzmonates darauf wurde Abt Amand in dem Mirabell von dem Hochwürdigsten Bischofe von Lavant, Max Gandolph von Künburg bestätiget, und am folgenden Tage, als am Feste unsers H. Erzvaters Benedikt von dem Hochwürdigsten Fürsten und Erzbischofe Guidobald selbst in unserer Klosterkirche eingesegnet; Höchstwelcher, wie auch das Hochwürdige Domkapitel das Mittagsmahl zu St. Peter einzunehmen geruheten. *) Uebrigens war Abt Amand, dessen Aeltern nicht benennet werden, im Jahre 1624 den 29ten des Herbstmonates zu Reichenhall in Baiern gebohren, legte im Jahre 1642 den 31ten Augusts unter dem Abt Albert in unserm Kloster die Gelübde ab, stand im Jahre 1648 den 24ten des Christmonates als neugeweihter welcher Priester das erstemal am geheiligten Altare; wurde hernach Novizenmeister und Subprior, lehrte zween Jahrgänge hindurch auf der Hohen Schule allhier die Weltweisheit, und fieng daselbst im Jahre 1656 die Gottesgelehrtheit im Sittlichen, vorzulesen an.

*) Die Handlungen, welche gewöhnlichermaßen bey solchen Wahlgeschäften vorhergehen, und hernach folgen, finde ich nicht nothwendig beyzusetzen.

2. Erhält die Schankung des neuen Hofgebäudes.

Ehe und bevor noch der neuerwählte Amand als Abt bestätiget, und eingeweihet wurde, nehmlich den 16ten des Märzmonates, begehrte er bey dem gnädigsten Landsfürsten besonders vorgelassen zu werden; wobey er unter andern die Gelegenheit nahm, von dem neuangefangenen Hofgebäude zu sprechen, und Sr. Hochfürstlichen Gnaden wehmüthigst vorzustellen, wie durch die Höhe und Länge desselben unserm Kloster die freye Luft und die Lichter benommen; der Garten, welcher ohnehin nur 49 Schuhe in der Breite, und 80 in der Länge hatte, durch die, in solchem schon angefangene, Stiege fast verwüstet; die Dienstbarkeit der Einsicht durch die, gegen unsern Garten und Zellen angebrachten, Fenster eingeführet, und überhaupt unsere Mönche gleichsam auf ewig dargestalt eingeschränket würden, daß sie durch die Feuchtigkeit des anliegenden Berges, und Beraubung der gesunden Luft entweder mühselige Leute werden, oder, wie bisher, in ihrem besten Alter dahin sterben müßten. Weiter trug Abt Amand dem gnädigsten Fürsten seine Gesinnung und ein Modell vor, vermittelst dessen dieses neue Gebäude zum größten Nutzen des Klosters könnte fortgeführet, und dennoch die Hochfürstliche Absichten erreicht werden, wenn nehmlich die äusserliche Gleichförmigkeit dieses Baues mit der Hochfürstlichen Burg beybehalten, und noch darzu auf Kosten des Klosters hergestellet würde. Diesem setzte

(K) 3

Abt

Abt Amand noch bey, daß sich in Rücksicht deffen
das Konvent von St. Peter desto leichter in einen Ver-
gleichsweg des befreyten Vorrangsrechtes einlassen dürfte;
denn auf erfolgtes Absterben des Abt Alberts ließ der
Hochwürdigste Fürst Guidobald unsere Mitbrüder fragen, ob sie sich nicht allenfalls bequemen könnten, mit
dem Domkapitel einen Vertrag einzugehen, und demselben bey den öffentlichen Umgängen den ersten Rang
abzutreten. Auf welches unsere Mönche antworteten,
daß sie einen solchen Vergleich nicht ausschlügen, der
unter gewissen Bedingungen dem Kloster gedeihlich
wäre, und sie derohalben bey ihren Nachkömmlingen
entschuldigen könnte. Auf diesen Vortrag des Abt
Amands verlangte der Hochwürdigste Fürst von ihm,
daß er ein Modell, und eine Zeichnung des Gebäudes
zu Papier sollte bringen lassen, mit dem Beysatze, daß
Höchstselber dem gemachten Ansuchen nicht abgeneigt
wäre, jedoch diese Sache noch etwas reifer überlegen
müßte. Nach drey Tagen, nehmlich am Feste des
heil. Josephs des Nährvaters Christi, dessen mächtiger
Vorbitte, und väterlichem Schutze unser Abt diese ganze
Angelegenheit besonders empfahl, berief Höchstgedachter
Fürst unsern Abt Amand zur Tafel, nach welcher Er
ihn in die Zimmer über den Schwibbögen, welche dermal an unser Kloster stossen, führte, und ihm befahl,
seine Gedanken besser zu eröfnen. Abt Amand erklärte sich hierüber nur überhaupt und ganz kurz; worauf der allergnädigste Fürst in Gegenwart des damaligen P. Rektors, und des P. Mathematikus, sich also
äusserte: Weil ich denn die wahre Beschwerlich-
keit eures Klosters einsehe, so finde ich keine
Ursache, warum ich euch mit Vernunft dieses
sollte abschlagen können; ich schenke euch derohalben dieses ganze Gebäude, samt allem umliegenden Baugezeuge. Welche gnädigste Worte

der

der Fürst drey und viermal wiederholte; unser Abt
Amand aber mit vollkommenstem Vergnügen aufnahm,
ihm alsobald zu Füßen fiel, und eine unendliche Dank-
sagung abstattete.

Unaussprechlich war das Frohlocken unserer
Mönche, welche sich durch diesen unverhosten Entschluß
gleichsam aus dem Schatten des Todes befreyet sahen;
und daher auch der Festtag unseres heiligen Erzvaters,
an welchem Abt Amand geweihet wurde, desto feyerli-
cher; indem der Hochwürdigste Erzbischof Guidobald
nach vollendeter Tafel die großmüthige Schankung des
Gebäudes, und der hiezu in Bereitschaft liegenden Steine,
Bäume, Ziegel, Kalks, und Sandes wieder öfters erneuerte. Dieses Hofgebäude wurde schon ein Jahr
hindurch fortgesetzet, jedoch aber wegen eines begangenen
Baufehlers wider unterbrochen, welchen eben die zween
Baumeister begiengen, die unserm Kloster gar nicht zugethan waren, und dem Fürsten gegen dasselbe alles Widrige einriethen, die auch wegen ihres Uebersehens des
Dienstes entsetzet, hernach aber wieder, jedoch mit Verminderung ihrer Besoldung, zu Gnaden aufgenommen
wurden. Da uns nun die göttliche Vorsicht durch so
wunderbare Wege ein neues Kloster einräumte, so war
Abt Amand den 24ten des Märzmonates abermal zu
der Hochfürstl. Tafel gezogen, nach welcher der Hochwürdigste Fürst unsern Abt versicherte, daß Höchstselber
jederzeit ein gnädigster Gönner des Abtes und seines Klo-
stes seyn wollte, weil nehmlich seine Kirche, und die uns-
rige wahre Töchter des heiligen Ruperts, als welcher beyde
gestift, wären; worauf Er ihm zugleich das neue Gebäude wiederum schenkte, und die vorige Schankung bestätigte.

Der erforderliche Schankungsbrief war noch nicht
errichtet, als der Hochwürdigste Fürst Guidobald den

(K) 4

s.
Jedoch mit
Abtretung

5ten

unſers alt 5ten des Aprilmonates unſern Abt, und ſeine Mönche
Vorranges. des ſchon einmal gethánen Verſprechens erinnern ließ,
daß ſie nehmlich mit dem Hochwürdigen Domkapitel wegen des Vorranges einen Vergleich eingehen wollten; und
ſie wurden ferner befrägt, auf was Art. und Weiſe, und
unter welchen Bedingungen ſie dieſen Vergleich vorzunehmen gedáchten. Die Umſtánde des geſchenkten Gebáudes, und dieſes Begehren des Fürſten verſetzte unſere Mitbrüder in keine geringe Verlegenheit; ſie be-
ſchloſſen alſo mit ihrem Abte, hinfüro den öffentlichen
Umgángen nicht mehr beyzuwohnen, um auf ſolche Art
ihr altes Vorrangsrecht nicht zu vergeben, und wenigſtens in dem Weſentlichen zu erhalten. Abt Amand
berichtete Sr. Hochfürſtl. Gnaden die Entſchlieſſung ſeines Konvents, Höchſtwelcher ſich damals über ſolche be-
friedigte; allein des andern Tags, weil der Fürſt entweder ſeine Geſinnung ſelbſt abánderte, oder dieſe zu
veránbern von andern beredet wurde, ſchickte Höchſtder-
ſelbe zween Kommiſſarien nach St. Peter, welche un-
ſeren Konventualen die Unzufriedenheit des Fürſten ver-
meldeten, und ſie zugleich auf eine andere Meynung und
Entſchlieſſung bringen ſollten; und welche ihnen anbey
bedroheten, daß Se. Hochfürſtliche Gnaden die ſchon
gemachte Schankung des Gebáudes widerruffen, und
es ſehr empfindlich aufnehmen würden, wenn ſie keinen
ordentlichen Vergleich eingehen, und ihren Vorrang nicht
abtreten wollten. Es war aber da nicht um einen eiteln
Stolz, oder eine eingebildete Hoheit zu thun, ſondern
um das verehrungswürdige Alterthum unſers Kloſters
zu behaupten, deſſen auch noch ſo verachtete Mönche
ofterwáhnten Vorrang ſchon 600 Jahre lang beſaſſen,
und welcher ihnen bey wiederholten Streitigkeiten durch
die Vollmacht des pápſtlichen Stuhles jederzeit war zuerkannt worden. In daſiger Verfaſſung aber waren
unſere guten, und beſcheidenen Mitbrüder faſt nothge-

drungen,

drungen, aus zweyen Uebeln das geringere zu wählen, und lieber noch, unter gewissen Bedingungen, den alten Vorrang aufzugeben, als sich der augenscheinlichen Gefahr auszusetzen, daß das Kloster, als die Mutter des hohen Erzstiftes, wie es mehrere Fürsten benamsten, mit der Zeit gänzlich aussterben, und abkommen sollte.

Nachdem sich unsere Mönche zur Abtretung des Vorranges bequemten, so wurde erst den 4. des May= monates in ermeldtem 1657sten Jahre der Schankungs= brief des Hofgebäudes unter folgenden Bedingungen verfasset. Erstens, daß das angefangene Gebäude auf Kosten unsers Klosters fortgesetzet, und der äusser= lichen Gestalt nach, nehmlich an der Höhe, an dem langen Gange, oder Gallerie, an der Pforte, und Al= tane von Marmor, der hochfürstl. Burg gegen über vollkommen gleichförmig werde. Zweytens behielten sich Se. Hochfürstlichen Gnaden, und ihren Hochwür= digsten Nachfolgern das unterste Stockwerk zu ebenem Fuße der Länge nach zum freyen Gebrauche bevor, doch so, daß im selben gegen dem Kreutzgange kein Fenster oder Thür ausgebrochen werde; und auch gleichermas= sen Drittens, den dritten Theil des Gebäudes aber= mal nur der Länge nach, das ist den zweyten Wohn= stock, oder die sogenannte Gallerie, und die nächst an= stossende Schwibbögen, welche der Fürst aufbauen wird, damit man von der Residenz aus durch diese Gänge in die Domkirche gehen könne. Die andere Halbscheide dieser vorbehaltenen Stockwerke aber, wie auch der zweyte und dritte Wohnstock sollen gänzlich dem Konvente von St. Peter zum eigenthümlichen Ge= brauch verbleiben, welches Viertens sein Gebäude, mit samt dem Dache für beständig zu unterhalten hat. Diese so bedungene Schankung begnehmigte zugleich das Hochwürdige Domkapitel mit Unterschrift und Petschaft.

(K) 5 Tags

Tags darauf als am 5ten des Maymonates verglich sich das Hochwürdige Domkapitel mit unsern Mönchen wegen des bisher vor Hochdemselben besessenen Vorranges, und zwar mit gegenwärtigem Bewandtniße:
weil das Konvente von St. Peter von Sr. Hochfürstl.
Gnaden die großmüthige Schankung des neuen Hofgebäudes mit Verwilligung des Hochwürdigen Domkapitels erhalten, auch von Hochdemselben unser Kloster,
Orden, und die hohe Schule allhier mehr andere Gutthaten empfangen hatte, so will besagtes Konvent zum
Zeichen der Dankbarkeit, und aus schuldiger Ehrfurcht,
und gehorsamer Willfährigkeit eines so großen Wohlthäters den würdigern Platz und Vorrang, welchen es
Kraft ihrer alten Befreyungen und päpstlicher Aussprüche
in den öffentlichen Umgängen, und andern Gottesdienstlichen Handlungen bisher immer vor dem Hochwürdigen
Herrn Domprobste, Dechanten, und übrigen Domherren behauptete, nun frey abtreten, und sich desselben auf
ewig begeben, jedoch mit Vorbehalt nachstehender Bedingungen: Erstlich hält sich der Abt für sich und alle
seine Nachfolger den Rang vor dem Hochwürdigen Domdechant in und ausser der Domkirche, wie auch an allen
andern Orten (die eigene Behausung ausgenommen) für
jetzt und allzeit bevor; dergestalt, daß er für immer den
ersten Platz vor dem Hochwürdigen Herrn Domprobst
einzunehmen habe. Zweytens behalten sich der Abt, der
Prior, und das Konvent für sich und ihre Nachkömmlinge das Recht und die Erlaubniß bevor, jährlich am
Heil. Fronleichnamstage mit den gewöhnlichen Paramenten, nehmlich mit einem Chorrock, und Rauch oder Vespermantel angethan, in der Domkirche zu erscheinen,
allda linker Hand, oder auf der Epistelseite die Bethstühle der Hochwürdigen Domherren einzunehmen, und
bey dem wirklichen Umgange unmittelbar vor Hochdemselben nach dem Pontificalkreuz, wenn solches vorgetragen.

gen wird, einher gehen zu dürfen. Drittens behalten
wir uns bevor, daß wir sonst andern Umgängen beyzuwohnen nicht verbunden seyn; ausgenommen bey den
Leichbegängnisse des Erzbischofes, bey Empfahung des
Papstes, eines Legaten zur Seite, des Kaisers, und bey
andern dergleichen Fällen; wie auch bey dem feyerlichen
Einzuge des neuerwählten Erzbischofes in die Stadt;
und bey Uebersetzung des Leibes, oder der Gebeine eines
Heiligen: jedoch solle hierbey, nach Erheischung der Umstände, alles wie oben am Fronleichnamstage beobachtet
werden. a) Viertens verlangen wir, daß diese freye,
und willkührliche Abtretung mit den angeführten Bedingungen und Vorbehaltungen fest und unverletzlich
solle gehalten werden; denn unser Konvent behalte sich
abermal bevor, daß, wenn die Hochernannten Hochwürdigen Domherren wider solche in Zukunft etwas
einwenden, und unternehmen, oder es wagen sollten,
unsere Mönche in diesen zu kränken; und wenn auf
dreymalige Erinnerung hierinnfalls keine Abstellung er-
folgen werde, so solle diese Abtretung der alten Freyheit und des Vorrangrechts abgethan, und nichtig seyn,
und wir wiederum in den vorigen Besitz des ersten Ran-
ges eingesetzet werden. Das Hochwürdige Domkapitel
hingegen nahm alle angezogene Bedingungen, Ausnah-
men und Vorbehaltungen nicht nur allein an, sondern es
gelobte und versprach auch, unserm Konvente zu einer
ewigen Erkenntlichkeit alle Jahre am Festtage des heiligen Benedikts durch ihren Syndikus, oder, wenn dieser rechtmäßig verhindert wäre, durch ihren ersten Beamten, acht Species Dukaten zu überschicken. b) Gleichwie sich aber unser Konvent vorbehielt, daß es, wenn
dieser Vergleich nicht pünctlich gehalten würde, in den
vorigen Stand wieder zurück gesetzet werde, also behielt
sich auch Hochbesagtes Domkapitel bevor, daß, im Falle
wir darwider handeln, und nach beschehener dreymaliger

Ermah-

Ermahnung uns nicht befriedigen sollten, so sollte es gleichfalls die versprochenen 8 Dukaten zu erlegen nicht verbunden, ja sogar sollte ihre Einwilligung in die ofters wähnte Schankung des Hofgebäudes ungültig und aufgehoben seyn. Der Hochwürdigste Erzbischof Guidobald bestätigte diesen solcher gestalten geschlossenen Vergleich durch eine besondere Urkunde, in welche er ihn von Wort zu Wort eintragen ließ. c)

a) Die Leiche eines Hochwürdigsten Erzbischofes begleiten wir in unserm Chorhabit, oder Flocken; Höchstderen Einzügen aber pflegen wir nicht mehr beyzuwohnen: Vor Alters, wenn alten Gemälden zu glauben ist, ritten unsere Mönche im Chorrocke und Rauchmantel mit. Die übrigen vorbehaltenen Rangsgebräuche werden heut noch in allen Stücken genau beobachtet.

b) Auch die Erkenntlichkeit, wie es das Hochwürdige Domkapitel immerfort zu nennen beliebet, wird an besagten Tage mit der alt hergebrachten Ceremonie unsern Herren Aebten, welchen gemeiniglich der Prior, und noch ein anderer aus dem Konvente beysitzen, von dem Kapitel-Syndikus, im Namen seiner Hohen Principalen, bis jetzt alljährlich überreichet, und zugleich dieser Vertrag wieder erneuert, und bestätiget.

c) Der Schankungsbrief des Hofgebäudes, wie auch der Vertrag mit dem Hochwürdigen Domkapitel wegen des Vorranges, und dessen Bestätigungs-Urkunde leget unsere Chronick a Fol. 569 et seqq, so ächt vor Augen, wie wir diese Briefschaften ursprünglich in Händen haben.

1.
Führet den ganzen Klosterbau, nebst mehr andern Gebäuden. Als nun diese Urkunde errichtet, und Abt Amand versichert war, daß so wohl die Schankung, als die Bauart nicht mehr würde abgeändert werden, so traff er alle erfoderlichen Veranstaltungen zu dem neuen Klostergebäude; und berief öfters seine Mönche zusammen, mit denen er sich wegen aller vorfallenden Schwierigkeiten,

ten, und nothwenigen Baukosten berathschlagte. Da
beschloß man, jene Kapitalien, die Abt Albert als ei=
nen Nothpfenning auf die hiesige hochlöbliche Landschaft
legte, und die auch etwas über die Hälfte den neuen
Bau abzahlten, aufzukünden, das fernere aber der gött=
lichen Vorsicht heimzustellen. Abt Amand empfahl
dieses weitschichtige Geschäfte seinen Schutzheiligen, und
las täglich am St. Ruperts Altare auf diese Meynung
die heilige Meße: welcher beym Anfang eines jeden Mo=
nates alle Arbeiter und Bauleute beywohnen mußten.
Auf solche Art wurde im Jahr 1657 den 7ten des
Maymonates im Namen des Herrn das neue Gebäude,
wie es bis auf diese Zeit noch unter der erbarmensvollen
Obhut des Allerhöchsten dastehet, angefangen, welches
den meisten und grösten Theil unsers Klosters ausmacht;
denn in der Mitte gegen unsern Garten ist das allge=
meine Speis= und auch das Redzimmer; in dem untern,
und obersten Stocke aber befinden sich recht schöne, große
und bequeme Zellen, oder Wohnzimmer, nebst weiten
und lichten Gängen; das alte, enge, und ungesunde Klo=
ster hingegen wurde gänzlich abgebrochen, so, daß man
jetzt von demselben kein Merkmal mehr sehen kann. Die=
ser ansehnliche Bau kam in Zeit von 3 Jahren schon also
zu Stande, daß Abt Amand solchen im Jahre 1660
den 19ten des Märzmonates mit einer Feyerlichkeit ein=
weihete. Denn, nachdem er in dem untern Gauge oder
Schlafhause zu Ehren des heiligen Nährvaters Christi,
dem er dieses ganze Gebäude wiedmete, eine Kapelle,
und einen Altar des heiligen Josephs errichtete, las er
daselbst an dessen Festtage die erste Meße, und segnete
sodann mit gewöhnlichem Kirchengebrauche alle Zellen
ein. Um aber diesem besondern Schutzheiligen ein ewi=
ges Denkmal der Dankbarkeit zu stiften, führte Abt
Amand den 8ten des Aprilmonates mit Einstimmung
des Konvents ein, daß alle Tage nach der Vesper bey
erstge=

erstgemeldtem Altare zu Ehren des heiligen Josephs eine
Litaney, welche noch in unsern Zeiten unausbleiblich fortgehalten wird, laut abgebethet werde; nebst dem ließ er
in besagter Kapelle dem heiligen Nährvater Christi; und
in dem mittlern Conventsstocke dem Hochwürdigsten
Fürsten Guidobald Denksteine mit Innschriften einmau-
ern. a) Im Jahre 1659 wurde erst jenes Gebäude
unsers Klosters angefangen, so gegen der Kapitels-
Schwemme steht, wo dermal im obern Stockwerke die
Zellen für die Neulinge, und noch nicht zu Priestern ge-
salbten Mönche, in dem untern aber der große Büchersaal sich befindet. Welches ganze sämmtliche Gebäude
im Jahre 1661 den 21ten des Augustmonates seine Vollständigkeit erreichte.

Bey diesem kostbaren Klosterbau führte Abt
Amand noch mehr andere Gebäude auf, als: im Jahre
1658 ließ er in dem Mönchsberge einen neuen Weinkeller, den er den 5ten des Christmonates zu Ehren des
heiligen Petrus und Ruperts einweihete, aushauen, woher ein großer Vorrath an Steinen zum Klosterbau
diente; und im Jahre 1659 baute er in unserer St.
Veitskirche vor dem Hochaltare eine besondere Gruft für
unsere verstorbenen Mitbrüder, die vorhin in dem Klo-
sterkreuzgange zum Nachtheile der Gesundheit der Lebenden, zerstreut herum begraben lagen. Geichfalls wurde
von diesem Abte der Fußboden unserer Klosterkirche mit
Platten von Marmor bedeckt; die 4 Altäre St. Ruperts, St. Benedikts, St. Josephs und Mariä an der
Säule (neben der Sakristey Thüre) errichtet; ein neuer
Predigtstuhl, und gegen über ein Bethgemach, oder so
genanntes Oratorium des Fürsten, und zwey andere kleinere bey der großen Orgel gebauet. Die St. Marga-
rethskirche auf unserm Gottesacker, die St. Veitskapelle,
und die fast eingefallene Einsiedlerey des heiligen Maximus

mus erneuerte er wiederum, und befahl in letzterer öftern
Gottesdienst b) zu halten, und, um das Volk zu mehrerer Andacht aufzuwecken, wirkte er zu Rom, die Ver-
leihung eines vollkommenen Ablasses aus. Dann verordnete er auch, daß eben daselbst an dem Fuße des Bergs
die Kapelle der armen Seelen, wie es noch jetzt zu sehen,
besser ausgezieret, und die Todtenbeine ordentlicher ein-
gegraben würden.

   a) Ermeldte zwey Innschriften, nebst noch andern ersehe
      man aus unserer Chronick unter diesem Abt Amand.

   b) In dieser Einsiedlerey wird den 17ten Merz das Ein-
      weihungsfest mit Vesper und Amte; und den 29sten
      des Christmonates eine heil. Messe gehalten.

Wie sehr sich Abt Amand beeifert, die Ehre Gottes und seiner Heiligen zu befördern, läßt sich zwar schon
aus dem abnehmen, was bisher gemeldet worden; doch
rühmet zugleich seine Gottseligkeit unser Kirchenschatz,
den er vermehrte, herausschmückte, und bereicherte; benanntlich schafte er zwey kostbare Gefäße an, in welchen
die verehrungswürdigen Gebeine des heiligen Ruperts,
und des heiligen Amands desto gebührender sollten aufbehalten seyn. *) Die Grabstätte unsers heilgen Stifters verherrlichte er, und befahl dieselbe an dessen Festtagen mit brennenden Lampen zu beleuchten.

5.
Befördert
in vielen
Stücken die
Ehre Got-
tes und sei-
ner Heiligk.

Eine vorzügliche Ehrenbezeugung befliß er sich seinem heiligen Namenspatron zu erweisen, indem er sich
bemühete, dessen heiligen Leib aufzusuchen, den er auch
im Jahre 1661 den 31ten des Märzmonates in einer
Mauer unter dem Hochaltare zum grösten Vergnügen
fand. Dieser wurde mit gewöhnlicher Feyerlichkeit
erhoben, Anfangs in die Sakristey getragen, dann,
in eine Zelle des obern Schlafhauses gebracht (allwo

wo ihn der Hochfürstliche Leibmedikus ordentlich zusammensetzte) und hernach in der Schatzkammer verwahret. Den 26sten des Weinmonates geschah die feyerliche Uebersetzung, bey welcher das von Abt Amand abgesungene Hochamt, unter welchem Se. Hochfürstliche Gnaden Erzbischof Guidobald, und einige Hochwürdige Domherren die heil. Meß lasen, den Anfang machte; nach diesem wurden die heil. Gebeine von 6 Priestern unsers Konvents, wegen übler Witterung zwar nur in unserm Kreutzgange, herumgetragen, welche nebst allen Bruderschaften, Ordensgeistlichen, Professoren und der Domklerisey unser Konvent, und das Hochwürdige Domkapitel (beyde in Rauchmänteln) und dann der Hochwürdigste Fürst selbst mit dem ganzen Hofstaat begleiteten. Hierauf wurde eine Ehrenrede gehalten, nach welcher man den heil. Leib in dem Altare des heil. Johannes des Täufers beysetzte, und endlich gab das angestimmte Lobgesang, **Herr Gott wir loben dich,** (unter welchem in der Vestung 50 Stücke abgefeuert wurden) dieser Pracht ein Ende. Abt Amand gedachte zwar auch unserm heiligen Vital eine gleiche Ehre zu bezeugen; allein dieses gottselige Vorhaben kam nicht zu seiner Wirklichkeit.

*) Mehrere Kostbarkeiten, mit denen Abt Amand unsern Kirchenschatz vermehrte, erwähnet unsere Chronick nicht; wie sie auch hier nichts meldet, daß Abt Amand den anderen Seitenaltar (Mariä Vermählung) zu Mariä Plain errichtet hatte: nach Zeugniß des P. Hansitz, Germ. S. Tom. II, Fol. 831.

6.
Und den Nutzen des Klosters.
Da Abt Amand zum Besten und Nutzen unsers Klosters den neuen Bau desselben unternommen hatte, so können wir Mönche von St. Peter ihn mit allem Rechte unsern Beförderer und Erhalter nennen, und er heischet es unsere Pflicht, daß wir, und alle unsere

Nach

Nachkömmlinge ihm unaufhörliche Danksagungen in die Ewigkeit nachschicken. Es war aber nicht allein dieß, sondern Abt Amand besorgte auch in mehr andern Stücken die Vortheile unsers Klosters; denn ihm haben wir ein sehr nützliches Gut, der Schillinghof genannt, in der Gnigl, Pfleggerichts Neuhaus gelegen, zu verdanken, welchen er im Jahre 1661 um einen leidentlichen Preis kaufte. Unter ihm wurden von dem allerdurchleuchtesten Kaiser Leopold dem I. die alten und neuen Freyheiten unsers Klosters, nach der Urschrift seiner glorwürdigsten Vorfahrer der Kaiser Ferdinand des zweyten, und des dritten im Jahre 1667 erneuert und bestätiget.

Auch hatte Abt Amand im Jahre 1659 einen Streithandel wegen unserer Pfarre zu Dornbach, nächst Wien, glücklich beygeleget. Diese Pfarre versahen vorhin die Herren Weltpriester (die aber unsere Aebte allezeit vorzustellen hatten) und wegen der Nachbarschaft gemeiniglich der Pfarrer zu Herrenals, daher vielleicht gegenwärtiges Misverständniß kam; nun ergab es sich, daß bey Erledigung derselben der damalige Pfarrer zu Otterkling darum anhielt, und von Seiten des Klosters dahin vorgestellet wurde. Allein, das Hochwürdige Konsistorium von Wien vermeinte dieses Vorstellungsrecht wäre seinen Herren Bischöfen zuständig, und wollte weder die Vorstellungsschrift, noch eine andere Person, als welche sie ernannte, annehmen. Abt Amand schrieb zurück, und erprobte gründlich, daß besagtes Recht von den ersten Zeiten her immer dem Kloster St. Peter angehöret, selbes jederzeit, und zwar ohne Vorwissen des Bischofes von Wien, die Pfarrer zu Dornbach vorgestellet hätte, und nach Belieben Weltpriester oder Mönche aufstellen könnte; und daß auch diese Kirche mit aller Gerechtsame unserm Kloster unmittelbar einverleibet wäre. Nach vielen Einwendungen, welche das Konsistorium

Auszug der St. Pet. Chr. 2r Th.　(L)　von

von Wien dagegen machte, beschloß es endlich so viel,
daß Erstens das Kloster im Erledigungsfalle zwar einen andern Pfarrer vorstellen könnte; doch sollte dieser
unter der Bothmäßigkeit des Bischofs stehen: Zweytens sollte der vorgestellte Weltpriester beständig verbleiben,
und dessen Abänderung dem Ordinarius des Orts angehören: Drittens sollte der Bischof nicht verbunden seyn
einen Mönch aus einem fremden Kloster anzunehmen;
wenn aber einer von St. Peter vorgestellet wird, so könnte
er zwar von Seite des Klosters auf den ersten Wink abgeändert werden, doch müßte er als Pfarrer, gleich
den Weltpriestern, dem Hochwürdigen Ordinarius in
allem unterworfen seyn. Auf diesen Vortrag wolte Abt
Amand, obschon die Rechte für unser Kloster sprachen,
diesen Streit in keine fernere Weitläufigkeit bringen, son-
der aus Liebe zum Frieden den Vergleich eingehen, der
im ermeldten Jahre den 14ten des Brachmonates hierüber aufgerichtet wurde. *)

Unerachtet Abt Amand mit dem beschwerlichen
Zipperlein an Händen und Füßen behaftet war, und
noch überdieß die grausamsten Steinschmerzen litt, dergestalt, daß er fast alle Jahre einige Wochen im Bette
sich aufhalten mußte, und bey allen seinen abteylichen
Sorgen und Arbeiten, hinterließ er doch sehr viele theils
gedruckte, theils geschriebene Bücher, die seiner Nachkommenschaft noch in unsern Tagen sehr nützlich sind;
denen er aber aus Demuth niemals seinen Namen beysetzte, sondern sich nur platthin einen Mönch des Klosters St. Peter nannte. Die gedruckten Bücher sind
folgende: 1) Kurze Geschichte von dem Ursprunge, Einweihung, und Erneuerung der Höhle, oder der Einsiedlerey des heiligen Maximus, mit Kupfern, die das in-
und äusserliche Aussehen derselben vorstellen. Salzburg,
1661 in 4. 2) Geschichte von dem Leibe des heiligen
Amands

Amands, zweyten Bischofes zu Worms, und von dessen neulich beschehener Uebersetzung zu St. Peter in Salzburg, 1661 in 4. 3) Untersuchungen des Lebens, und der Wunder des heiligen Bischofes Vital, Schutzherrn und Abts unsers Klosters. Salzburg, 1663 in 4. welches Werk in 7 Hauptstücke abgetheilet ist. 4) Geschichtliche Erzählung von dem ehrwürdigen Leibe des heiligen Martins, Bischofes zu Tour. Salzburg, 1664. Handschriften aber, die zwar gebunden, aber nicht zum Drucke befördert wurden, zählen wie nachstehende, als: 1) von verschiedenen Alterthümern, Rechten und Freyheiten, Schankungen, Gütern, und andern Merkwürdigkeiten sowohl des Klosters St. Peter, als des Lands Salzburgs, in regal Fol. 2) das Leben, und die Thaten dreyer Aebte, nehmlich des Abt Martins, Joachims, und Alberts des III. in Fol. 3) Der erste Theil des abteylichen Tagbuches von dem Sterbtage des Abt Alberts, und vom Jahre 1657 an, bis auf 1664; dann dessen 4) Zweyter Theil vom Jahre 1665 bis 1672 beyde in 4. 5) Rechnung über das neue Gebäude, welches im Kloster St. Peter zu Salzburg aufgeführet, und vollendet worden, wie auch über die Abbrechung des alten Klosters vom Jahre 1657 bis 1665 in Fol. 6) Eine kurze Beschreibung der heiligen Gebeine, die in der Cathedralkirche zu Salzburg aufbehalten werden; in Fol. 7) Die Chronick von Admont, oder die Alterthümer dieses berühmten Stifts in zwey Bücher eingetheilt, davon das erste von dem Leben und Thaten des heiligen Gebhards Erzbischofes zu Salzburg, und Stifter dieses Kloster; das zweyte Buch aber von der Stiftung, Folge der Aebte, Alterthümern ꝛc. desselben handelt; in Fol. Mehr andere Handschriften, die Abt Amand nicht mehr vollkommen ausgearbeitet, und die unterschiedliche theologische, historische, ascetische, und andächtige Materien enthalten, wollen wir hier nicht anmerken.

(L) 2   Endlich

Endlich, um unser Kloster noch mehr aufzurichten, und dasselbige nach Erforderniß, mit Leuten zur Auswahl zu versehen, vermehrte Abt Amand die Anzahl seiner Mönche, so, daß er in 16 Jahren von achtzehn Neulingen die Ablegung der Ordensgelübbe aufnahm; und seinem Nachfolger 28 Religiosen zurückließ.

*) Angezogener Vergleichsbrief kann in unserer Chronik Fol. 576. Col. 2. gelesen werden.

7.
Stebt dem Kloster unter zween Hochwürdigsten Erzbischöfe vor;

Indessen, da Abt Amand unserm Kloster mit dem heissesten Eifer das allerseitige Wohl zu verschaffen suchte, führten den Hirten- und Fürstenstab von Salzburg Se. bisher immer erwähnte Eminenz, Cardinal und Erzbischof Guidobald von Thun, ein Fürst, den nicht die biegsamen Zungen kriechender Schmeichler, sondern die überzeugenden Werkthaten groß machten; den Regensburg zu seinem Bischofe im Jahre 1666 erwählte, und der es auch zugleich regierte, und welchen Trient als seinen Oberhirten verlangte, dem der Papst den glänzenden Purpur, und der Kaiser die ansehnliche Würde seines ersten Gesandten a) bey dem Reichstage zu Regensburg eben zu der gefährlichen Zeit übertrug, da der türkische Erbfeind im Jahre 1662 die ganze Christenheit, und vorzüglich das durchleuchtigste Haus Oesterreich mit einer erschrecklichen Kriegsmacht überzog; gegen welchen aber Fürst Guidobald an baarem Gelde, und zahlreicher Mannschaft getreue Beyhilfe leistete. Dieser Fürst mußte nothwendig die Liebe seines Volks seyn, indem er gleich bey Antretung seiner Regierung das Land von den Bürden, die demselben der langwierige Schwedenkrieg auferlegte, befreyete, die ausserordentliche Steuern abschafte, den Aufschlag auf das Fleisch, und andere Zollwerthe aufhob, die nunmehr überflüßige Kriegsmacht abdankte; und hierdurch seinen Unterthanen eine jährliche Abgabe von mehr als 100000 Thalern ersparte.

Die

Die übertriebenen Zinsgefälle, mit denen gemeiniglich
die Reichen wuchern, die Armen aber noch ärmer wer-
ben, setzte er auf 5 fl. vom Hundert. Die Eisengru-
ben in der sogenannten Dienten, kaufte er um 15000
Thaler den Privatgewerken ab, und eröffnete noch über
das neue Gold- und Silberadern. Er verwandte über
60000 Thaler zur Vollführung der Domkirche, deren
Thurm er ausbaute, und dessen Vordertheile er mit
Statuen von weißem Marmor auszierte. Der Fürstlichen Burg, die er zugleich erhöhte, setzte er ein neues
Gebäude hinzu, und führte den berühmten Spring-
brunnen auf dem Hofplatze auf, welcher wegen seiner
Kunst und Kostbarkeit das merkwürdigste Denkzeichen
von Salzburg ist, so man mit offenem Auge in unserer
Hauptstadt sieht. b) Das Lustschloß Hellbrunn, welches abbrannte, errichtete er noch herrlicher, und höh-
lete in dem Felsen daselbst einen Weinkeller aus. Eben
einen solchen Keller, von einer verwunderlichen Kälte
im Sommer, und Wärme im Winter, brach er, unweit Kaltenhausen nächst Hallein, in die Tiefe eines
Sandberges. Er erweiterte die Reitschule, und legte
die Rennbahn an. Auch bauete er die alte Caserne,
oder Wohnung für die Soldaten, wodurch er seinen
Bürgern, in deren Häusern sie sonst eingeleget waren,
eine schwere Last wegnahm; und verherrlichte anbey in
vielen Stücken das Sommerschloß Mirabell. Im
Jahr 1661 erfolgten von dem 8ten bis auf den 28.
des Augustmonates entsetzliche Wassergüsse, die an den
Aeckern, Gestaden, Beschlächtern, Brücken und Häusern zu Hallein, Salzburg, und Laufen, einen unsäglichen Schaden verursachten, und in unserer Hauptstadt die große Brücke über die Salzache wegschwemm-
ten, die Erzbischof Guidobald wieder neu und schön
herstellte; im darauf folgenden Jahre, nehmlich 1662
den 5ten des Heumonates (Dücker setzt den 5ten des

(L) 3   Brach-

Brachmonates an) ergab sich abermal auf einen Regen, der 14 Tage dauerte, und den Schnee in unsern
Gebürgen zerschmelzte, eine große Ueberschwemmung,
welche beyde Gewässer, besonders in Hallein an den steinernen Werken, Rechen, Holz, 3 Salzpfannen, und
dem Pfleghause eine beträchtliche Verwüstung anrichte-
ten, welche sämtliche Gebäude Fürst Guidobald wieder-
herstellte.

Unter diesem höchsten Oberhaupte Salzburgs brachte
eben das heutige Gnadenbild Maria Trost am
Plain unser ganzes Land in die gröste Aufmerksam-
keit. Das gesegnete Baiern, welches Mariam von
Anbeginn seines Christenthums so inbrünstig verehret,
und welchem sich dagegen Maria an fast unzähligen
Orten wunderthätig bezeuget, gab auch unserm Bildnisse, so nun durch ganz Deutschland bekannt ist, den
ersten Ursprung; indem solches ein Brodbäcker des
Marktfleckens Regen, unweit Regensburg, Namens
Paulus Regner, in seiner Behausung verehrte; da
aber die schwedischen Kriegsflammen auch diesen Ort
den 17ten des Christmonates im Jahr 1633 abbrann-
ten, und alles umher durch das Feuer aufgezehret war,
so stund unser Wunderbild, Maria Trost, auch unter
der Asche ganz unverletzt, und hatte kein anders Brand-
maal, als auf einer Seite eine kleine Schwärze, welche
des Bäckers Eheweib durch einen Maler alldort, wieder
verstreichen ließ. Ein so wundervoller Zufall erweckte
in dem Herzen der Frau Argula Eckerinn von Kapfing,
Ehegemahlin des Hrn. Johann Ludwig Grimming von
Niederrain, Pflegers zu Fürstenegg, eine so große Liebe
zu diesem Bildnisse, daß sie es gegen ein anders Frau-
enbild an sich handelte. Der Sohn dieses Herrn von
Grimming, Rudolph, ererbte unser Gnadenbild, nahm
solches mit sich nach Salzburg, und verehrte es 2
Jahre

Jahre lang in der Hauskapelle seines Schlosses und Edelsitzes Müllegg, wo dermal das St. Johanns-Spital stehet. Mit der Zeit gedachte er aber diesen verborgenen Schatz der öffentlichen Verehrung auszusetzen, worzu ihm vor allem der Ort, Plain, gefiel; zu diesem Ende ließ er gedachtes in eine schwarze Kapsel von Holz fassen, solches den 8ten des Christmonates im Jahre 1652 auf den Plain übertragen, und stellte es in der Höhe, nächst an dem Gangsteige zu der Lengfelder Stieg unter einem Verschlage, der aus 3 Latten von einer Eiche gezimmert war, den Vorbeygehenden zur Begrüßung auf. Damit aber Herr Rudolph von Grimming dieses heilige Bildniß nach Belieben, und ohne Befremdung der Vorübergehenden mit sich nehmen könnte, hinterließ er jederzeit im ermeldten Verschlage eine Abbildung des Urbilds, welches Franz Piereth abmalte. Kaum blickte das achte Gnadenbild auf dem Plainer-Berge hervor, als es sich schon in Zeit von 4 Wochen so gutthätig und wunderthätig bezeugte, daß, auch bey der rauhesten Winterkälte, ein großer Zulauf des Volks war, das nebst der andächtigen Verehrung ihre Dankopfer aufhieng; daher das Hochwürdige Konsistorium, auf den erstatteten Bericht des Herrn Pfarrers zu Bergham, unter dessen Seelsorge der Plain gehöret, dem Herrn von Grimming den 8ten Jänners im Jahre 1653 bedeuten ließ, obbemeldtes Bildniß von diesem Orte hinweg zu nehmen, und nach Belieben in eine Kirche des hohen Erzstiftes zu übersetzen. Herr von Grimming nahm zwar den 13ten Jänners das Urbild als sein Eigenthum daselbst hinweg; doch aber wieder zu sich in sein adeliches Schloß Müllegg, wo er solches 5 Jahre lang verehrte; um aber dem Eifer der andächtigen Wahlfahrter ein Genüge zu leisten, ließ er obgedachtes Ebenbild in der Kapsel und in dem Verschlage zurück, welches noch heut zu Tage in einer An-

fangs

fangs nur von Holze errichteten, hernach aber von Steinen aufgemauerten Kapelle zu sehen ist. Aus einem ganz
besondern Berufe verwechselte oftermähnter Herr Rudolph von Grimming seinen ansehnlichen Adelstand mit
einer schlechten Einsiedlerskutte, und verfügte sich mit
seinem marianischen Gnadenbild in eine Einöde auf den
Wankerberg neben Nestelwang des Bisthums Augspurg;
allda wurde dem wunderthätigen Urbilde eine Kapelle erbauet, und solche im Jahre 1662 mit dem ersten heiligen Meßopfer eingeweihet. Jedoch auch allhier ruhete
das Urbild unserer Gnadenmutter noch nicht; denn der
Hochwürdigste Bischof von Augspurg befahl solches erstlich in der Pfarrkirche zu Nestelwang zu verwahren, und
endlich gar im Jahre 1665 den 9ten des Christmonates
nach Augspurg zu überbringen, wo es über 10 Jahre
ohne einzige, wenigstens öffentliche Verehrung aufbehalten wurde. Während dem aber ertheilte Maria in jener
Abbildung, welche Herr von Grimming zurückließ, so
viele gnadenreiche Hilfleistungen, daß durch dieselbe eine
erstaunliche Menge andächtiger Pilger herzugelocket wurden, zu deren Bequemlichkeit man dann genöthiget war,
an gedachten eichenen Kasten anfänglich eine Hütte von
Holz, hernach aber im Jahre 1656 die sogenannte alte
Kapelle samt einem kleinen Altare aufzuführen, und das
erwähnte marianische Bild zu sicherer Verwahrung ein-
zusetzen. Weil nun dieses kleine Kirchlein gleichfalls zu
enge, und wegen der anliegenden Landstraße zu unruhig
war, haben Se. Hochfürstl. Eminenz, Erzbischof Guidobald im Jahre 1657 auf den obern Hügel des Plains,
nächst an dem Orte, wo jetzt das herrliche Gotteshaus
stehet, abermal von Holze eine größere Kapelle nebst
drey Altären erbauen, und auf den Hochaltar neben dem
Tabernakel eine neue, und nunmehr die andere Abbildung des abwesenden Urbildes aufstellen lassen; welche
zweyte Abbildung Christian Zäch verfertigte, Herr Johann

Hann Paul Wafner, Hochfürstlicher Waldmeister aber
als eine Schankung opferte. Diese Kapelle wurde den
6ten des Maymonates erstbesagten Jahres eingeweihet,
und unser Abt Amand hielt in selber den ersten feyerlichen Gottesdienst. Indessen war Fürst Guidobald schon
entschlossen, dieser unserer Gnadenmutter einen prächti-
gern Ehrentempel aufzuführen, welches Vorhaben aber
seine Reise nach Regensburg verhinderte, und endlich sein
bald erfolgter betrübtester Todesfall gar einstellte.

Die Hochwürdigen Domherren sahen diesen freygebigen Erzbischof als ihren Gutthäter und Vater an,
zumal er ihre Einkünsten mit Begnehmigung des päpstlichen Stuhls, alljährlich um 4000 Thaler vermehrte.
Auch unterhielt dieser sehr kluge Fürst mit allen andern
Fürsten und Monarchen ein so einhelliges Verständniß,
daß ihn sehr viele, und unter diesen sogar Se. Majestät,
Kaiser Leopold der I. zu Salzburg besuchten, Höchstwelche
er nach Gebühr und Möglichkeit auf das herrlichste bewirthete. c) Endlich hauchte Höchstderselbe im Jahre 1668
den 1ten des Brachmonates an einem hitzigen Fieber
seinen wahren Fürstengeist aus, er zählte 52 Jahre seines verdienstvollen Lebens, nur 14 aber seiner ruhmwürdigsten Regierung, und fand seine Ruhestatt in der
hiesigen Domkirche vor dem Altare des heiligen Franziskus. d)

Vermeynte schon damals Salzburg, es könnte ihm
der Verlust eines so unvergleichlichen Fürsten, als Guidobald war, so bald nicht mehr ersetzet werden, so erhielt
es doch im nehmlichen 1668ten Jahre den 30ten des
Heumonates wieder einen solchen, der seinem Vorfahrer,
welcher ihn als seinen Busenfreund verehrte, an Tugenden und Gemüthsgaben vollkommen ähnlich war. Denn
am ermeldten Tage wurde Maximilian Gandolf, dessen

würdigste Scheitel schon ehevor zwo ansehnliche Infeln,
nehmlich zu Lavant und zu Seckau krönten, zu der ober=
sten Hirtenmütze von Salzburg einhellig berufen. Sein
damals freyherrliches, nun aber hochgräfliches Stamm=
haus von Künburg gab nun unserm Erzstifte den dritten
Landsfürsten, dem allhiesigen Domkapitel ungemein ge=
lehrte und infulirte Häupter; unsern Ordensklöstern hei=
ligmäßige Aebte und Vorsteher aus beydem Geschlechte,
und von Anbeginn her bis jetzt allen Staaten unschätz=
bare Männer. Die Liebe gegen die Unterthanen war die
ihm eigene Fürstentugend, mit der er seine Regierung an=
tratt; denn eben dazumal drückte Salzburg ein gewalti=
ger Mangel am Getraide; diesem zu steuern, eröffnete
Fürst Max Gandolph seine Vorrathskästen, und theilte
alles Getraid, nebst sehr vielem Gelde, unter die Be=
dürftigen aus: und fand sich keine Wittwe, kein Wayse,
und kein Kranker, welcher, wenn er nur seine Hilfe an=
flehete, von ihm leer entlassen wurde. Am meisten
rührte sein wahres Vaterherz der erschreckliche Einsturz
des Mönchberges, welcher sich im Jahr 1669 den 16ten
des Heumonates zwischen 2 und 3 Uhr in der Frühe er=
eignete, da sich in der sogenannten Gstötten, wo sich die
St. Markuskirche, und das Alumnat befand (heut
bey den W. W. E. E. Klosterfrauen von der heiligen
Ursula) von gedachtem Sandberge ein ungeheurer Schro=
fen losriß, pötzlich herabfiel; und nebst dem Alumnat
mehrere Häuser, und mit diesen über 200 Menschen auf
das erbärmlichste zerquetschet wurden. Hier wandte der
mildreicheste Fürst Max Gandolph sehr viele Kosten auf,
um die elendig Verwundete zu besorgen, der Stadt den
erlittenen Schaden zu ersetzen, und den Getödteten, die
sämmtlich in Ein Grab gescharret wurden, ein Denk=
und Grabmaal mit einer Inschrift aufzurichten. Groß=
müthig war seine Freygebigkeit gegen die Gott geheiligten
Orte, indem er in der Domkirche 6 Seitenkapellen von
weissem

weiſſem Marmor auffführte, und die alldaſige ſo anſehn-
lich als zahlreiche Prieſterſchaft mit koſtbaren, und an
Gold ſchweren Kirchenkleidern herausſchmückte; zu dem
Altare der heilige Roſenkranz-Bruderſchaft in der Univerſität allhier verehrte er das Bildniß des Gekreuzigten,
6 Leuchter, und 4 Büſchkrüge von Silber, nebſt einem reichen Ornate; und unſer St. Peter hat von dieſem höchſten Fürſten noch ein ſteinernes Denkmaal an
jenem Brunnen, der in der Mitte des Vorhofes des
Kloſters herrlich und nützlich daſtehet, deſſen Koſten ſich
auf 2000 fl. beliefen.   Sein brennender Hirteneifer
erſetzte den Abgang der nothwendigen Seelſorger, aus
welchem, beſonders in unſern Gebirgen, bey dem Volke
eine greuliche Unwiſſenheit in dem Chriſtenthume, und
nebſt vielen andern abſcheulichen Laſtern, die Zauberkünſte
und Herenwerke herrſchten.   Dieſem Greuel der Seelen-
verwüſtung abzuhelfen, richtete der Hochwürdigſte Erzbiſchof Max Gandolf 12 Vikariatskirchen, denen er zugleich Wohnungen für die Geiſtlichen hinzubaute; benanntlich aber ſind ſie dieſe: St. Rupert in Muhrwin-
kel, und St. Johanns im Zederhauſe beyde unter der
Pfarre St. Michael im Lungau; Nußdorf und St.
Veit in Henndorf unter der Pfarre Keſtendorf; St. Georgen im Filzmoos unter der Pfarr Altenmarkt bey Rad-
ſtadt; St. Georgen in Golbegg, und St. Joſeph in der
Großarl am Huttſchlag unter der Pfarre St. Veit im
Pongau; St. Sebaſtian im Mühlbach unter der Pfarre
Biſchofshofen; St. Niklas im Wald unter der Pfarre
Bramberg in Ober Pinzgau; St. Lambert in der Ger-
las, und die Frauenkirche in Maithofen unter der Pfarre
zu Zell im Zillerthale; St. Johanns des Täufers in
Golling unter der Pfarre Kuchel, und zum Behuſe der
Bergnappſchaft St. Rupert auf der Lend unter der
Pfarre Tarenbach; gleichfalls baute er den Thurn der
Collegiatsſtiftskirche zu Tittmoning.   Auch führte
Höchſtſels

Höchstselber, um unter seinen Schäflein eine wahre An=
dacht zu ernähren, die Erzbrüderschaft des heiligen Ro=
senkranzes fast aller Orten ein, die er mit Fahnen und
andern Zugehörden versah. Die abgebrannten Gottes=
häuser Seekirchen am Wallersee, und St. Michael im
Lungau erneuerte er wieder herrlicher. In der, unserm
Kloster einverleibten, Pfarrkirche Abtenau setzte er ihrem
Schutzherrn, dem heil. Blasius, und zu Leoben in
Obersteyermark in der damaligen Jesuitenkirche dem
heil. Franz von Xavier einen stattlichen Hochaltar auf.
Er war der erste Urheber des Wahsenhauses; und den
Hochehrwürdigen regulirten Priestern von dem heiligen
Cajetan (insgemein die Theatiner, oder auch Cajetaner
genannt) baute er an das St. Erntrauds, heut daher
Cajetanerthor, ein neues Kollegium, oder Haus, wie
sie es nennen, nebst einer Kirche, in welcher vorzüglich
zwo Säulen von ungewöhnlicher Größe, derer jede
aus einem ganzen Stücke Marmors gehauen ist, zu
bewundern sind. Jedoch gelangte dieses Gebäude, we=
gen bald erfolgten Todesfalls des Fürsten, nicht gänz=
lich zu seiner Vollständigkeit. e)

a) Der Einzug, welchen Fürst Guidobald in Regensburg
gehalten, und was bey diesem Reichstage abgehandelt
worden, besehe man in **Dückers Chronick** Fol. 333.

b) In unserm Klostergarten befindet sich ein Springbrunn
von weissem Marmor mit dem Hochgräfl. Thunischen
Wappenschilde, der vormals der Hofbrunn sollte gewe=
sen seyn.

c) Die Pracht, mit welcher des Kaisers Majestät in
Salzburg empfangen, und bewirthet wurde, wird weit=
läufig in ter freyherrlichen **Dückerischen Chronick**
Fol. 350 beschrieben.

d) Besagte Chronick saget abermal auf das Jahr 1664
und 1665 die Erscheinung eines erschrecklichen Komet=
sterns, dessen Lauf und Gestalt Fol. 347 selbst zu er=
sehen.

e) Die

e) Dieser ganze Absatz ist aus Dückers Chronick a Fol. 324, welche sich mit dem Fürst Guidobald endet, und aus des P. Hansitz Germ. S. Tom. II. hic. gezogen worden.

Wiederum auf unsern Abt Amand zu kommen, so war sein ganzer Lebenslauf ein ununterbrochener Zusammenhang der auserlesensten Tugenden, besonders der Geduld und Ergebenheit in den göttlichen Willen. Denn bey allen seinen großen und vielfältigen Schmerzen, und Drangsalen, die er dem Leibe und Gemüthe nach zu übertragen hatte, pflegte er allezeit mit dem Job zu sagen: Der Name des Herrn sey gebenedeyt. Die Makeln seines Gewissens wusch er all ander Tag mit der reumüthigsten Beichte ab, und erneuerte alle Jahre mit inbrünstigster Andacht seinen Geist vermittelst der 8 tägigen geistlichen Einöde. Bey allem dem bezeugte er sich dennoch weder trotzig, noch mürrisch; sondern einnehmend war seine Redensart, und anmuthig sein Umgang.

8. und verläßt das Zeitliche.

Die immer zurückkehrenden Anfälle seiner schmerzlichen Zustände führten unsern Abt Amand in sein frühes Grab, dahin ihn ein Schlagfluß, der ihn den 14ten des Aprilmonates im Jahre 1673 berührte, noch mehr beförderte; bis er endlich, von allen Naturkräften erschöpft, und mit tödtlichen Krämpfungen behaftet wurde, an welchen er auch den 9ten des Herbstmonates darauf, nach empfangenen heiligen Sterbgeheimnissen, seine Seele um halb 11 Uhr Mittags gottseligst ausblies. Er lebte unter den Sterblichen nicht gar 49; als ein vollkommener Mönch 32, als ein eifrigster Priester 24, und als ein sorgfältigster Abt und liebster Vater 16 Jahre, und 7 Monate. Nachdem der entseelte Körper, nach Gewohnheit, eröffnet und eingesalbet war, wurde sein Herz zu seinen Mitbrüdern in unsere

unsere St. Veitskapelle, wo er denselben die neue Gruft
baute, der Leichnam aber vor dem Altare des heil. Jo=
sephs begraben.   Das Leichenbegängniß aber verherr=
lichten die Begleitung Sr. Hochfürstl. Gnaden Erzbi=
schofes Max Gandolph, des Hochwürdigen Domka=
pitels, und des ganzen Hofes. So ruhet Abt Amand,
dessen Gedächtniß bey uns Mönchen von St. Peter
ewig im Seegen verbleiben wird!

Zwölf=

Zwölftes Jahrhundert.

Vom Jahre 1682. bis auf das Jahr 1782.

Edmund.

LXXII. Abt zu St. Peter.

Unter den Römischen Päpsten

Clemens dem X.   Innocenz dem XI.
Alexander dem VIII.   Innocenz dem XII.
und Clemens dem XI.

Unter den
Fürsten und Erzbischöfen Salzburgs
Maxmilian Gandolf, und Johann
Ernst.

Unter dem Römischen Kaiser
Leopold.

Das Angedenken unsers verdienstvollen Abt Alberts des III. ist auch in diesem Jahrhunderte nicht gänzlich erstorben. Denn gleichwie einer seiner geistlichen

I.
P. Edmund
Stühueber
Mönch und
Prior von
St. Peter.

chen Söhne und unmittelbarer Nachfolger, nehmlich
Abt Amand, das eilfte beschloß; also fieng ein würs
digster Sohn des Abt Alberts, den er gleichfalls in
Christo gebohren, als Abt das zwölfte Jahrhundert
an; und von beyden besitzet unser Kloster St. Peter so
unauslöschliche Denkmäler, die nicht nur in gegenwärtigen Zeiten, sondern auch in den künftigen die unermüdete Sorgfalt dieser zween unvergleichlichen Aebte
unaufhörlich verkündigen werden. Mit allem Rechte
aber lassen wir dieses laufende Jahrhundert unsern Abt
Edmund anfangen, weil ihm die feyerliche Begehung
des vergangenen vorbehalten war, und er noch in diesem 20 Jahre lang dem Kloster vorstund.

Als nun unser liebreichster Abt Amand in seinem
besten Mannsalter das Zeitliche gesegnet hatte, so vereinigten sich unsere Mönche in dem nehmlichen 1673.
Jahre den 3ten des Weinmonates zur neuen Wahl,
in welcher von 28 Wählenden der damalige Prior P.
Edmund Sinnhueber durch 26 Stimmen einhellig
zum Abte gesetzet wurde. Den 14ten eben dieses
Monates geschah die hochfürstliche Bestätigung, und
Tags darauf als den 15ten ertheilte ihm der Hochwürdigste Erzbischof Max Gandolf in unserer Klosterkirche
die abtenliche Weihe.

Dieser P. Edmund gieng im Jahr 1631 den
10ten des Aprilmonates in diese Welt ein, und sein
Geburtsort war die heut noch bekannte Sinnhueberische
Dratziehe, und Eisenschmidte, welche in der Riettenburg außer unserer Hauptstadt unter der Pfarrmühle
lieget. Seine Aeltern Wolfgang Sinnhueber, und
Rosina Forstnerinn wiedmeten ihn anfangs den Hand-
arbeiten ihres Werkes; weil er aber mehr Neigung zu
den Studien zeigte, so unterrichtete ihn ein W. E. P.
Augu-

Augustiner, obschon gleichsam wider des Vaters Willen, in den ersten Gründen, bis er die hohe Schule betrat, allwo er dergestalt in den Wissenschaften zunahm, daß er noch in der Logik im Jahre 1652 in unserm Kloster aufgenommen wurde, im Jahr 1653 den 23sten des Wintermonates in den Händen des Abt Alberts zur heil. Regel schwur; und im Jahr 1655 den 23sten des Maymonates sein erstes heil. Meßopfer feyerlich absang. Gleich in den ersten Jahren bezeugte ermeldter P. Edmund eine besondere Geschicklichkeit, und Klugheit in den Wirthschaftssachen; daher er schon im Jahre 1656 im Wintermonate nach Wietting in Kärnthen abgeschickt wurde, um unsere dortige Probstey indessen zu verwalten; welche er auch 8 Monate lang mit großer Aemsigkeit versah; weßwegen man ihn im Jahr 1657 zu Haus in unserm Kloster als Schafner, und Kellermeister aufstellte. Nachdem er neun Jahre diesem Amte mit aller Zufriedenheit vorgestanden hatte, wurde er im Jahr 1666 den 17ten des Wintermonates zum Prior unsers Konventes ernannt, und nach 7 Jahren als Abt erwählet.

Wir können unserm Abt Edmund billig das Lob beylegen, daß er der Erneurer unsers Klosters war; denn er führte in= und ausser demselben so viele Gebäude auf, daß, wenn sie auch unsere Feder verschweigen sollte, dennoch sein Wappenschild (ein Strausvogel im Felde) und die in Marmor geätzte Aufschriften solche der Nachwelt verkündigen würden. In dem Vorhofe, oder auf jenem Platze vor der Kirche unsers Klosters stunden hin und wieder zerstreute Gebäude, die weder in der Höhe, noch in der Ordnung gleich, und noch überdieß so baufällig waren, daß sie mit Stützen mußten untersetzet werden. Diese ließ Abt Edmund einreissen, führte die dermalige Abtey, den ganzen Gaststock, die Getraidskästen,

2. wird Abt daselbst.

Auszg. der St. Pet. Chr. 2r Th.   (M)   und

und die Wohnung unsers Hofrichters auf; und stellte
jenes schöne gleichförmige Viereck her, wie wir es noch
heut zu Tage vor Augen haben.   Gleichfalls baute er
jenes große Haus auf dem Mönchsberge, so ober der
Hochfürstl. Sommer-Reitschule hervorraget, und heut
noch unter dem Namen, die Edmundsburg, bekannt
ist; dieß aber nicht so wohl zur Lust und Ergötzung,
als auf allen Fall zu einem benöthigten Gebrauche.
Nebst dem liebte Abt Edmund auch die Zierde des
Hauses Gottes, und bereicherte die Küsterey mit Gold
und Silber; besonders verwandte er, um das eilfte
Jahrhundert herrlich zu begehen, einige 1000 Gulden,
und schaffte 6 große Leuchter, eben so viele Büschkrüge, ein Crucifixbild, und eine Lampe von Silber
an; auch wollte er, daß die Priester und Leviten in
Kirchenkleidern von Gold- und Silberstoffe, derer wir
uns noch an höchsten Festtagen bedienen, prangen sollten, und zierte den Fron- St. Josephs- und St. Ru-
perts-Altar mit kostbaren Baldakinen aus.   Die Klosterzucht erhielt er in der alten Blüthe; er verbesserte
in vielen das Hauswesen, und beförderte ungemein bey
den Seinigen die Wissenschaften.   Im Jahr 1692
wurde er aus Hochfürstl. Befehle zum Visitator der
löbl. Frauenstifter unsers Ordens, nehmlich Nonnenberg in Salzburg, Göß in Steyermark, St. Georgen
am Lengsee in Kärnthen, und Chiemsee in Baiern,
die alle unter den salzburgischen Kirchensprengel gehören, aufgestellet. Unter 11 Mönchen, die er nach seinem Tode noch am Leben hinterließ, in allem aber 19
in das Kloster aufnahm, gereichen ihm besonders drey,
welche ihm unmittelbar in der Abtey nachfolgten, zum
größten Nachruhme, nehmlich Abt Karl, Abt Placidus,
und Abt Gottfried, welche zusammen unser Kloster 51
Jahre lang löblichst besorgten.   Uebrigens war unser
Abt Edmund ein wahrer Israelit, in welchem man

keine

keine List finden konnte, und welches ihn auch bey Jedermann beliebt und angenehm machte, indem ihn seine
Demuth, seine Aufrichtigkeit, und Geschicklichkeit in
allen seinen Handlungen allenthalben empfahl. Seine
mühsamen Arbeiten, die er auf der Hochlöbl. Landschaft als Steuer-Einnehmer unternahm, achtete der
höchste Landsfürst, und dessen ansehnliche Stände einer
Belohnung würdig, und die hohe Schule mit unserer
Benediktinerischen Versammlung erkannte sich ihm für
seine eifrige Vorsorge insbesondere verbunden. *)

*) Da unsere Chronick Fol. 587. n. VI. selbst eingeste-
het, daß sie hier nur einen kurzen Lebensbegriff des
Abt Edmunds liefere, so kann auch ich hievon ein
mehreres nicht beyfügen. Doch muß ich das ersetzen,
was unsere Chronick vielleicht zu erwähnen vergaß, daß
dieser Abt im Jahr 1674 eine an Silber 18 Pfund
schwere Monstranz anschaffte, welche den Speißsaal,
und die Einsetzung des heil Abendmahls vorstellet.

Von einzelnen Unternehmungen unsers Abt Edmunds zu reden, kommt vorzüglich jener Wechsel an-
zuführen, welchen unser Kloster unter ihm mit den hiesigen hochlöblichen Landsständen abhandelte. Die ganze
hohe Riettenburg, samt dem Holzschlage, Steinbruche,
und allen Zugehörungen wurde mit dem Gute Lindt,
oder Aiglhof, von unserm Abt Martin dem Kloster
käuflich zugebracht; nun ließ der Hochwürdigste Fürst
Mar Gandolf unsern Abt und das Konvent befragen,
ob sie nicht diesen Riettenburger Berg gegen andere Güter, gleichen Werthes, an die Landsstände vertauschen
möchten. Auf ein solches dringendes Ansuchen wurde
im Jahr 1674 den 29sten des Augustmonates der
Tauschbrief errichtet, aus welchem ich das Wesentliche
beysetze. „Erstlich thuet ernanntes lobwürdige St. Pe-
„ter Closter ersagten löbl. Landschaft, und dero Verord-

Randnote: 3. Vertau-
schet den Rietten-
burger Berg, und
kaufet den Müllbacher
Hof.

„neten

„neten den Berg an der Riettenburg, so dem Hof Lünd
„zugethan, und Hochfürstl. Salz. Ritterlehen ist,"
(hier folget die ganze Gränze-Beschreibung) „sambt
„der Wur und Waid, Holzwachs, Steinprüchen, und
„all anderen Zugehörungen mit aller habenden Lehens-
„und anderen Gerechtigkeiten ordentlich cediren, und
„übergeben rc. Hingegen und fürß ander hat mehr er-
„wehnte löbliche Landschaft woll berirten St. Peters-
„Closter aigenthumblich und nußnießlich cedirt und iber-
„geben, die zu den Landschaftthurn an Mönchperg an-
„gehörige Grund und das herunter neben der Straß
„darin stehende Städel (der Thurn aber solle der löbl.
„Landschaft verbleiben, hingegen der untere Thaill zu
„ebnen Fuß hinein, Item das daran gepaute Stökhl
„zu des Peterischen Mayrs oder Gämbers respective
„bewohn- und Viehställ- auch haltung, wie bisher ge-
„wesen, gelassen, und darumben dem Kloster allein die
„Unterhaltung des obberierten daran gebauten Stökhls,
„übrigen an dem Thurn aber weiters nit, als was in
„desselben Genuß etwo in fenstern, ofen rc. erförderen
„mechte, hieran zugemuthet werden) Item das Sichen-
„peuntl, so ohne das dem Closter St. Peter mit zwölf
„Pfenning Burkrecht Dienst unterwürffig, Mehr die
„grundherrliche Gerechtigkeit über den Pulferstampf,
„absonderlichen Kührnstübel, mehr Bewohnungshäusel,
„der anstehenten Wagenhitten, und Vorheußl, auch
„hierumliegenten Gärtl unweit der Riettenburg. —
„Mehr dergleichen Gerechtigkeit auf der Leithen am
„Puglreit. Hingegen solle Drittens villbesagtes löbl.
„Closter St. Peter die Lehens-Aigenschaft, so auf
„den Perg und deren pertinentien gelegen gewösen auf
„die Thurn Grund am Minichperg, Leithen am Pugl-
„reit, und Pulfer-Stampf an der Riettenburg sambt
„denen darzu gehörigen ibernemmen und den Lehensbrieff
„zu den Hoff Lindt inseriren lassen, auch dadurch hievor

„einge-

„eingeführten Riettenburger Perg und Zugehörung von
„dieser Lehen-purt frei zu machen.“

Nach Zeugniß eines im Jahr 1674 unter dem
3ten des Weinmonates ausgefertigten Kaufbriefes erkaufte Abt Edmund gegen eine unbenannte Geldssumme das Gut Alberstorff, welches die Erben des Wolf
Millbachers burgerlichen Metzgers innhatten; daher selbes jetzt noch der Millbacher Hof benamset wird, und
in dem Nonnenthale unter dem löbl. Stadtgerichte,
unweit unsers Petersbrunnen, gelegen ist. Die erste
Hälfte dieses Hofes war von aller Bürde, Anlage, und
Zehenten frey und ledig, die andere Hälfte aber, nehmlich die Burgrechts Peunten, oder der Neufang, die
Taschen genannt, diente zur Hochfürstl. Hofmeisterey
jährlich 1 ß 15 Pfenning, und zween Heuger, das ist,
Tagwerker zum Heu einbringen, und die andere Peunt,
die Hochpeunt, Haingarten genannt, hatte eben dahin
20 Pf. und 1 Heuger zu dienen. Ein Neubruch, die
Oberndorffer Wiese, oder Khäserer genannt, diente zu
besagter Hofmeisterey 2 ß 15 Pf. und vier Heuger; und
zum hochadelichen Stifte Nonnberg 27 Pfenninge; ferner eine andere, die Pusauirpeunt genannt, zahlte zur
angeführten Hofmeisterey 10 Pfenninge Burgrecht und
einen Heuger, und zu ermeldtem Frauenstifte 12 Pf.
Alle diese Verstuckungen und Neubrüche gehören, wie
vorhin, also heut noch zum erwähnten Millbacher Hofe,
auch werden angezogene Burgrechtsdienste immerfort
erleget. *)

*) Obiger Tausch und dieser Dreyfache Kaufbrief ist in un-
serer Chronick a Fol. 588. zu lesen. Hieher gehöret
auch unser Weichselbanmer-Hof, ausser dem Stein im
Pfleggerichte Glannegg oder Hellbrun gelegen, den
zwar unsere Chronick gar nicht ansetzet, welche aber
Abt Edmund vermuthlich gekaufet hatte; wenigstens
baute er im Jahre 1701 das allda gemauerte Haus von

Grunde

Grunde auf, wie solches ein über der Hausthüre befindlicher Stein anzeiget. Diesen Hof betraf im Jahr 1781 den 25. des Heumonates Abends zwischen 7 und 8 Uhr das Unglück, daß der Viehstall, Stadel, Tenn, und das Hausdach sammt allem Vorrathe an Heu, Grummt, Getreide, und Baumannsgeräthe durch eine Entzündung des Heues abbrannte.

4.
Unter ihm werden zu Gunst des Klosters der Plain, die 2 Augustinerklöster zu Tittmoning, und Hallein, nebst dem Vikariat Maria Dürnberg gestiftet.

Der Hochwürdigste Fürst Max Gandolf legte schon im Jahre 1671 den 20ten des Aprilmonates zu dem Tempelbau der salzburgischen Landesmutter Maria Trost am Plain den ersten Grundstein, welcher zwar von den Opfern andächtiger Pilger aufgeführet wurde; worzu aber doch die Freygebigkeit des Fürsten am allermeisten beytrug. Denn Höchstselber führte den Hochaltar auf, der die glorwürdige Himmelfahrt Mariä in einem künstlichen Gemälde vorstellet, er bekleidete den Vordertheil der Kirche, und die drey Thürne mit weißem Marmor, zierte ihn mit 5 Statuen von eben diesem Steine, und was man nur immer an diesem herrlichen Gebäude von Marmor siehet, erzählet der Nachwelt die heißeste Andacht, welche Fürst Max Gandolf gegen diese Gnadenmutter hegete. In vier Jahren stund dieser Bau, nebst den drey ersten Altären, unter dem Dache, daß also Höchstgedachter Erzbischof die neue Frauenkirche im Jahre 1674 den 12ten des Augustmonates, welcher der Sonntag vor Mariä Himmelfahrt war, feyerlichst einweihete, sodann wurde das oberwähnte zweyte Ebenbild durch unsern Abt Edmund aus jener Kapelle von Holz, allwo es bisher verehret wurde, in das neugebaute Gotteshaus übertragen, das Hochwürdigste aber sezte, und trug Fürst Max Gandolf, in einem sogenannten Ciborium, selbst ein. Auch verlangte dieser eifrigste Erzbischof das Urbild unserer Gnadenmutter, welches Rudolf Grimming dem Hochwürdigen Konsistorium von Augsburg ausliefern mußte, von dem alldortigen Bischofe

schofe schriftlich und bittlich zu erhalten, welches ihm
denn auch Abt Alphons vom Stifte Weingarten verschlossen einhändigte, und welches hernach der Fürst selbst
in der Schatzkammer zu Plain beysetzte. Auf dieses berathschlagte sich der wachbarste Hirt Max Gandolf, welchen Priestern gegenwärtiger marianischer Gnadenort, zur
immerwährender Fortpflanzung und Erhaltung der Andacht Mariä, sollte eingeräumet werden, und es beliebte
Höchstdemselben, solchen mit Einwilligung des Hochwürdigen Domkapitels unserm heiligen Orden anzuvertrauen,
und der hiesigen Benediktiner-Universität einzuverleiben.
Zum Stiftsgrunde wurden 24000 fl. ausgeworfen, von
welchen die Kirche, und wenigstens vier Priester, aber
Benediktiner, zu unterhalten wären; jedoch solche, die
sich bey der hohen Schule Verdienste machten, worunter
auch jederzeit unter vieren 1, und unter 8 auch 2 Mönche
von unserm Kloster St. Peter seyn sollten; der ganze
Plain aber sollte unter dem jeweiligen Herrn P. Rektor
stehen, und der Abt von St. Peter gleichfalls hierüber
die Aufsicht haben. Ferner sollte täglich der Rosenkranz,
und die Litaney von allen Heiligen laut abgebethet, und eine
heilige Meße, nach der Willensmeynung des Fürsten, nach
Höchstdero Hintritt aber zwo, eine zum Trost seiner abgeleibten Seele, und die andere für die Lebendige und Verstorbene des Hochgräflichen Geschlechts von Kúnburg gelesen werden. Weiter verordnete der Hochwürdigste
Stifter, daß die Klöster, welche mit der Hohen Schule
Salzburgs in Verbündniße stehen, auf sein erfolgtes
zeitliches Ableiben 2000 Heilige Meßen lesen, zu Mariä
Plain aber ein ewiger Jahrtag nebst vier Beymessen, allzeit vor dem Anfange des Brachmonates sollte gehalten
werden. Unter diesen Bedingnissen wurde der Stiftsbrief, welchen das Hochwürdige Domkapitel bestätigte,
im Jahre 1675 den 20ten des Augustmonates ausgefertiget, und nachdem der Gnadenort Mariá Plain

voll-

vollkommen ausgebauet war, derselbe im Jahre 1676 den 19ten des Märzmonates von den Benediktinern in Besitz genommen. Noch überdieß führte dieser Gottseligste Fürst, (nebst den Brüderschaften des heiligen Josephs, und des heiligen Antons von Padua in der Stadt) auch zu Mariä Plain ein geistliches Verbindniß ein, dem zu Folge die Einverleibten alle Jahre eine heilige Meße für die lebenden, und eine für die verstorbenen Mitglieder zu lesen, oder lesen zu lassen angehalten werden.

Bey ersterwähnter Stiftung hat unser Kloster St. Peter das sonderbare Zutrauen, und die väterliche Wohlgewogenheit (wie die Ausdrücke des Stiftsbriefes lauten) welches der Hochwürdigste Fürst Max Gandolf gegen dasselbe hegte, mit einer unsterblichen Dankbarkeit anzurühmen; indem Höchstderselbe will und verlanget, daß oftermeldter Gnadenort Mariä Plain sammt der Kirche, allen seinen Rechten, Zugehörungen und Nutznießungen, jedoch mit genauer Erfüllung der vorgeschriebenen Bedingnissen, unserm Kloster eigenthumlich zufallen sollte, wenn allenfalls in hinkünftigen Zeiten die hohe Schule von den Benediktinern verlassen, oder andern Laien oder Geistlichen, wessen Ordens, Gesellschaft und Regel sie immer seyn mögen, abtreten sollten. Und dieß verlangte der sorgfältige Stifter unter der Bedrohung des göttlichen Gerichts über alle diejenigen, welche seinem Willen entgegen handeln würden. Und da Höchstgedachter Fürst mit Einstimmung des Hochwürdigen Domkapitels im Jahre 1682 den 31ten des Weinmonates in der salzburgischen Stadt Tittmoning das Kloster W. W. E. E. Väter der Eremiten St. Augustins Orden, wo Er die Kirche und den Hochaltar vom Grunde aus aufführte, wie auch ein gleiches Kloster eben dieser Väter zu Hallein, denen er die St. Georgenkirche einräumte, und das Vikariat am Dürnberge übergab, mildreicheft stiftete,

stiftete, so setzte Er in den Stiftsbriefen, als den letzten
Punkt bey, daß diese zwey Klöster und das Vikariat am
Dürnberge mit der ganzen Stiftung aller Gerechtsamen,
Früchten und Einkünften dem uralten Kloster St.
Peter des heiligen Benediktsordens allhier in
Salzburg (unter den anverlangten Obliegenheiten) zu
kommen, und von dessen Mönchen sollte in Besitz genommen werden; in sofern, daß bemeldte zwey Klöster
und der Dürnberg auf was immer für eine Art von den
W. W. E. E. Vätern des Heiligen Augustinsordens
sollten verlassen, oder denselben abgenommen werden. Zu
mehrerer Bekräftigung dessen ersuchet der vorsichtige
Fürst alle seine Hochwürdigste Nachfolger, und vorzüglich jenen, der zur Zeit dieses Ereignungsfalls regieren
wird, daß sie diese seine Willensmeynung und Verordnung, benanntlich in Betreff des letzten Punktens, hand-
habend, und eben jene Gewähr leisten möchten, welche
sie wünschten, daß selbe einsmals ihnen an ihren dergleichen Verordnungen sollte geleistet werden. *)

*) Jene Punkte, welche in diesen drey Stiftsbriefen unser
Kloster belangen, sind in unserer Chronick a Fol. XIV.
ächt eingetragen.

Von andern Stiftungen, welche unter dem Abt **5.**
Edmund errichtet wurden, werden nicht mehr als vier **Und noch**
angemerkt, aus welchen jener der Vorzug gebühret, die **mehr andere Stiftungen gemacht.**
der Hochwürdigste Erzbischof Johann Ernst im Jahre
1695 den 24ten des Weinmonates machte, da nehmlich
Höchstselber gegen Erlag von 150 fl. welche er alsogleich
zinsbar anzulegen befahl, in unserer Klosterkirche St.
P. noch bey seinen Lebenszeiten alle Woche eine heilige
Meße, nach seinem zeitlichen Hintritte aber auf ewige
Weltzeiten für sich und sein Graf Thunisches Stammhaus alle Quatember drey heilige Meßen der Verstorbenen, dann alle Jahre um die Zeit seines erfolgten Ab-
leibens

(M) 5

leibens eine gesungene Todtenvigil, Seelenamt mit Levi=
ten, und 16 Nebenmeßen abzuhalten, und den Ueberreſt
des eingekommenen Zinſes dem Konvente zu einer Ergöz=
lichkeit anzuwenden verordnete. Im folgenden Jahre
darauf, das iſt 1696 den 3ten des Hornungs erlegte
Höchſtgedachter Fürſt abermal 1000 fl. für welche in
unſerem Gotteshauſe für ſeinen verſtorbenen Renntmei=
ſter Leonhard de Foſſe, den er als Biſchof von Seckau
hatte, und der in unſerm Freydhofe begraben wurde, wie
auch für alle andere gehabt ſchon verſtorbene
Treue Bediente ſell als auch die noch habente
jährlichen eine gesungene Vigil, Seelenamt mit Leviten,
und 10 Nebenmeßen auf ewig ſollten verrichtet, und
das, was von dem jährlichen Erträgniße obbenannten
Kapitals übrig verbleibet, zur geziemenden Ergänzung
gebraucht werden: dieſe beyden Stiftungen werden auch
jetzt noch getreulich erfüllet.

Im Jahre 1680 den 18ten Jänners überließ
Herr Johann Caſpar Freyherr von Lerchenfeld, Herr zu
Geblhofen, Se. Churfürſtl. Durchleucht aus Baiern
Kämmerer, welcher bey uns zu St. Peter einen Sohn
hatte, P. Paris genannt, der als Prior des Konvents,
und als Probſt zu Wietting ſich viele Verdienſte erworben,
dem Kloſter ein Kapital, welches demſelben mit dem fal=
lenden Jahrszinſe nach ſeinem Tode zukommen ſollte,
mit dieſem Beyſatz: „doch wird dafür dem löblichen
„Kloſter unuerbindlich belieben zu Nutzen meiner
„Sellen der verſtorbenen aus der Freyherrlichen Fami=
„lien von Lerchenfeld Monathlich, wo nit zwo, doch
„aine Sellmeß auf einem privilegirten Altar zu leſen,
„Item einen Jahrtag ſelbigen Tag, da das jährlich In=
„tereſſe erhebet wird zu verrichten. „ Im Jahre 1687
den 29ten des Brachmonates gab Herr Karl Franz
Freyherr von Lerchenfeld, Pfleger zu Fridburg, auch
Chur=

Churbaierischer Kämmerer eine Summe Geldes auf St.
Peter, von welcher auf 15 Jahre alle Monate 2 Messen sollten gelesen werden; ferner im Jahre 1702 unter
gewißen Bedingungen 150 fl. und im Jahre 1709 stiftete leztgedachter 2 ewige Jahrmessen, und verordnete,
daß alle Jahre bey seiner Grabstätte 2 Kerzen angezündet, und sein Name dem Buche unserer abgeleibten
Bundsgenossen und Gutthäter eingetragen würde. Welches auch noch heut zu Tage beobachtet, und für dieses
Freyherrliche Geschlecht alle Jahre ein gesungenes Seelenamt mit Leviten, und 13 Beymessen abgehalten wird.

Im Jahre 1697 den 20ten des Herbstmonates
wurde von dem Hochehrwürdigen Herrn Achaz Rösch,
der Gottesgelehrtheit Doctor, Hochfürstl. Salzb. Geistl.
Rath, und Pfarrer zu Altenmarkt bey Radstadt eine
Stiftung errichtet. Dieser Herr Pfarrer war in der Abtenau auf einem Lehen, Namens Ober-Mülrain, welches eine kleine halbe Stunde von dem Markt entlegen
ist, gebohren, und hatte schon vorhin die Erlaubniß erhalten, sein Geburtshaus in eine Kapelle abzuändern,
die der Ehre der allerseligsten Gottesmutter eingeweihet
worden, in welcher auch seine Leiche, und zwar auf jenem Platze, wo seine Wiege stund, begraben liegt. Ferner baute er eine anständige Wohnung für einen Geistlichen und Meßner hinzu, und erkaufte auch das Gut
Unter-Mülrain, und eine so benamste Viertel Gmach-
mühl am Schwarzenbach; welches alles zusammen schon
vorhin unserm Kloster grundherrlich unterworfen war.
Besagter marianischen Kapelle hatte Herr Doctor Rösch
4 sämmtliche Güter auf ewig und unzertrennlich einverleibet, hierzu Wochenmeßen und einen alltäglichen Rosenkranz gestiftet, welchen 6 Manns- und 6 Weibsperso-
nen abbethen, und jede alle Tage 3 Kr. die 2 Vorbe-
ther aber 5 Kr. empfangen sollten. Nun aber schenkte
obge-

obgedachter Herr Achaz Rösch die Kapelle mit aller An-
gehörde, und die ganze von ihm gemachte Stiftung unserm Kloster St. Peter, welche Abt Edmund, als ei-
gentlicher Pfarrherr von der Abtenau, mit gebührender
Dankbarkeit übernahm.   Welche Stiftung auch noch
bis heut zu Tage unverbrüchlich fortgehalten wird. *)

*) Die zween Hochfürstl. Stiftsbriefe, wie auch der des
Heiligen Achaz Rösch sind in unserer Chronick Fol.
595 und 597 zu finden.

6.
Auch das Erzstifte Jahrhundert feyerlichst begangen.
Unser Abt Edmund bekennet von sich selbst, daß
er insbesondere als Abt, in allen Stücken den Segen
Gottes auf eine wunderbarliche Art gesehen, und gleichsam mit Händen gegriffen hätte; also segnete ihn auch der
Herr damit, daß unter ihm das eilfte Jahrhundert auf
das feyerlichste begangen wurde.   Es war das 1682.
Jahr, in welchem die Kirche Salzburgs, nach der
uralten Uebergabe, daß sie im Jahr 582 von dem heil.
Rupert wäre gestiftet worden, nunmehr das eilfte
Jahrhundert zählte; noch niemals aber hatte Salzburg
eine solche Pracht gesehen, als die, welche dieses Dankfest verherrlichten.   Den 18ten des Weinmonates, welcher auf einen Sonntag fiel, bestimmte man zum Anfange dieser Feyerlichkeit, die acht Tage hindurch fort-
dauren sollte, welche Rom mit einem vollkommenen
Ablaß der Sündenstrafen begnadigte, und zu welcher
alle infulirte Aebte und Pröbste nicht nur des salzburgischen Kirchensprengels, sondern auch von allen benachbarten Ländern schriftlich eingeladen wurden.   Sieben
große und kostbare Triumphbögen zierten unsere Vaterstadt, derer ersten der Hochwürdigste Erzbischof vor der
Domkirche; den zweyten das Hochwürdige Domkapitel
beym Eingange ihrer Gasse; den dritten unser Kloster
St. Peter vor dem Thore gegen der Pfarrkirchen; den
vierten das hochadeliche Stift Nonnberg auf dem Uni-
versitäts-

versitätsplatz; den 5ten die Hochfürstliche hohe Schule
selbst vor der Pforte ihres Kollegiums; den sechsten die
hochlöbl. Landsstände vor dem Neubau; und den sie-
benten der hiesige Stadtmagistrat (vermuthlich auf dem
Markte) aufrichtete; welchen noch jene beyzufügen, die
Abt Edmund in dem Vorhofe unsers Klosters und
vor der Kirche St. Peters aufsetzte. Diese Triumphbögen waren den Schutzheiligen unsers Landes, derer
Gebeine wir besitzen, gewiedmet, mit verschiedenen
Sinnbildern behänget, und mit gelehrten Innschriften
versehen. Am Vorabende dieses großen Festes wurden
die Reliquien des heil. Martins, Vincenz, Hermes,
Chrysanths, und Darien, welche Fürst Wolf Dietrich,
als der Dom abbrannte, in seiner Hofkapelle verwahrte,
in die Kirche der Franziskaner, und der Leib der heil.
Erntraud auf St. Peter von Priestern getragen. Der
Festtag selbst fieng in der Domkirche an, allwo der
Hochwürdigste Erzbischof Max Gandolf das Hochamt
feyerlichst absang; nach welchem der öffentliche Umgang
in einer sehr langen Reihe mit den Gebeinen des heil.
Ruperts und Virgils zuerst auf St. Peter geführet,
und allda die Leiber der heil. Erntraud, Amands, und
der andere halbe Leib des heil. Ruperts (den wir immer
in unserer Kirche aufbehalten) dann auch obgemeldte
Reliquien in der Pfarrkirche abgeholet wurden. Die
Ordnung dieses Umganges war fast eben so, wie am
Fronleichnamstage, nehmlich anfangs giengen die Zünf-
ten, dann die Bruderschaften, die Studenten, die Religiosen, der weltliche Clerus mit priesterlichen Kleidern
angethan, und die Hofmusik. Nach dem Pontificalkreuz folgten die infulirten Pröbste und Aebte (derer
ihrer 20 sich gegenwärtig befanden) der Abt zu St.
Peter, der Hochwürdige Domprobst, und die Hochwürdigsten Bischöfe von Chiemsee, Seckau, und Lavant in Rauchmänteln. Auf diese kamen 6 Särge,

worin-

worinnen die Gebeine unſerer Schußheiligen verſchloſſen
waren, den erſten, der heil. Chryſanths und Dariens;
den zweyten der heil. Hermes und Vincenz; und den
dritten des heil. Amands trugen die Chorherren der
ſogenannten Kollegiatsſtifter; der vierte des heil. Erntraud wurde von den Pfarrern; der fünfte des heil.
Martins von den Landdechanten; und der ſechſte der
heil. Ruperts und Virgils von 8 inſelirten Aebten getragen.   Dieſe begleitete der Hochwürdigſte Erzbiſchof
in Pontifikalkleidern, welcher in der linken Hand eine
brennende Kerze hielt, und mit der rechten dem Volke
den Segen ertheilte; zuletzt machte der ganze Hofſtaat,
und eine erſtaunliche Volksmenge den Schluß.   Als
Zuſchauer aber beehrten dieſe Feyerlichkeit Se. Durchleucht Albert Siegmund, ein Baieriſcher Prinz, und
die Hochwürdigſten Biſchöfe von Freyſing und Regensburg.   Nachdem dieſer herrliche Zug wieder zurück in die Cathedralkirche gelangte, wurden die dahin gehörigen Gebeine der Heiligen von dem Hochwürdigſten Erzbiſchofe in beſondere Behältniſſe verſchloſſen, das Herr Gott wir loben dich unter Trompe-
ten und Paucken Schalle, und Ablöſung des groben Ge-
ſchützes abgeſungen, dem anweſenden Volke der vollkommene Ablaß ertheilet, und der Biſchöfliche Segen gegeben.   Die übrige Geiſtlichkeit aber, nebſt den Brüder-
ſchaften und Religioſen, brachten die Leiber der heiligen
Erntraud, Amands, und Ruperts in unſere Kirche auf
St. Peter.   Es ermangelte auch nicht an öffentlichen
Freudenfeſten, welche bey dieſer Gelegenheit dem Volke
acht Tage hindurch gegeben wurden.   Den Feuerſchützen
ſetzte man zum beſten einen Ochſen von einer ungewöhnlichen Schwere, nebſt unterſchiedlichen Geſchirren vom
Silber auf.   Dem Pöbel wurde Fleiſch, Brod, und
andere Eßware ausgetheilet, roth- und weißer Wein ab-
gelaſſen, und Gold- und Silber-Münzen, welche auf ge-
genwär-

genwärtige Umstände besonders gepräget wurde, ausgeworfen. Der zweyte Tag, als Montag, war der Ehre
des heiligen Ruperts und Virgils gewiedmet, und das
erste Amt um 7 Uhr zwar in der Domkirche von dem
Hochwürdigsten Bischofe zu Chiemsee, der übrige Gottesdienst aber, als um 8 Uhr die Predigt, welche ein
Benediktiner von Seeon hielt, dann das Hochamt, und
der Ambrosianische Lobgesang (unter Abfeurung 40
Stücke) in Gegenwart Sr. Hochfürstl. Gnaden und der
ganzen Hofstaat von dem Hochwürdigsten Bischofe von
Seckau gehalten worden. Nachmittags führte die Hohe
Schule ein Schauspiel auf, welches die Bekehrung des
Herzogs Theodo, und die Errichtung des hohen Erzstifts
vorstellete. Der Dienstag wurde unserm wunderwir-
kenden heiligen Vital geheiliget, und abermal nach vollendetem Frühe Amte in der Domkirche, so der Hochwürdige Domprobst absang, der Hauptgottesdienst bey
uns zu St. Peter begangen, allwo das erste Amt Herr
Abt Adelbert von Seeon; die Lobrede auf dem heiligen
Vital unser Mitbruder P. Paul Mezger, damals Vicerektor, und das Fronamt der Hochwürdigste Bischof von
Lavant verrichteten; der Höchste Fürst aber geruhete mit
seinem Hofe der Predigt und dem Amte beyzuwohnen.
Der Mittwoch wurde dem heiligen Blutzeugen Vincenz
gefeyert, an welchen unser Abt Emund um 7 Uhr das
allererste Amt in der Domkirche, in unserer Klosterkirche
aber Abt Dionys von Prüflingen, die Sittenrede ein W.
E. P. Augustiner, und das feyerliche Amt Abt Severin
von Lambach, abermal in Höchstgedachter Gegenwart ab-
hielten. Den Donnerstag hielt sich die Cathedralkirche
allein bevor, allwo der Hochwürdigste Bischof von Seckau als Hoherpriester am Altare stund, Nachmittag um
2 Uhr aber trugen unsere Mönche den Leib der heiligen
Erntraud zurück auf den Nonnenberg; indem der Frey-
tag dieser Heiligen eingeweihet wurde, an welchem Tage
in

in der Domkirche Herr Abt von Seeon, auf dem Nonnenberge aber Herr Abt von Lambach das Hochamt opfer-
ten; Nachmittags warf die Hohe Schule, auf Kosten
unsers Abts Emunds, gelehrte Streitsätze aus der
Weltweisheit auf, welche unser Mitbruder, und erst neugeweihter Priester P. Karl Schrenk entwickelte; und
welcher Abhandlung auch der Hochwürdigste Fürst Max
Gandolf, gleichwie er es öfters zur Aufmunterung der
studierenden Jugend zu thun pflag, mit seiner ganzen
Hofstaat beyzuwohnen beliebte. Diese Sätze aber waren einem großen Kupferbilde beygedrucket, so den heiligen Rupert in der Glorie nebst vielen andern Schilden,
Säulen und Aufschriften, welche sich auf gegenwärtige
Zeitumstände schickten, vorstellete. Am Sambstage be-
gieng die Cathedralkirche die Verehrung des heiligen Blutzeugen Hermes, an welchem das erste Amt ein Hochwürdiger Domherr Graf von Trauthson, das Hochamt aber
unser Abt Emund absang; und am Sonntage,
der dem heiligen Chrysanth und Darie zugeeignet
war, beschloß der Hochwürdigste Bischof von Lavant
die ganze Feyerlichkeit mit dem Hochamte. Diese acht
Tage hindurch wurde täglich zu gewissen Stunden das
allerheiligste Altarsgeheimniß ausgesetzet, und von den
Bruderschaften, Bürgern, und benachbarten Pfarrsge-
meinden wechselweis angebethet, auch der geistliche Rednerstuhl alle Tage, und des Tags auch öfters bestiegen.
Der mildgnädigste Fürst schonte keiner Kosten, um ein
solches so wohl in der Kirche, als in der Stadt recht
glänzend zu feyern, so bald ein fremder Prälat hier
ankam, wurde sogleich seine Ankunft bey Hofe gemeldet, selber allezeit zur Hochfürstlichen Tafel gezogen,
seine Bediente und Pferde aber auf Kosten des Fürsten
in der Schenke bewirthet. *)

*) Bisher lesen wir nirgends, daß in Salzburg die Zu-
rücklegung eines Jahrhunderts so prächtig und gottselig
wäre

wäre begangen worden, wie diese des eilften. Mein
Auszug überschreitet zwar hier schon in etwas seine
Schranken; doch kann der wißbegierige Leser eine weit-
läufigere Beschreibung dieser Feyerlichkeit in unserm P.
Metzger Hift. Salisb. lib. V. Cap. 51. a pag. 929;
in dem P. Hanfitz Germ. S. Tom. II. a pag. 833.
n. XVI. und in unserer Chronick a Fol. 598 nachlesen.

Diese allgemeine Freude unsers Vaterlandes ward
im darauf folgenden 1683ften Jahre mit Furcht und
Traurigkeit unterbrochen, an welchem der Erbfeind die
ganze Christenheit erschreckte, und Zittern machte. Er brach
durch Ungarn in Unterösterreich mit einer fürchterlichen
Kriegsmacht ein, verbrannte die ihm aufftoffende Städte,
Märkte, Dörfer und Schlöffer, und schleppte die Einwohner, welche dem Säbel entkamen, an den Schwän-
zen der Pferde in die erbärmlichste Dienstbarkeit. Selbst
die Kaiserstadt Wienn belagerte der barbarische Türk,
und steckte alle umliegende Ortschaften in Brand; welches grausame Schicksal auch unsere Herrschaft Dornbach
nächst Wienn erleiden mußte. Daselbst wurde das Gotteshaus und die Wohnung des Hofmeisters eingeäschert,
das Dorf ein Raub der Flammen, die Unterhanen, derer
wenige entflohen, gefangen, die Felder und Weingärten (welche uns Mönchen den täglichen Trunk reichen)
von den Hufen der Pferde, und Kameele dergestalt
verwüstet, daß wir in Folge einiger Jahren von unsern
alldortigen Weingütern kaum einige Eymer löseten.
Nachdem aber der barmherzige Gott diese entsetzliche
Strafruthe einzog, Wienn entsetzet, und der Erbfeind
durch die siegende Waffen des großen Kaisers Leopolds
zurücke in sein Nest geschlagen wurde, bestrebte sich
unser sorgfältiger Hausvater, der Abt Edmund alsogleich, (mit Verwendung vieler 1000 Gulden) das
Haus des Herrn aus seiner Asche herrlicher aufzuführ-
ren, die Wohnung der Geistlichen vom Grund aus

Ausz. der St. Pet. Chr. 2r Th.   (N)   aufzu-

aufzubauen, und die Weinberge wieder in einen solchen
Stand zu bringen, daß sich bald wieder eine gute Wein-
lese anhoffen ließ. Seinen verunglückten Unterthanen
aber streckte er an baarem Gelde so viel vor, und leistete ihnen auch in andern Stücken so hilfreiche Hände,
daß sie die leeren Mauren ihrer abgebrannten Häuser
bedecken, erneuern, und wieder beziehen könnten.

2.
Lebet unter zween Hoch-würdigsten Erzbischöfe.

Gleichwie der allerdurchleuchteste Kaiser Leopold
in diesem gefährlichen Türkenkriege den Beystand der
ganzen Christenheit begehrte: so ersuchte Allerhöchster,
durch ein eigenhändiges Schreiben, auch die Hilfe unsers
Hochwürdigsten Fürsten Max Gandolf an; Höchstwelcher, weil vorhin den Venetianern wegen der Insel Can-
dia zu Creta, um so mehr in diesen bedrängten Umständen dem kaiserlichen Hof mit Geld und Kriegsgeräthe
beystund, und noch andere Reichsfürsten zu dergleichen
Beysteuer auf das nachdrücklichste anwarb. Die gehäuf-
ten Verdienste, welche sich dieser Fürst um das christliche
Wesen sammelte, belohnte Papst Innocenz der XI. da
er ihn im Jahre 1686 aus eigner Bewegung zur Kar-
dinalswürde beförderte, dessen überreichten Purpur Se.
Eminenz Max Gandolf den 16ten Hornungs im Jahre
1687 anzog, und sich selbst den Kardinalshut aufsetzte;
bald darauf aber dieses höchste Ehrenzeichen der Kirche,
nach seinem bekannten Andachtseifer, auf dem Altare
unserer Gnadenmutter zu Maria Plain hinterlegte. Allein Höchstselber bekleidete besagte Würde nur einige Wochen, zumal er an einer Wassersucht, welche einen tödtlichen Schlagfluß verursachte, den 3ten des Maymonates
noch im nehmlichen Jahre die Bahn der Ehren endigte.
Sein bestes Herz, gleichwie er es im Leben der Verehrung Mariä gewiedmet, wurde also bey ihren Füßen zu
Maria Plain geleget, die hohe Leiche aber in der Domkirche vor dem St. Franciskus Altare beerdiget; nach-

dem er seines Alters 69, und seiner ruhmvollesten Regierung 19 Jahre zurück geleget hatte. Die verwittwete Kirche Salzburgs erhielt an dem hierauf folgenden 30ten Tage des Brachmonates wiederum einen neuen Bräutigam, da das Bisthum Seckau hierbey den ihrigen verlohr, nehmlich den Hochwürdigsten Fürsten Johann Ernst aus dem Hochgräflichen Hause von Thun, Höchstwelcher in allen Zügen ein wahrer liebreicher Bruder des gepurpurten Erzbischofes Guidobald, Höchstseligen Angedenkens war. Ich darf der auserlesensten Tugenden dieses Fürsten, die sich kaum in eine Zahl bringen lassen, nicht erwähnen; denn die Urväter haben sie unsern Aeltern, diese uns Kindern angerühmt, und sie werden noch bey unsern Nachkömmlingen fortleben. Salzburg besitzt von diesem Hochwürdigsten Fürsten solche Denkmäler, die auch dereinst unter ihrem Schutte niemals vermodern können; indem er einer der grösten Baumeister, und der mildreichesten Stifter war, welche unser Vaterland jemals gesehen hatte, und vielleicht so bald nicht mehr sehen wird. Im Jahr 1696 errichtete er das Gotteshaus Mariä im Kirchenthale eine Stund ober Loser auf einem hohen Berge gelegen, nebst der Wohnung für die Weltpriester, die er zur Beförderung der Kirchfahrt dahin stiftete. Im Jahr 1699 fieng er das königliche Gebäude der heiligen Dreyfaltigkeit allhier in der Stadt über der Brücke an, von welchem einen Theil die neu angehenden Geistliche, und alte verdiente Priester, den andern Theil aber adeliche und bürgerliche Jünglinge innhaben, und vermittelst der gemachten Stiftung allda verpfleget werden. Die erstern sind die 12 sogenannten Alumnen, welche in den Wissenschaften ihres Berufs vollkommen unterwiesen werden; die andere sind die 12 Kostgänger des Collegiums, so dem heiligen Virgil gewiedmet ist, derer 6 Sprossen, wenigstens von gutem Ritterlichen Adel, aus Steyermark, Baiern, Kärnthen,

then, Tyrol, Böheim, und Oesterreich, die andern 6
arme Knaben aus den salzburgischen Städten, als Salzburg, Hallein, Rabtstadt, Laufen, Tittmoning, und
Mühldorf seyn müssen; welche die höhern Schulen allda
zurücklegen, und in den adelichen Uebungen unterrichtet
werden; In der Mitte dieses Gebäudes stehet die Kirche
der allerheiligsten Dreyeinigkeit. Im nehmlichen 1699
Jahre baute und stiftete Höchstgedachter Fürst Johann
Ernst das große Krankenhaus ausser Mühle (welches
vielmehr einem Pallaste ähnlich ist) unter dem Schutze
des heiligen Johann des Täufers; insgemein das Jo-
hannsspital benamset; in welchem sich zur Rechten der
Kirche die Zimmer der Männer, und zur Linken derselben die Zimmer der Weiber befinden, wo arme Fremb-
linge, Studenten, und Handwerksbursche, wie auch
Dienstbothen beyderley Geschlechts bey zustossenden Krankheiten, wenn solche nicht lebenslang dauren, dem Leibe
und der Seele nach auf das liebreichste versorget werden.
In mehrgedachten Jahren führte er die W. W. E. E.
Nonnen von der heiligen Ursula ein, derer Obliegenheit
erheischet, daß sie die jungen Mägdlein nicht nur in dem
Christenthume, sondern auch im Lesen, Schreiben, und
andern diesem Geschlechte angemessenen Arbeiten unter-
terrichten. Diesen ließ er zu einem Kloster das vorge-
weste Alumnat samt der St. Markuskirche (welches der
gräuliche Bergeinsturz verwüstete) und begabte sie mit
einem Stiftsgrunde von 30000 fl. Würden aber gedachte Nonnen ihr Kloster verlassen, oder dieses gar
aufgehoben werden, so fiele solches dem Hochadelichen
Stifte Nonnberg, und nach dem unserm Kloster St.
Peter zu, mit der Verbindlichkeit, daß wir so viele ehr-
bare Frauen daselbst unterhalten sollten, als die Unterweisung der jungen Mägdlein hierzu verlangen würde.
Im Jahre 1701 stiftete der Hochwürdigste Fürst Johann
Ernst den Hochlöblichen Ritterorden zu Ehren des heiligen

gen Ruperts, nach Art der Maltheser Ritter, in welchen Grafen oder Freyherren des Landes als Ritter, 6 an der Zahl, und 5 Erspectanten, aufgenommen werden, die ihren erwählten Kommandeur haben, welcher ein Schloß und Landgut ausser der Stadt auf dem Wege nach Hellbrunn, so insgemein der Ritterhof heißt, lebenslang besitzt; und von dessen Einkünften den 4ten Theil genießt. Der Kommandeur ziehet alle Jahre 1200, die groß Ritter 600, und ein Erspektant 124 fl. 48 kr. Ferner stiftete Höchsterwähnter im Jahre 1703 die Kommenden des löblichen ritterlichen Deutschen Ordens im Lande ob der Enns, und des Maltheser Ritterordens Lands Tyrol. Der Hohen Schule allhier, welche bisher ihre Gottesdienste nur in dem großen Saale hielt, baute dieser gütigste Fürst auf jenem Platze, wo vorhin die Hochfürstl. Sommer Reitschule stund, zu Ehren der unbefleckten Empfängniß Mariä, eine kostbare Kirche, nach der wälschen Bauart, in der er fünf Altäre aufsetzte; und vollendete den Bau der Kirche der Hochehrwürdigen Theatiner, die er vollkommen bestätigte, und stiftete. Hieher gehört auch der von ihm in dem Kapitelspitale errichtete Altar, das Vikariat St. Leonhard zu Hittau; die Einsetzung und Schankung des Hauses und Gartens der E. E. Bartholomäiten, und viele andere Stiftungen und Gebäude, welche dieser gottseligste Fürst ins und ausser dem Lande errichtete; ja sogar die Laterans, oder St. Johannskirche in Rom zeiget von ihm ein Denkmal auf, da er dahin die aus Marmor gehauene Statue des heiligen Andreas, welche unter den Statuen der Apostel noch fehlte, ersetzte, welche Papst Clemens der XI. nach Zeugniß eines erlassenen Breve gnädigst aufnahm. Bey alle dem vergaß der getreue Bräutigam seine liebste Gespons, die Cathedralkirche, nicht, vor deren Eingange er die Statuen der zween Apostelfürsten Petrus und Paulus, nebst einer künstlichen

Stiege

Stiege von weißem Marmor stellte; für das Hochwür=
digste Gut einen kostbaren Tabernackel von Gold und
Silber; eine schwere Monstranze aus purem Golde, die
mit 1792 Diamanten besetzet ist; ein goldenes Ciborium,
und einen solchen Kelch. welche beyde abermal mit den
köstlichsten Steinen geschmücket sind; auf den Fronaltar
ein sogenanntes Antipendium von geschlagenem Silber,
6 Leuchter, und ein Crucifirbild aus eben dieser Mate=
rie, und die fünfte große Orgel, die über die 40 Register
und 3 Manuále zählt, anschaffte. Ueberdieß noch zierte
er die Fürstliche Burg, erweitete den Hofmarstall, setzte
demselben die Roßschwemme hinzu, und ließ aus dem
Felsen in Form eines Amphitheaters, die heutige Som=
mers Reitschule aushauen; welche alle Fremdlinge als
ein Wunder der Kunst und der Natur anstaunen; auch
fieng er den Bau des Fürstl. Lustschloßes Kleßheim an,
den aber sein erfolgter Todesfall unterbrach. Alles dessen
aber ungeachtet, war dieser Hochwürdigste Fürst von
Gott dergestalt gesegnet, daß er, (wenn ich es der allge=
meinen Sage nachschreiben darf) in seiner Burg, und
auf dem Zahlamte fast nicht Raum genug hatte, das Geld
sicher zu hinterlegen. *)

*) Höchstgedachter Fürst Johann Ernst führte auch nebst
dem alltäglichen Rosenkranz in der Domkirche, und der
Messe um 7 Uhr, die Bruderschaft der allerheiligsten
Dreyfaltigkeit ein, welche diese besondere Freyheit be=
hauptet, daß sie alle Jahre am Charfreytage einen Mis=
sethäter, der die Todesstrafe verdiente, besonders einen
Mörder, zum Leben ausbittet, und unter gewissen Ce=
remonien wieder auf freyen Fuß stellet. Von den Geld=
summen, welche Fürst Johann Ernst auf Stiftungen,
ohne der Baukosten an milde Orte verwandte, sind aus
dem P. Hansitz, aus dem ich diese Erzählung ent=
lehnt, folgende bekannt; als: zu dem Priesterhause,
500 Gulden; zu dem Virgilianischen Kollegium
Gulden; zu den sogenannten Sieben=Städlern
Gulden; zu dem Johanns=Spitale (nebst den
1000 fl.

1000 Gulden, die Höchstgedachter, so lang er lebte,
alle Monate gab) 112000 Gulden; den Nonnen der
heil. Ursula, 30000 Gulden; dem Priesterhause im
Kirchenthale 10000 Gulden; zu dem Kirchenbau der
Universität 200000 Gulden; zur Aussteuer eben dahin
15000 Gulden; und den Lehrern der weltlichen Rechte
zum Hauszinse 6000 Gulden, zur Anschaffung des Ta-
bernakels, und obbenannter Kirchengefäße in der Cathedralkirche über 200000 Gulden; zum Ritterorden Lands
Tyrol, nebst dem erkauften Schlosse, Ennsburg, 60000
Gulden; zum deutschen Ritterorden im Lande ob der
Enns, 37000 Gulden; die Geldsumme, welche den
Rittern des heil. Ruperts hinterlegt wurde, läßt sich
aus derselben Einkünften abnehmen, die sie von den ab-
reisenden Zinsen erheben; den Hochehrwürdigen Thea-
tinern 12000 Gulden, und zum Waysenhause 5000
Gulden. Ein mehrers ist in des P. Hansiz Germ. S.
Tom. II. a Fol. 842 zu erheben.

Unter diesen zween erhabensten Fürsten, und fast
zweyten Stiftern Salzburgs besorgte Abt Emund unser Kloster, welcher gleichfalls, wie seine Grabschrift saget, in demselben, ausser der guten Zucht, und brüderlichen Liebe, nichts bey dem alten ließ, sondern alles, was
er altes fand, also erneuerte, als wenn es neu wäre aufgeführet worden. Indessen erreichte er die Völle seiner Lebensjahre, und, um diese gut zu beschliessen, verfaßte er ein sogenanntes geistliches Testament, aus welchem die Vollkommenheit seiner ausserordentlichen Tugenden hervorleuchtet. a) Als nun seine Leibsgebrech-
lichkeiten, besonders die Wassersucht immer zunahm,
verlangte er den 10ten des Maymonates im Jahre 1702
die heilige Wegzehrung, und die letzte Oelung, reichte
dem anwesenden Konvente die Hand, beurlaubte sich bey
demselben, und ließ das obbemeldte Testament öffentlich
ablesen; unter welcher Handlung er verschiedene Tugend-
übungen erweckte, seine ohnehin betrübten Söhne aber
aus Zärtlichkeit in Thränen zerflossen. In diesem Zu-

(N) 4   stande

stande dauerte er noch bis auf den 21ten des Maymona=
tes, an welchem Tage dieser sorgfältigste Vater Nachts
gegen 12 Uhr, wo er sonst sehr oft zur Metten aufzu=
stehen pflegte, zur ewigen Ruhe in dem Herrn entschlief,
nachdem er unter den Sterblichen über ein Monat 79;
unter den Mönchen 49, unter den Priestern 47, und
als Abt fast 29 Jahre gelebet hatte. Der verblichene
Körper wurde den 27ten May mit gewöhnlichen Ehren,
welche die Begleitung des höchsten Fürsten vermehrte,
bey dem Scapulieraltare zur Gruft gebracht. b)

a) Dieses sehr erbaulich geistliche Testament führet un=
sere Chronick a Fol. 604 vollständig an.

b) Unter diesem Abte blüheten eben unsere gelehrten
Metzger, derer Vater, Herr Johann Christoph Metz=
ger, Doktor der Rechten, wegen seiner ungemeinen
Gelehrtheit nicht nur zu Ingolstadt, und Eichstätt,
sondern durch das ganze römische Reich berühmt war.
Diese drey Brüder P. Franz, P. Joseph, und P.
Paul vertraten zusammen nicht nur in unserm Kloster
die Stellen eines Priors, Subpriors, und Novizen=
meisters, sondern lehrten auch auf der hohen Schule
Salzburgs so wohl die niedern, als auch die höhern
Wissenschaften der Weltweisheit, der Gottesgelehrtheit,
und der geistlichen Rechten. Nebst vielen gelehrten
Schulschriften, Marianischen Reden, und Andachtsü=
bungen verfaßten sie die bekannte Geschichte Salz=
burgs, 7 Folienbände in lateinischer Sprache, welche
P. Joseph anfieng, nach dessen Tode aber die andern
zween Brüder fortsetzten: der P. Paul aber gab in
zwey großen Büchern die ganze Gottesgelehrtheit an
das Tageslicht. Mehrer hievon erzählet unsere Chro=
nick a Fol. 606. n. XXXII. et seqq.

Karl.

✦✦✦✦✦✦✦✦✦✦✦:✕:✦✦✦✦✦✦✦✦✦✦✦✦
✦✦✦✦✦✦✦✦✦✦✦:✕:✦✦✦✦✦✦✦✦✦✦✦✦

Karl.

LXXIII Abt zu St. Peter.

Vom Jahre 1702. bis 1704.

Unter dem Römischen Papste, Clemens dem XI.

Unter dem Fürsten und Erzbischofe Salzburgs Johann Ernst von Thun.

Unter dem Römischen Kaiser Leopold.

Die göttliche Vorsicht verordnet es also, daß oftmals der Verlust jener Männer, die ganzen
Staaten und Gemeinden unentbehrlich schienen, durch
andere würdige wieder ersetzet wird. Unser Kloster St.
Peter verlohr gewiß recht viel, da ihm Abt Edmund
durch den Tod dahin gerissen wurde; allein der 20ste
Tag des Brachmonates gab ihm im Jahre 1702 ein
neues Oberhaupt, von dessen Fähigkeit und Gaben es
sich alles versprechen konnte, wenn nicht selbes ein so
frühezeitiger Hintritt wieder abgenommen hätte. Denn
an ermeldten Tage wurde P. Karl Schrenk von 27
Wählenden durch 26 Stimmen (ein seltenes Beyspiel

L.
P. Karl
Schrenk
wird Abt zu
St. Peter.

(N) 5　　　　　einer

einer einhelligen Wahl) zum Abte von St. Peter er
wählet, den 28sten darauf in dem Rathzimmer des
Hochwürdigen Konsistoriums, bestätiget, und den 29.
am Feste der heiligen Apostelfürsten Petrus und Paulus, von dem Hochwürdigsten Bischofe zu Chiemsee Siegmund Karl Graf von Kastro Barko in unserer Klosterkirche eingeweihet, welcher letzterer Handlung der Hochwürdigste Fürst Johann Ernst mit dem
gesammten Hofstatt beywohnte. Der Geburtsort dieses
Abtes war das Schloß Rottenburg in der obern Pfalz,
unter dem Kirchensprengel Bambergs, allwo ihn im
Jahre 1659 den 24sten des Wintermonates (Titl.)
Herr Georg Karl Freyherr von Schrenk, als dieß Orts
Lieutenant, mit der Hochadelichen Frau Anna Marga-
retha Gobellin von Hofgiebing erzeugte. Im Jahre
1680 den ersten des Maymonates schwur er in den Händen seines unmittelbaren Vorfahrers zur heiligen Regel,
und hielt im Jahre 1682 den 26ten des Weinmonates
seine erste heilige Meße; nachdem er den 23ten dessen zuvor eine öffentliche Prüfung seiner vollendeten Studien
der Weltweisheit ablegte; und darauf selbe im Jahr
1688 auf der Hohen Schule allhier selbst lehrte.

Als Beichtvater zu Maria Plain wurde er mit
dem Doctorat der Gottesgelehrtheit beehret, welche er
im Jahre 1694 in der Hochfürstl. Universität, allwo er
auch Vicerektor war, ordentlich vorlaß, und als schon er-
wählter Abt noch dreymal den öffentlichen Schulstreiten,
derer er mehrere zum Druck beförderte, als Präses
vorsaß.

2.
Deſſen
Thaten und
Tod.
Es bestrebte sich zwar Abt Karl das geistliche und
zeitliche Wohl unsers Klosters in allen Stücken zu vermehren. Er nahm vier Neulinge zur Ordensprofeßion
auf, deren drey noch in den Händen des dermaligen Hoch-
würdi-

würdigen Herrn Abts Beda im Jahre 1753 den 13ten des Weinmonates nach 50 Jahren ihre feyerlichen Gelübde erneuerten. *) Er besuchte öfters seine jungen Geistlichen, und munterte sie zur Tugend und Wissenschaft auf. Er legte den ersten Grund zum Bau des peterischen Amtshofes zu Hallein, und reisete im Jahre 1704 selbst nach Wietting in Kärnthen, um jene berufene Streithändel, welche ein Herr Dechant von Guttaring wegen des Orts und Gnadenbildes, Mariä Hilf anzettelte, freundschaftlich beyzulegen. Allein es waren kaum zwey Jahre verstrichen, so näherte sich dieser Hofnungsvolle Abt seinem allzufrühen Lebensende; denn, als er von Wietting zurückkam, wurde er mit verschiedenen Unpäßlichkeiten überfallen, derer Quelle vielleicht der mißlungene Vergleich obiger Streitsache möchte gewesen seyn, oder sehr vieles hierzu beygetragen haben. Da nun alle ändern angewandten Hilfsmittel nichts verfangen wollten, verfügte sich Abt Karl den 2oten des Heumonates, um, ungezweifelt auf Anrathung der Aerzte, durch eine Luftsänderung seine Gesundheit wieder herzustellen, auf das uns benachbarte berühmte Benediktiner Stift Mondsee in Oberösterreich. Daselbst wurde er mit allen nur erdenklichen Liebesdiensten, die wir noch immer dankbarst anerkennen, bewirthet, und bediente sich eines Sauerbrunnens, jedoch ohne erwünschte Wirkung; indem er den 3oten des Heumonates in Gegenwart des löblichen Konvents von Mondsee, und zweener Mitbrüder unsers Klosters groß= und sanftmüthig seinen edlen Geist aushauchte. Der erstarrte Körper, nachdem man denselben vorher, wie gewöhnlich, eröfnet hatte, wurde Tags darauf zurück auf St. Peter gebracht, welchen von dem Linzerthore der Stadt 12 Studenten, die mit den marianischen Bruderschafts Röcken angethan waren, bis zum Kloster trugen, bey dessen äussern Pforte aber denselben 6 Mönche von uns übernahmen, und in der

St.

St. Veitskapelle aussetzten. Der 4te des Augustmonates war zur Leichbegängniß bestimmet, welches unter Führung der adelichen Trauer der Hochwürdigste Fürst Johann Ernst, ungeachtet er dazumal das Gesicht der Augen schon verlohren hatte, zu begleiten geruhete; und nach vollendeter Predigt und Seelenamte wurde die Leiche unweit des St. Josephs Altars eingesenket. Abt Karl legte von seinen Lebensjahren nur 44 und 8 Monate zurück, binnen welchen er in der heiligen Religion 24; in dem Priesterthume 22, und in der Würde eines Abtes nicht mehr als 2 Jahre, 1 Monat, und 10 Tage durchgelebet.

*) Abt **Karl** nahm 6 Neulinge auf. Zween von diesen (weil doch die Klöster ihre Probjahre haben) hatten ihre gründliche Ursachen, wieder in die Welt zurückzutreten. Einer war ein Freyherr von Hbgi, der bey dem Militär sein Glück machte; der andere (Titl.) Herr Schönauer, nachher Konsistorialrath, und Pfarrer des Burgerspitals allhier. Von den andern vieren starb P. Karl Schattenlechner, welcher 44 Jahre ein ämsiger Schaffner unsers Klosters gewesen, ein Jahr zuvor nehmlich im Jahr 1752. Die übrigen drey, die ihre Jubelprofeß erlebten, waren ein Laienbruder Franz von Loßpichel, dann P. Modest Graf von Geisruck, 26 Jahre lang Probst zu Wietting; und P. Paul Moll, welcher unserm Konvente 28 Jahre als Subprior, und 18 Jahre als Prior mit bescheidenem Ernste und Eifer vorstund.

Placidus.

Placidus.

LXXIV. Abt zu St. Peter.

Vom Jahre 1704. bis 1741.

Unter den Römischen Päpsten
Clemens dem XI. Innocenz dem XIII.
Benedict dem XIII. Clemens dem XII.
und Benedict dem XIV.

Unter den
Fürsten und Erzbischöfen Salzburgs
Johann Ernst, Graf von Thun; Franz
Anton, Graf von Harrach; Leopold An-
ton, damals Freyherr von Firmian.

Unter den römischen Kaisern
Leopold; Joseph dem I. und Karl
dem VI.

Die allgemeine Trauer, welche St. Peter durch den
so schnell auf einander folgenden Verlust zweener
rühmlichsten Aebte fühlte, war durch einen beglückten
Wechsel in eine allgemeine Freunde verwandelt, da den

I.
Abt Placi-
dus Mayr-
hauser.

27ten

27ten des Augustmonates in obbesagtem 1704ten Jahre
ihr geliebter Placidus vermittelst einer so einhelligen
Wahl, daß ihm aus 27 Stimmen keine andere, als nur
seine eigene mangelte, als Vorsteher, Abt und Vater ausgerufen wurde. Ich bediene mich hier keines veralteten
Wortspieles, wenn ich sage, daß Placidus Gott und
den Menschen angenehm war; daß er seine geistlichen
Söhne mit aller Sanftmuth führte, und dergestalt liebte,
daß er sich öfters, wie ich sicher weiß, verlauten ließ:
Meine Kinder (dieß war die gewöhnliche Sprache
dieses liebreichesten Vaters;) Meine Kinder, ihr
könnet frömmere, gelehrtere, und wirthschaft-
lichere Aebte, als ich bin, überkommen; dieß
aber laß ich mir von keinem meiner Nachfolger
nehmen, daß er euch mehr, als ich, lieben könne.
Wahrhaftig viel bedeutende Worte! Der Neuerwählte
gieng im Jahre 1671 den 5ten des Aprilmonates in unsere Hauptstadt Salzburg, worinn sein Herr Vater, Johann Mayrhauser, ein Handelsmann war, in diese
Welt ein; entsagte aber derselben wieder den 8ten des
Christmonates im Jahre 1687 durch die feyerliche Ablegung der Ordensgelübde bey uns zu St. Peter. Im
Jahre 1694 stand er als neugeweihter Priester den 7ten
des Märzmonates an dem geheiligten Altare, und im
Jahre 1697 saß er als öffentlicher Lehrer auf der hohen
Schule allhier auf dem Catheder der Weltweisheit. Nach
diesem mußte er zu Haus im Kloster unsern Büchersaal
besorgen, wo er sich einen großen Vorrath der Gelehr-
samkeit sammelte, und wurde sodann als ein besonderer
Geistmann, unsern Neulingen zum Meister, den neuen
Professen aber zum Führer gegeben.

Weil er nun bey diesem schwierigen Amte die Zeiten zu unterscheiden, die Schärfe mit den Liebkosungen
zu mildern, und einen ernsthaften Meister, und einen
liebrei-

liebreichen Vater zugleich zu zeigen wußte, erkohr ihn
sein Vorfahrer, Abt Karl, im Jahre 1702 den 10ten
des Heumonates zum Prior des Konvents, welches er
durch seine unverfälschte Liebe, und gesunde Unterschei=
dungskraft dergestalt einnahm, daß es ihn, erwähnter
massen, zu seinem allgemeinen Vater erwählte. Diese
erbauliche Wahl wurde den 13ten des Herbstmonates
bestätiget, und der neue Abt den 14ten darauf von dem
Hochwürdigsten Bischofe von Chiemsee in unserer Klo=
sterkirche eingeweihet. Abt Placidus erinnerte sich
öfters dieses Tages, an welchem das Fest der Kreuzer=
höhung begangen wird; und pflegte seufzend zu sagen,
daß er nicht ohne Vorbedeutung an diesem Tage wäre an
das abfeyliche Kreuz geheftet worden; denn nebst andern
Zufälligkeiten, die das sorgfältige Gemüth eines Abtes
manchesmal genugsam kränken können, mußte er auch
den grösten Undank seiner zärtlichsten Vatersliebe er=
dulden, indem ihn einige unruhigen Köpfe seines eige=
nen Konventes als einen schlechten Hauswirthschafter
angaben, und er, bey der darauf vorgenommenen Unter=
suchung, sehr viele Widerwärtigkeiten zu befürchten hatte,
obgleich die vermessenen Ankläger, durch eine öffentliche
Abbitte ihm seine Ehre wieder zurückzustellen, gezwungen
wurden. Der schon unglücklich angefangene Streithan=
del wegen Bettfarn, oder Mariä Hilf, (so zwischen
Wietting und Guttaring auf einem Berge liegt) gedieh
unter diesem Abte zu einem noch unglücklichern Ende,
und gieng völlig verlohren; die langwierige Hinausdeh=
nung dieser Streitigkeit, welche so gar in Rom anhän=
gig war, verschlang so viele Kosten, daß dieselbe auch
das Vermögen des Klosters recht empfindlich verminder=
ten, welches eben Abt Placidus, ob er schon hieran
keine Schuld hatte, vielmals mit heißen Thränen beweinte.

    Abt Placidus liebte nichts so sehr, als die
Zierde des Hauses Gottes; denn gleich in dem andern
Jahre

2.
Eifret für
die Ehre
Gottes.

Jahre, da er zur Abtey gelangte, brachte er einen großen Theil unserer Klosterkirche aus dem Finstern in eine angenehme Lichte, und aus dem Ungestalten in eine anständige Zierde. Den Chor unserer Mönche, woselbst er einen Altar errichtete, und nebst dem Kreuzwege, mehr andere andächtige Bildnisse einsetzte, wie auch die untere und obere Küsterey, die man die Schatzkammer nennet, führte er neu auf; versicherte sie mit Gittern, und schafte 2 besondere schöne Handbecken, aus Marmor, für die Priester an. Den Kirchenschatz selbst vermehrte er mit verschiedenen, aus Silber verfertigten Geräthen, derer Menge zusammen beträchtlich kommt; vorzüglich ist der große Tabernakel von Silber, welcher auf 4 Säulen ruhet; die große Monstranze, welche das brennende Herz Jesu vorstellet, und mit Edelsteinen, Perlen, nebst 17 kostbaren Ringen ausgeschmücket ist; eine kleinere Monstranz, ebenfalls in Gestalt eines Herzens; sodann mehrere Kelche, Opfergeschirre (alles vom feinsten Silber) und andere Ornate und Priesterkleider in Erwegung zu ziehen. Den Altar der heiligen Schutzengel, derer Fest er, unter jene der Aebten, erhebte, richtete er neu auf, wie auch den Altar in der St. Katharinen-Kapelle, nach der Aehnlichkeit des Altares des berühmten Gnadenbilds zu Mariä-Zell in Steyermark, dessen Abbildung er auch daselbst beysetzte. Er erneuerte die Altäre des heiligen Scapuliers, und der Apostel, und die Grabstätte des heil. Ruperts verherrlichte er so, wie wir sie noch jetzt mit Augen sehen.

Um aber nicht allein die Ehre Gottes in leblosen und schimmernden Zierrathen, sondern auch durch eine eifrige Andacht, und wahre Anbethung zu vermehren, verordnete Abt Placidus, daß an den sogenannten Monatsonntagen, wo am vierten Sonntage jedes Monates

nntes das Hochwürdigste Gut 7 Stunden lang öffentlich ausgesetzet wird, um 2 Uhr Nachmittags eine Predigt zu Ehren der Carmelitanischen Gnadenmutter abgehalten, und nach dieser der Rosenkranz laut abgebethet werde. Gleichfalls veranstaltete er, daß fast alle
Sonntage des Jahrs von einem bestimmten Mönchen
aus uns unsern Schülern und Bedienten die christlichen
Glaubenslehren in unserer Kirche erkläret, und vorgetragen werden. Auch führte er, nach dem Beyspiel
anderer wohlgeordneter Religionen den löblichen Gebrauch ein, daß wir alle Jahre den 15ten des Jänners, als am Feste des heil. Maurus, in unserm Chor
unter einer stillen Pontificalmesse zur Aufmunterung unserer Pflichten die heil. Ordensgelübde erneuern; zu welchem Ende er eine Schreibfeder von purem Golde, welche mit 5 kostbaren Steinen besetzet ist, anschaffte, mit
der wir unsere Profeßionszeddel unterzeichnen, und mit
Asche bestreuen. Diese Feder aber dienet nicht zur
Pracht, sondern sie hat ihre sittlichen Beobachtungen,
derer Geheimnisse Abt Placidus in einem besonders
verfaßten Werkgen auslegte, und im Jahr 1733 zum
Druck beförderte. Am letzten Tage des Jahres pflegen
wir dem Allerhöchsten ein feyerliches Dankfest für alle
Gnaden, die er uns das ganze Jahr hindurch erbar-
mensvoll erwiesen hat, abzustatten; an welchem Tage
unser Fronaltar herrlich gezieret, und beleuchtet; das
Hochwürdigste Gut Vormittags von 9 bis 10 Uhr unter
dem Hochamte, Nachmittags aber von 3 bis 4 Uhr
ausgesetzet; die Vesper, nach dieser die Litaney von
dem allerheil. Altars-Sakramente, und sodann unter
Zusammenläutung aller Glocken das Herr Gott! dich
loben wir rc. abgesungen wird; von welcher Andacht
mehrmal Abt Placidus, zur Auferbauung der ganzen
Stadt, dessen eifrige Einwohner sich hierbey zahlreich
einfinden, der Urheber war. Ferner wurde unter seiner

Ausz. der St. Pet. Chr. 2r Th.   (O)   Beför-

Beförderung, durch Beysteuer anderer Guttthäter, auf den 25ſten des Heumonates der 40ſtündigen Anbethung des Hochheiligſten Altars-Geheimniſſes der Anfang gemacht; und durch die Oktav des heil. Vitals von einem Weltprieſter, der unſer Chorregent war, eine geſungene Litaney geſtiftet. Um aber ſeinen brennenden Eifer für die Ehre Gottes auch andern mitzutheilen, errichtete Abt Placidus in unſerer Pfarrkirche zu Dornbach nächſt Wienn, mit Genehmhaltung des Papſtes, und des Orts Ordinarius, eine Bruderſchaft unter dem Titel: vom guten Eifer, welche mit vielen Abläſſen begnadiget worden.

3.
Und für das geiſtliche u. zeitliche Wohl ſeiner Söhne, und Nachfolger.
Der uneingeſchränkte Eifer dieſes Abtes erſtreckte ſich auch auf die ſittlichen Tempel, nehmlich auf ſeine geiſtlichen Söhne, derer allerſeitiges Wohl er möglichſt zu beſorgen trachtete. Er lehrte ſie die Wiſſenſchaft der Heiligen, und führte ſie durch ſein eigenes Beyſpiel zu genauer Beobachtung der heil. Regel, und der Ordensſatzungen; und um ihren Geiſt in ſeiner Stärke zu erhalten, verboth er ihnen auf das ſchärfeſte die Beſuchungen weltlicher Häuſer. Er vermehrte die Anzahl ſeines Volkes, und nahm von 35 Neulingen die heilige Gelübde auf, unter welchen der dermalige Hochwürdige Herr Abt Beda der dreyßigſte war, welchen er wie ſein Schoßkind liebte, da er gleichſam ſchon im Geiſte vorherſah, was dereinſt aus dieſem Samuel werden ſollte. Nebſt den gewöhnlichen Namen, welche man insgemein, bey Ablegung des Taufnamens, den Neulingen bey der Einkleidung zu geben pfleget, legte er ihnen noch andere Beynamen, meiſtens von den heil. Geheimniſſen, oder ſonſt andern Schutzheiligen, bey; und er ſelbſt nannte ſich: Placidus von den Freuden des heiligſten Herzens Jeſu und Mariä. Bey unſern ſogenannten Kapiteln, in welchen von Verbeſſerung der
Zucht,

Zucht, und andern wichtigen Gegenstänben bes Klosters
fast alle Monate gehandelt wird, saß er gemeiniglich
selbst vor, und ermunterte hierbey seine Mönche durch
geistreiche Anreden auf dem Wege der Vollkommenheit
immer mehr und mehr fortzuschreiten.

Damit aber die Seinigen besto ruhiger dem geistlichen Leben obliegen könnten, verschafte ihnen Abt Placidus auch verschiedene leibliche Bequemlichkeiten. In
bieser Absicht baute er im Jahre 1707 den jezigen No-
vitiats-Stock, welchen die Neulinge und jungen Mönche,
die noch keine Priester sind, mit ihrem Magister oder Direktor bewohnen, welchen er auch mit zwo besondern
Pforten, derer eine dem heiligen Vital, die andere dem
heiligen Johann dem Täufer gewiedmet ist, verschloß,
und also diese jungen Geistliche von dem andern Konvente der Priester abgesondert sind. *) Zum Behufe der
Kranken, derer Sorgfalt unser heiliger Erzvater Benedikt den Aebten recht nachdrücklich empfiehlt, ließ er in
dem obern Schlafhause drey besondere Zellen zubereiten,
von welchen die mittlere mit einem Altare versehen ist,
damit die Kranken, welche sich in den Nebenzellen befinden, durch ein großes Fenster das heilige Meßopfer
anhören, und mit dem Brod der Engel öfters können
abgespeiset werden. Zur Unterhaltung der Reinlichkeit,
und auch nach Erforderung der Anständigkeit stellte er dem
Konvente einen Hausknecht auf, welcher aufbetten,
auskehren, Wasser einschenken, und mehr dergleichen
knechtliche Arbeiten zu verrichten hat, die bisher unsere
Mitbrüder, auch sogar die Priester selbst zu thun verbunden waren.

Da besonders die höhern Wissenschaften die nütz-
lichste Beschäftigung der Mönche sind, so schonte Abt
Placidus keine Kosten, um auch seine Religiosen be-

(D) 2

stens

stens unterrichten zu laffen; daher schickte er den P.
Paul Möll nach Venedig und Rom; und den P. Modest, Grafen von Geisruck in die Fürstl. Ordensstifter
Mariä Einsiedel in der Schweiz, und St. Blasy im
Schwarzwald, damit sie dort ihre Studien vollenden,
und rechtschaffene Männer werden sollten. Mehrere
andere ließ er in der Hohen Schule allhier zu Ende des
Jahrs aus ihren erlernten Wissenschaften öffentliche
Zeugnisse ablegen, einige aus der Gottesgelehrtheit, und
aus den beyden Rechten prüfen, 7 mit dem Doctorat
beehren, und setzte viele als ordentliche Lehrer auf diese
hohen Catheder. Damit aber unsere Mönche die benöthigten Bücher bequemer bey Hand hätten, übertrug
solche Abt Placidus aus einem entlegenen und finstern
Orte, in jenen Büchersaal, wo sie noch jezt stehen, welcher in 7 Zellen, die doch einen offenen Durchgang haben, eingetheilet ist, und vermehrte die Anzahl der Bücher mit sehr vielen neuen und kostbaren aus allen Fächern der Wissenschaften.

Weil die Erhaltung der alten Briefschaften und
Urkunden, aus welchen man sich wider die widerrechtlichen Anfälle der erworbenen Rechte, und Freyheiten
schützen kann, immer eine der ersten Sorgen seyn sollte,
übersetzte Abt Placidus im Jahre 1706 das alte Archiv
unsers Klosters an einen andern Ort, und zwar ganz
gelegen an das Wohnzimmer der Herren Aebte, wo er
hierzu ein Behältniß mit einem Gewölbe aufbauete, und
solches vor aller Feuersgefahr, so weit sich die menschliche
Vorsorge erstrecket, bestens versicherte. Nebst dem erhielt Abt Placidus im Jahre 1716 von Rom aus die
Erlaubniß, Kelche, Patenen, Glocken, bewegliche (aber
nicht unbewegliche) Altäre und andere Sachen, worzu
die heilige Salbung gebraucht wird, zu weihen; auch
wurde unter ihm im Jahre 1707 und 1712 von den
glorwür-

glorwürdigsten Kaisern, und Erzherzogen Oesterreichs
Joseph dem I. und Karl dem VI. die Freyheit unserer
Weinausfuhr bestätiget.

*) Das Gebäude des Noviziats ist in 8 Zellen abgethei-
let, hat ihr besonders Redzimmer, und eine Kapelle,
in der unsere jungen Mönche täglich gewisse Gebethe zu
verrichten haben; eine ganz besondere Wohlthat, welche
auch eine beständige Dankbarkeit verdienet, hat Abt
Placidus seinen aufkeimenden Söhnen und Neulingen
hiedurch erwiesen, daß alle Zellen des besagten Noviziats, den ganzen Winter hindurch, geheizet werden.

Unermüdet arbeitete Abt Placidus, das ihm anvertraute Kloster auch an den zeitlichen Gütern zu versorgen.   Gleich in den ersten Jahren verordnete er, daß
unsere Zehenten zu Seekirchen nicht mehr, wie bisher,
mit Geld abgelöset, sondern in den Garben sollten einge-
bracht werden, welches unserm Kloster um so nützlicher
ist, da uns die Erfahrung überzeugte, daß vorhin kaum
der Zehente des Zehents bezahlet wurde.   Nebst sehr
vielen andern minder beträchtlichern Gebäuden, und derer Erneuerungen, die Abt Placidus unternahm, vollführte er auch den Bau des Kloster-Peterischen Amtshofes in Hallein, welchen sein Vorfahrer anfieng; unter ihm wurde gleichfalls der Pfarrhof, oder die Wohnung unsers Hofmeisters zu Dornbach nächst Wien,
und das Amthaus unserer Herrschaft zu Praitenau in
Oberösterreich gebauet.   Im Jahre 1737 kaufte Abt
Placidus einen Mayerhof, bey der salzburgischen
Stadt Laufen gelegen, und zwar aus dieser Absicht, damit unser Kloster daselbst seine Zehenten, die es in diesen Gegenden zu sammeln hat, aufbewahren könnte; jedoch sollte dieser Hof mit Gelegenheit, und unter vor-
theiligen Bedingungen wieder erblich verliehen werden,
welches denn auch unter dem jetzigen Hochlöblichen Herrn
Abt Beda im Jahre 1756 geschah.   Was aber die

(O) 3   Sorgfalt,

(Marginal note:) 4. Bringet ansehliche Güter zum Kloster.

Sorgfalt, die Abt Placidus für den Nutzen unsers
Klosters trug, der Nachkommenschaft am meisten empfiehlt, sind jene zween Edelsitze, welche er um etliche
tausend Gulden an St. Peter kaufte. Aus diesen ist,
der Zeitberechnung nach, der erste das adeliche Gut Pabenschwand, welches damals, durch eine vorgegangene
Gant, sehr verstückelt, und an verschiedene Besitzer übergegangen war. Allein Abt Placidus bestrebte sich dieses Gut, welches frey eigen, und keiner Grundherrschaft
unterworfen ist, wieder vollkommen zu ergänzen, und
alle Verstückungen zurück zu bringen, wie solches die
Kaufbriefe erweisen, welche in den Jahren 1705,
1706, und 1708 errichtet worden; auch baute er einen
neuen Stall und Scheune, von 180 Schuhen lang,
hinzu. Unsere dermal zum besagten Hofe gehörigen Alpen auf dem Ebnerwald, heut Prenwald genannt,
hatte aber erst der Hochwürdigste Erzbischof Johann
Ernst im Jahre 1707 unserm Kloster mit dem Beding
gnädigst verliehen, daß es diesen Wald, welchen sieben
Jahre zuvor ein Sturmwind zu Boden legte, auf eigene Kosten aushacken, raumen, schwenden, und zur
Viehweide bereiten, keinen ausländischen Zufahrer aufnehmen, dann das bedürftige Bau- Brenn- und Hag-
Holz auf gedachten Alpen wachsen lassen sollte. Zur Erkenntlichkeit dieser besonderen Gnade muß das Kloster
zur gewöhnlichen Stiftzeit bey dem löblichen Pfleg- und
Urbaramt Hittenstein, oder St. Gilger alle Jahre 3 fl.
Stift, und alle 12 Jahre 30 fl. gesetzte Anlait darreichen. Eine vorzügliche Freyheit, weche diesem Edelsitze,
Pabenschwand, immer verliehen ward, ist die Gerechtigkeit des sobenamsten Reisgejaids, oder der niedern Jagd-
barkeit, wie auch des Fischens aus dem Pabenschwand-
ter Bache bis zum Hochfürstl. Rechen; für die erstere
haben wir noch heut zu Tage zugleich ermeldtem Pfleggerichte Hüttenstein, eine jährliche Gabe zu erlegen; und
letztere

letztere hat uns Fürst Johann Ernst durch ein gnädigstes Dekret zugestanden.

Der zweyte Edelsitz, den Abt **Placidus** an das Kloster brachte, war das allhier bestens bekannte Lustschloß, **Goldenstein**, welches anderthalb Stunden von der Stadt über der Salzache, und dem Hellbrunn gegen über auf einer ziemlichen Anhöhe in einer angenehmen Lage dasteht. Dieses Gut hatte vormals verschiedene Besitzer, aus denen die ersten, so viel bekannt ist, schon im Jahre 1491 die Herren von Fladniz waren, hernach kam es käuflich an folgende, als an Herrn Georg Knoll, Burger zu Salzburg; an Herrn Niklas Ribeisen, Doctor der Rechte; an Herrn Ludwig Alt den Jüngern; an Herrn Friederich von Rehlingen, Hochfürstl. Salzburgischen Hofrath; an Herrn Johann Kurz, Rathsherrn allhier; dann an den Hochwürdigen Herrn Raymund Anton Freyherr von Rehling, Hochfürstl. Salzb. wirklichen Kämmerer, Geheimen- und Hofkammerrath, auch Hofbau-Inspektor; welche zwey letztere Hoch- und adeliche Geschlechte sich noch heut zu Tage von diesem Gute schreiben. Nachdem nun dieser Freyherr von Rehling den unverhofften Entschluß faßte, sich in den strengen Orden der barfüßigen Karmeliten zu verfügen, so trug er das Schloß Goldenstein, samt aller Zugehörde unserm Abt **Placidus** und dem Konvente, anfangs unter fast unerschwinglichen Bürden, käuflich an; die er zwar hernach um den Kauf zu beschleunigen, in etwas minderte, doch nur so, daß uns ermeldter Edelsitz gleichwohl noch theurer kam. Wir mußten die Abzahlung einiger Schulden, die auf diesem Gute hafteten, und sich auf etliche 1000 fl. beliefen, übernehmen; den Seelsorger der Kirche zu St. Elisabeth, insgemein Elsbethen genannt, welche unter dem Schloße lieget, wenn wir sie nicht von einem aus unserm Konvente

vente

vente verfehen laſſen, für gewiſſe Jahrtage, Meſſen, und andere geiſtliche Verrichtungen eine beſtimmte Geld-ſumme darreichen; in unſerer Kloſterkirche auf 100 Jahre eine Wochenmeſſe halten, und noch viele andere Verbündlichkeiten eingehen, welche alle zuſammen ge-nommen, einen ſehr großen, und anſehnlichen Kauf-ſchilling ausmachten. Unter ſolchen Bedingungen alſo wurde unſerm Kloſter im Jahr 1710 den 5ten des Chriſt-monates das adeliche Gut und Schloß, Goldenſtein, welches unter das Pfleggerichte Glannegg oder Hell-brunn gehöret, mit allen Gebäuden, Mayrhöfen, Fel-dern, Gründen, Gärten, Wäldern, und Fiſchteichen, nebſt 29 grundherrlichen Unterthanen, mit vollem Rechte, und bisher beſeſſenen Freyheiten zum Beſitz und freyen Eigenthum überlaſſen. Oft erwähntes Schloß war noch der einzige Ort, welcher unſerm Konvente von dieſer Zeit an zu einer angenehmen, und ruhigen Herbſts-Erfri-ſchung diente; nun wird aber auch ſolches, ſchon ſeit mehreren Jahren, aus gewiſſen Urſachen, nicht mehr bezogen. *)

*) Alle hieher gehörigen Brieffchaften kann man in un-ſerer Chronick a Fol. 625 bis 633 einſehen.

5.
Seiner Zeit regiert drey Hochwür-digſte Für-ſten zu Salzburg. Von der Zeit an, da Abt Placidus unſer Klo-ſter verfah, ſaß der Hochwürdigſte Fürſt Johann Ernſt noch fünf Jahre an dem Steuerruder der Kirche Salz-burgs; deſſen vollkommenſte Tugenden Gott auf die Probe ſetzte, indem er Höchſtſelben wie Tobias den alten, in dieſen letzteren Jahren, unerachtet ſeines ſonſt ſcharfen Geſichtes, des Lichts beyder Augen beraubte; doch betrübte ſich dieſer Tugendſpiegel der Fürſten über ſeine Blindheit nicht, ſondern ſchätzte ſich vielmehr glücklich, daß er, wie er zu ſagen pflegte, dieſe zween Seelenmörder, ſeine Augen, verlohren habe. Es zeigten ſich aber zügleich auch verſchiedene Unpäßlichkeiten, und
Leibes-

Leibesschwachheiten, welche diesem gottseligsten Fürsten seine baldige Auflösung verkündigten, zu der er schon anderthalb Jahre zuvor die erbaulichsten und heiligsten Zubereitungen vorgekehrt. Im Jahr 1708 den 10ten des Christmonates wurde Fürst Johann Ernst mit einer solchen schlagflüßigen Ohnmacht überfallen, daß man ihn schon damals mit der letzten Oelung salbte; und da dergleichen Ohnmachten wiederholtermalen kamen, war jene die letzte, an welcher er, zum allgemeinen Leidwesen des ganzen Landes, den 20sten des Aprilmonates im Jahre 1709 zwischen 11 und 12 Uhr Nachts mit Gegenwart seines Geistes von dieser Welt, in der er 66 Jahre gelebt, und 22 als Erzbischof und Fürst glorwürdigst regiert, zur unverwelklichen Krone in die Ewigkeit versetzet wurde. Sein allerreinstes Herz beerdigte man in der Kirche der allerheiligsten Dreyfaltigkeit, dessen sittlicher Tempel es im Leben war; sein Eingeweide in dem Johanns-Spitale, weil er die Armen innigst geliebt, und seine erzbischöfliche Leiche zur Seite des Evangeliums bey dem Altare des heil. Josephs in dem Dom als ein herrliches Vorbild des Hirtenamtes, wie ihn Papst Clemens der XI. nannte.

Obschon dieser eifrigste Hirt, auch damals, als er beyder Augen beraubet war, alle Bischöflichen Verrichtungen noch selbst vornahm, so erforderten dennoch so wohl seine Blindheit, als noch mehr seine abgeschwächten Leibeskräfte, daß ihm als Erzbischofe, und Landsfürsten ein Gehilfe der Arbeiten, oder ein sogenannter Koadjutor an die Seite gestellet würde. Das Hochwürdigste Domkapitel erwählte demnach im Jahr 1709 den 19ten des Weinmonates, als dermaligen Mitregenten, und künftigen Nachfolger in besonderer Einhelligkeit den Hochwürdigsten Bischof zu Wienn, und Kapitularen von Salzburg, Franz Anton

(O) 5 aus

„aus dem uralten Hochgräflichen Hause von Harrach.
Höchstwelcher, gleichwie er schon gleichsam mit der
Muttermilch des Stamms der Grafen von Lamberg die
Gottseligkeit gesogen, und sich selbst, gleich ausser den
Windeln dem Heiligthume weihete, in dem höchsten
Grade jene Eigenschaften besaß, die man von einem
geistlichen Fürsten nur immer verlangen kann. Diese
ließ auch Fürst Franz Anton nicht nur in dem beschränk-
ten Bisthume zu Wienn, sondern noch mehr in dem
weitschichtigen hohen Erzstifte Salzburgs hervorleuch-
ten. Die Zärtlichkeit seines Gewissens; seine sich tief
herablassende Freundlichkeit; die Vorsorge der Gerechtigkeit, und guten Sitten; die Erkenntlichkeit gegen
seine getreue Beamten; die Güte gegen seine Hausgenossen; die Milde gegen seine Unterthanen; die väterliche Liebe gegen die Wittwen und Wayfen; die Freygebigkeit gegen die Armen; die Mäßigkeit in seiner eigenen Verpflegung; die unerschütterte Standhaftigkeit
in Vertheidigung seiner Gerechtsamen; seine feurige Andacht gegen das höchste Gut; seine eifrigste Verehrung
Mariä, und der Heiligen, und seine unermüdete Hirtensorge sind die hervorragenden Tugenden dieses Fürsten, die ich nur nennen, keineswegs aber weitläufig
anführen kann. Es vermehrte zwar dieser Fürst recht
merklich seinen Hofstaat, nicht aber, wie er sich öfters
verlauten ließ, daß er so vieler Diener, sondern weil so
viele Diener Seiner bedürftig wären; indem er in höchsteigener Person, ausser des gewöhnlichen Kirch- und
Hofgepränges, sich nur eines einzigen Zwergen zur Bedienung gebrauchte. Der Hochfürstl. Sommerpallast,
Mirabell, hat seine heutige Herrlichkeit dem Hochwürdigsten Franz Anton zuzuschreiben, dem er eine Kapelle zu Ehren des heil. Johann von Nepomuk hinzubaute, und daselbst auf alle Tage um halb 12 Uhr eine
heil. Meß, und Abends um 5 Uhr die Abbethung des
Rosen-

Rosenkranzes stiftete. Gleichfalls errichtete Er auch
das Gotteshaus der unbefleckten Empfängniß Mariä,
und das Vikariat, Flachau, zwischen Radstadt und
Wagrain. Auf die gnädigste Verordnung dieses gottseligsten Fürsten wird das Hochwürdigste Gut unter
einem Baldachin, und Begleitung 8 Fackelträger mit
rothen Mänteln, vor welchen 4 Kapellknaben mit 2
Fähnlein, und 2 Laternen hergehen, zu den Kranken
in der Stadt getragen; so oft man aber solches, bey
Tag oder Nacht, bey der Hochfürstl. Burg vorbeytrug,
pflegte Fürst Franz Anton dasselbe unter dem Fenster,
auf welchem 2 brennende Wachskerzen stunden, inbrün-
stigst anzubethen, und mit demselben den heil. Segen
zu empfangen. Mit Verwilligung dieses Hochwürdigsten erhielt der Hochwürdige Domdechant von Salzburg
Leopold Anton Freyherr von Firmian für sich und seine
Nachfolger die sogenannte Ehreninsel, welche Papst Clemens der XI. im Jahr 1716, jedoch ohne Nachtheil
des Vorranges unserer Aebte zu St. Peter, durch ein
eigenes Breve verlieh. Als nun der Hochwürdigste Erzbischof und Fürst Harrach das 62ste Jahr seines Alters
erreicht hatte, starb er zwar eines gähen, doch nicht un-
versehenen Todes, indem er sich zu solchem, bey schon
lang anhaltender Krankheit, erbaulichst vorbereitet, und
sein ohnedas zartes Gewissen durch öfters wiederholte
Beichten reinigte. Es war der 18te des Heumonates im Jahr 1727, als Fürst Franz Anton Abends
um 10 Uhr seinen Herrn Bruder und die Leibärzte,
die ihn besuchten, beurlaubte, und in seinem Kranken-
bette aufsaß, um aus dem Gebethbuche seine Nachtan-
dacht zu verrichten, wozu ihm der anwesende Zwerg
mit dem Lichte diente. Alsbald fieng der Fürst zu stam-
meln und zu zittern an, und sank so ohnmächtig in das
Bette zurück, daß der Leibarzt, welcher sogleich berufen
wurde, und noch kaum vor den Sommerpallast, Mirabell,

rabell, hinausgetreten war, an ihm kein einziges Lebens-
zeichen mehr fand. Unmäßig beweinte das Volk seinen
Landsherrn, der es 18 Jahre lang mit aller Frömmigkeit, Sanftmuth, und Demuth regieret. Man eröfnete, nach Gewohnheit, den entseelten Körper, aus
welchem das Herz in die Kapelle des Mirabells, das
Eingeweide aber in die heil. Dreyfaltigkeitskirche, und
die hohe Leiche selbst in dem Dom zur Epistelseite des
St. Josephs-Altars feyerlichst beygesetzet wurde.

Das Hochwürdige Domkapitel bestund damals
aus zwanzig Gliedern, unter welchen sich acht Bischöfe,
und dabey solche Männer befanden, die das Wahlgeschäft nothwendig erschweren mußten; allein, Gott rührte
wunderbar die geheiligte Urne, und den 4ten des Weinmonates im besagten 1727 Jahre stieg aus derselben
der Hochwürdigste vom Kaiser Karl dem VI. erst neuer-
nannter Bischof von Laybach, Leopold Anton, aus dem
uralten Geschlechte der Freyherren von Firmian, welche
noch von den Römern abstammen, und hernach in den
Stand der Reichsgrafen erhoben wurden. Die Insel
der Metropolitanskirche Salzburgs war zugleich an der
Zahl die fünfte, welche dieses würdigste Haupt krönte,
indem dieser große Fürst schon vorhin mit der ersten Insel der Domdechanten, und mit jenen der Bisthümer
von Lavant, Seckau, und Laybach nach einander prangte,
und ihn noch mehr zu verherrlichen, legte ihm Kaiser
Karl der VI. den Titel Sr. Hoheit bey.

Das majestätische Ansehen unsers Fürsten flößte
allen die schuldigste Ehrfurcht ein, seine freundlichste
Herablassung aber, welche dieser hohen Familie ange-
bohren ist, erweckte in den Herzen der Unterthanen die
zärtlichste Liebe. Gleich in dem ersten Jahre seiner glorwürdigsten Regierung 1728 richtete der Hochwürdigste
Erzbi-

Erzbischof Leopold Anton die schon eingeführte Bruderschaft des heiligen Kreuzes im Burgerspital allhier herrlicher ein; fieng den noch gewöhnlichen Umgang mit dem
heiligen Kreuz Partikel am Charfreytage an, und hielt
an diesem Tage in höchster Person die erste Paßions-
Predigt mit einer so fliessenden Beredsamkeit, die zugleich
den aus den Geistbüchern gesammelten Vorrath bezeugte.
Die innbrünstige Liebe, welche Höchstgedachter gegen
Mariam, besonders aber gegen unsere Landesmutter am
Plain, wo er sie fast alle Samstage zu besuchen pflegte,
hegte, bewähret jene kostbare Feyerlichkeit, mit welcher
Er den 8ten des Herbstmonates im Jahre 1732 das ur-
sprüngliche Gnadenbild aus der Schatzkammer in die
Kirche auf dem Hochaltar, allwo es noch heut zu Tage
mit Wundern leuchtet, eigenhändig übersetzte; die Abbildung aber, die vormals auf dem Fronaltare stund,
wurde in die Schatzkammer überbracht. Zu Ehren des
heiligen Johann von Nepomuck, gegen welchen Fürst
Firmian eine besondere Andacht trug, errichtete Er nicht
nur eine Ehrensäule, nehmlich dessen Bildniß aus weissem Marmor gehauen, die noch auf der steinernen Brücke
des Wegs nach Mariä Plain stehet, sondern Er erhielt
auch von Prag das Genickbein dieses Heiligen, welches
Er im Jahre 1731 in der Hofkapelle zu Mirabell zur
öffentlichen Verehrung auf das feyerlichste einsetzte. Den
Andachtseifer gegen das allerhöchste Altargeheimniß bey
den Seinigen noch mehr anzuflammen, ließ dieser gottselige Fürst während der 40 stündigen Anbethung sowohl
den Fronaltar der Domkirche, als auch die 4 kleinern
Chöre bis zur heiligen Verschwendung beleuchten, und
diese 3 Tage hindurch fast zu allen Stunden, nehmlich
22 sittliche Lobreden halten, auch schafte er einen kostbaren und prächtigen Kirchenornat von schweren Goldstücken
an. Der brennende Hirteneifer dieses Hochwürdigsten
Erzbischofes wird durch ganz Deutschland zu ewigen Zeiten

ren in vollem Ruhme verbleiben; denn, da die abtrünnige
Glaubenslehre des Luthers, besonders in unsern Gebirgen, eingerissen, und derselben keine Wehr mehr konnte
gesetzet werden, so wollte der eifrigste Seelenhirt lieber
sein Land entvölkern, und der Einkünfte entbehren, als
diese Sektirer in solchem dulden; daher er aus seinen
besten Absichten, auf zweymal eine große Menge der
Unterthanen, und ganze Familien von Haus und Hof,
und aus seinen Staaten schafte, derer Anzahl einige auf
2178, andere aber gar auf 30000 Personen ansetzen;
er verkündigte seinen Schäflein selbst auf öffentlicher Kanzel den wahren Glauben, und ermahnte sie zur Buße
und Andacht mit den stärksten Ausdrücken. Um aber
in Zukunft dem schädlichsten Uebel des Unglaubens und
Irrthums vorzubeugen, errichtete Er 6 apostolische Mis-
sionen der Welt- und Ordenspriester, dann auch 7 neue
Vikariate. Gleichwie aber Fürst Firmian selbst, in allem Fache der Wissenschaften ein Wunder der Gelehrtheit war, also führte er auch nebst einer Stiftung im
Jahre 1728 das vollkommene Studium des Juris pub-
lici, oder Staatsrechts ein. Nebst andern Gebäuden,
die sein Angedenken unauslöschlich machen, erneuerte Er
das Krankenhaus der Soldaten, errichtete die herrliche
Kapitelschwemm, und vollführte den Bau des Lustschlos-
ses Kleßheim. Das ansehnlichste Gebäude aber dieses
Fürsten ist der nach seinem Namen und Wappenschilde
benennte Palast, die Leopoldskron, welche an dem
anliegenden Weyher auf Bürsten stehet, und wegen der
Pracht des regelmäßigen Baues, wegen wahrer Fürstlichen Einrichtung besonderer Kunstgemälden, und einer
Sammlung ächter Abbildungen der berühmtesten Maler
ein vorzügliches Augenmerk der Reisenden verdienet.
Ermeldeten Palast, nebst den dazu erkauften, und frey
entledigten Unterthanen schenkte zwar Fürst Firmian seiner Hochgräflichen Familie, und machte diesen zu einem
männ-

männlichen Erbtheil des Erstgebohrnen, wodurch aber dennoch dem Lande eine immerwährende Nußnießung und viele andere Vortheile zufließen. *)

*) Wer ein genaueres Stammregister, und die mehrern Großthaten Höchsterwähnter Fürsten von Salzburg verlanget, der beliebe den P. Hansitz nachzuschlagen, aus dem ich diesen kurzen Begriff hievon entlehne. Mit welchem wärmsten Eifer sich die Hochwürdigsten Erzbischöfe Salzburgs den Lehrsätzen des Luthers widersetzten, und ihren ganzen Kirchensprengel von dessen Anhängern jederzeit zu reinigen bestens bearbeiteten, können gelehrte Leser aus jenem Werke ersehen, das den Titel führet : *Archiepiscoporum Salisburgensium Res ad usque Westphalicos Conventus in Lutheranismum gestae.* Auct. *Jo. Bapt. de Gasparis etc.* in med. 8. Venetiis 1779. Vorzüglich will ich dem Hochw. Herrn P. Engelb. Klüpfel diese Nachlesung, in Betref unsers Abts Staupitz empfohlen haben.

Unter diesem Hochwürdigsten Fürsten Leopold Anton neigte sich auch endlich unser verdienstvoller und liebreicher Abt Placidus als der allererste zu jener Gruft, die er selbst aufführte. Unsere Aebte waren bisher meistens in dem alten Kapitel, und derselben anliegenden St. Veitskapelle, dann auch in der Klosterkirche zerstreuet beerdiget; Abt Placidus aber baute unter den Stuffen des Hochaltars der großen Kirche für sich und seine Nachfolger eine eigene Gruft, die er in 24 sogenannte Backöfen eintheilte, über sich mit eben so vielen weißen Marmorplatten, die zur Grabschrift dienen, bedeckte, und den Eingang hierzu ausser dem steinernen Gitter durch eine kleine Stiege machte, auf derer Oefnung abermal ein großer Grabstein, mit einer deutschen Innschrift ruhet. *) Als nun Abt Placidus im Jahre 1737 den 8ten des Christmonates nach hinterlegten 50 Jahren seine Ordensgelübde in den Händen des gottseligen Hochwürdigen Herrn Abts Martin des benachbar-

ten Benediktiner Stifts Michaelbeyern feyerlichst ablegte,
nahmen mit dem Anwuchs der Jahre auch die Schwachheiten des Leibes zu, dergestalt, daß er in einem Lehn-
stuhle in das gemeine Speiszimmer getragen werden
mußte.   Die sich immer mehrenden Unpäßlichkeiten ver-
kündigtem unserm Abte den herannahenden Tod, den er
zwar jederzeit, als ein ächter Benediktiner Mönch, vor
Augen hatte, bis endlich die Schwachheiten sich vermehrten, und er an einer Entzündung der Eingeweide
im Jahre 1741 den 23ten des Herbstmonates an dem
Vorabende des heiligen Ruperts, so ein Samstag war,
ganz sanft, wie er lebte, in dem Herrn entschlief.   Er
erreichte unter den Sterblichen 70 Jahre und 6 Monate, unter den Mönchen 53 Jahre und 10 Monate,
unter den Priestern 47 Jahre und 7 Monate, unserm
Kloster aber stund er 37 Jahre und 1 Monat als der
beste Wirthschafter und liebvolleste Vater vor, ein Abt,
an dem, wie unsere Chronick saget, man nichts anders
ausstellen könnte, als daß er gegen seine Untergebene
gar zu gütig, und gegen die bedrängte und arme gar zu
freygebig war; aber eben darum beweinten seine Söhne
den unersetzlichen Verlust ihres gütigsten Vaters.

Bey Erbauung dieser abteylichen Gruft wurde ein
alt heidnischer Leichenstein mit folgender Innschrift ausgegraben:

D.   M.
LOL.   NORIC
VS. ET. IVL. INGE
NVA.   VXOR.   ET
IVL.   SECVNDÆ
SORORI.   ET.   A
QVILINO FRA
TRI SIBI. ET. SV
IS VIVI FECER
VNT.

Dieser

Dieser Marmorstein von einem Stücke, welcher ein langlechtes Viereck ausmacht (dergleichen Herr M. Joh. Jak. Schatz in seinem Auszuge der Griechischen und Römischen Alterthümer des berühmten P. Montefaucon Fol. 394 mehrere vorzeiget) hat keine Zierrathen, sondern nur oben und unten einige Basen; doch mag er vielleicht in der Höhe einen andern Aufsatz, oder eine Figur gehabt haben, die etwann aus Andacht zu einer Muschel für den Weihbrunnen ausgehauen worden; denn in solcher Qualität steht besagter Stein in der Mitte jener Stiege, auf welcher man von unserm Mönchschor in die Kirchensakristey hinabgeht. Das D. und M. in der Aufschrift heißt: Diis Manibus (das ist den Göttern der Abgestorbenen) das übrige lasse ich die Liebhaber des Alterthums untersuchen. Unser altes St. Peter würde ungezweifelt sehr viele solche uralte und kostbare Denkmäler aufzuweisen haben, wenn man sie besser zu schätzen, und zu verwahren gewußt hätte. Eben so wird jener Taufstein der untrügliche Zeuge unsers vorhin gehabten Pfarrrechts, von meinen Patrioten vermisset, in welchem ihre Urväter die Heilige Taufe empfiengen; denn er ist schon vor hundert Jahren aus der Klosterkirche geschaffet worden, doch aber noch in einem Behältnisse unsers Brennholzes täglich zu sehen.

Ausz. der St. Pet. Chr. 2r. Th. ● (P) Gott

Gottfried.

LXXV. Abt zu St. Peter.

Vom Jahre 1741. bis 1753.

Unter dem Römischen Papste
Benedikt dem XIV.

Unter den
Fürsten und Erzbischöfen Salzburgs
Leopold von Firmian; Jakob Ernst
von Liechtenstein; Andreas Jakob von
Dietrichstein; und Siegmund dem III.
von Schrattenbach.

Unter den Römischen Kaisern
Karl dem VII. aus Baiern; und Franz
dem I. von Lothringen.

I.
v. Gott-
fried Kröll
wird zum
Abte er-
wählt.

Umsonst vergoßen unsere Mitbrüder die bittersten Thränen, so gerecht sie auch waren; denn ihr Placidus war nicht mehr; und weil sie durch seinen schmerzlichsten Hingang Kinder ohne Vater geworden, so mußten sie nun vielmehr bedacht seyn, unter ihnen den aufzusuchen, der sie mit väterlicher Liebe besorgen sollte.

sollte. Unser Konvent hatte dazumal mehrere fähige Männer, die der Insel würdig, und den Stab zu führen geschickt waren.

Der 26te des Wintermonates im obbesagten 1741ten Jahre gab dem vernünftigen Wanken die Entscheidung, da sich auf das zweytemal die Mehrheit der Wahlstimmen zeigte, und P. Gottfried Kröll d. Z. Superior des wunderthätigen Gnadenorts zu Maria Plain, von 35 Wählenden durch 18 Stimmen als Abt von St. Peter erkläret wurde. Ein Mann, dessen vortrefliche Eigenschaften, und gesammelte Verdienste alle übrigen Mitwerber überstiegen, und der keine andere Ausnahme hatte, als sein betagtes Alter von 60 Jahren, welches manche Gebrechlichkeit, und besonders den Kopf-Schwindel nach sich zog. Aus welchen Ursachen er auch, wie er die Demuth selbst war, die auf ihn ausgefallene Wahl sich verbath, und die Abtey nur aus Gehorsam auf sich nahm. Als Abt wurde er den 8ten des Wintermonates an seinem Namenstage bestätiget, und den 12ten darauf, an einem Sonntage, von dem Hochwürdigsten Erzbischofe Leopold Anton in unserer Klosterkirche geweihet.

Obernzell, ein Marktflecken des Passauischen Gebieths, war der Geburtsort unsers P. Gottfrieds Kröll, allwo ihn der Edle und gelehrte Herr Johann Gottfried Kröll, Richter daselbst, mit seiner Ehefrau Maria Herenbeckin den 24sten Jänner im Jahre 1682 erzeugte. Die untern Schulen studierte er in Passau, die Weltweisheit aber auf der hiesigen Hohen Schule, in welcher er unsern Abt Placidus, seinen unmittelbaren Vorfahrer, zum Professor, und im Jahre 1700 auch als Novizenmeister hatte. Im Jahre 1701 den 27ten des Wintermonates legte er in die Hände unsers Abt Edmunds

die

die Ordensgelübde ab, und den 19ten des Märzmonates
im Jahre 1705 las er die erste heil. Messe. Seine
in allem hervorragenden Fähigkeiten beförderten ihn in-
und ausser dem Kloster zu verschiedenen Aemtern; denn,
nachdem P. Gottfried die Studien der Gottesgelehrtheit vollendet, und aus solcher, unter dem glorwürdi-
gen Schuße des Hochwürdigen Domkapitels von Salzburg, im Jahr 1706 die aufgeworfene Säße vertheis-
diget, wurde ihm, zwar nur auf eine kurze Zeit, die
Küsterey, hernach aber das Amt eines Schafners und
Küchenmeisters anvertrauet, nach welchem man ihn im
Jahr 1708 unserer Kanzley, als Kämmerer, vorseßte.
Im nehmlichen Jahre, da er nebst noch zween andern
Mitbrüdern den 20sten des Brachmonates das Dokto-
rat in der Gottesgelehrtheit überkam, ernannte ihn Abt
Placibus den 3ten des Herbstmonates zum Subprior,
und Novißenmeister, und im Jahr 1713 als Prior
des Konvents, wo er auch zugleich dem Hochadelichen
Frauenstift am Nonnenberge als ausserordentlicher Beichtvater diente. Als im Jahr 1714 auf der Hochfürstl.
Universität allhier eine Verbesserung der Studien vor-
gieng, lehrte P. Gottfried, nebst dem Priorat, die
Glaubensstreitigkeiten zu entwickeln, und nach 2 Jahren die Geheimnisse der heiligen Schrift zu erklären.
Nachdem er das Priorat 7 Jahre lang eifrigst versah,
nahm ihn 1721 erstbesagtes Hochadeliche Frauenstift
als ihren ordentlichen Beichtvater auf, von da aus er
noch die öffentliche Lehre der heil. Schrift fortseßte, und
von dem bekannten Werke, die Vereinigung des
Evangeliums, oder die Geschichte des Evangeliums aus den vier Evangelisten vereiniget, *)
die erstern Theile, als sogenannte Theses, herausgab,
welche sogar von Sr. Heiligkeit Papst Benedikt dem
XIII. allen Beyfall erlangten. Nebst den göttlichen
Wissenschaften besaß unser P. Gottfried auch die Ma-
themas

thematik in einem vorzüglichen Grade, und nicht minder die Gabe der Sprachen, indem er in dem Griechischen, und Hebräischen bestens erfahren war, so ihn
besonders in Auslegung der heil. Schrift ungemein erleuchtete.   Nach 12 Jahren verließ P. Gottfried
die Theologische Catheder, auf der er 17 Jahre geleh-
ret, wie auch die Beichtvaters-Stelle auf dem Nonnenberge, und wurde auf dem marianischen Gnaden-
orte am Plain als Superior vorgestellet, den er 8
Jahre mit aller Zufriedenheit, und guter Hauswirthschaft geflissenst besorgte.

*) *Monotessaron evangelicum, seu Historia evangelica,*
ex quatuor Evangelistis una in unum volumen colle-
cta. Hievon sehe man weiter unten, unter dem
Herrn Abt Beda *N.* 11.

Sobald Abt Gottfried zur Abtey gelangte, machte
er hin und wieder nützliche Anordnungen, und Abände-
rungen, die zur Verbesserung und Aufrechthaltung der
klösterlichen Zucht, welche durch die allzulange anhaltende
Unpäßlichkeiten der Obern in etwas abzunehmen schien,
abzielten; daher er selbst, unerachtet seiner geschwächten
Leibskräfte, in allen Stücken das Muster eines ächten
Mönchs, und das Vorbild seiner Heerde war, und auf
selbe in eigener Person, besonders in den Stunden der
geistlichen Uebungen, ein wachsames Auge warf; doch
aber allen jenen, die sich immer in etwas beschweret vermeynten, nicht nur den freyen Zutritt, sondern auch eine
vertraute Entdeckung ihrer Anliegen gestattete; und es
war Niemand, den er ohne Trost, Rath und Hilfe von
sich ließ; denn er pflegte den Seinigen nie zu gebiethen, sondern sie nur immer zu bitten. So streng und
gesparsam er sich auch gegen sich selbst verhielt, so reichte
er gleichwol seinen Mitbrüdern, so viel es die heilige Regel erlaubet, alles im Ueberflusse und bereitwillig dar.

2.
Stehet un-
serm Kloster
in allem be-
stens vor.

(P) 3

Im

Im Jahre 1742 erlangte Abt Gottfried von der allerdurchlauchtigsten verwittweten Kaiserin, und Beherrscherinn des Erzherzogthums Oesterreich, Maria Theresia, glorwürdigsten Angedenkens, die Bestätigung unserer freyen Weinausfuhr aus Höchstgedachten Erblanden; und in dem nehmlichen Jahre lösete er der Hochlöblichen Landschaft unter der Ens das noch haftende Drittheil der Landsteuer, welche unsere Unterthanen von Dornbach nächst Wien dahin noch erlegen mußten, für sich und seine Nachfolger an ermeldte Herrschaft. *) In der uns einverleibten Pfarre Abtenau, mauerte er im Jahre 1751 zur großen Bequemlichkeit seiner Mitbrüder, den Pfarrhof, der vorher nur halb von Holze gezimmert war, von Grund auf; auch kaufte er den sogenannten Hueben-Hof außer dem Stein, welcher drang an obgedachtem Weichselbaumer Hof lieget; und auf dem Mönchsberge ein kleines Höfel nebst einem Garten, der insgemein von den vorherigen Besitzern, das Dreer Gärtel benamset wird.

Und da Abt Gottfried schon unter dem Hochwürdigsten Erzbischofe Leopold Anton das Hofurbarische Gut Sogger am Seyberg, Pfleggerichts Neuhaus, Neuhaus, käuflich zum Kloster brachte, so befreyte solches im Jahre 1745 der Hochwürdigste Fürst Lichtenstein gegen Erlag 211 fl. 45 kr. zur Hochfürstl. Kammer, und 100 fl. zu ermeldtem Pfleggerichte, von allen Landsanlagen, und andern gemeinen Bürden. Erstgedachter Hochwürdigste Fürst Jakob Ernst schickte noch bey seinen Lebzeiten auch unserm Kloster (wie mehr andern) eine hinlängliche Summe Gelds, nehmlich 500 fl. zu, von dessen Zinsgefällen unserm Konvente, jederzeit in dem Frühjahr eine anständige Erquickung an der Tafel sollte gegeben werden, wofür Höchstselber keine andere Verbündlichkeit, als an diesem Tage ein weniges Gebeth und

eine

eine heilige Meß verlangte. Zwey Jahre vor seinem
Tode, nehmlich 1751 wurde unter ihm von dem Hochwürdigsten Erzbischofe Andreas Jakobus von Dietrichstein das Vikariat von St. Anna, welches in erstermeldte
Pfarr Abtenau gehöret, und von diesem Marktflecken
dritthalb Stunden gegen St. Martin und Radstadt zu
gelegen ist, errichtet, wo im Jahre 1752 in der
Nacht der heiligen Weinachten von einem Mitbruder
aus uns das erstemal der feyerliche Gottesdienst abgehalten wurde. Im übrigen war Abt Gottfried ein
abgesagter Feind aller Pracht, und ein ungemeiner Liebhaber der heiligen Armuth, die er an seiner Tafel, Kleidung, und anderm Hausgeräthe bezeugte, und ein de-
müthiger, erbaulicher, und fast heiligmäßiger Mann,
wodurch er sich sowohl bey den Hochwürdigsten Erzbischöfen, als bey dem ganzen hohen Adel eine sehr große
Achtung erwarb. Er nahm von 10 Neulingen die heilige Ordensprofeßion auf, und als er selbst im Jahre
1751 den 21ten des Christmonates seine fünfzig jährige
erneuerte, gestattete er durchaus nicht, daß solche Feyerlichkeit öffentlich in der Kirche sollte gehalten werden,
sondern er legte selbe ohne alles Geräusche ganz in der
Stille in unserm Chor ab, und bath vielmehr seine Mitbrüder, daß sie jene Kosten, welche sie in dieser Absicht
auf ihn zu verwenden gedachten, den Armen möchten zukommen lassen.

*) Diese 2 Urkunden sind unserer Chronick Fol. 648. et
    649. beygedruckt; wie auch die Befreyung des gedach-
    ten Soggerguts Fol. 650.

Ein Beweis der hohen Gnaden, welche der Hochwürdigste Fürst Leopold Anton von Firmian gegen unsern Abt Gottfried trug, mag unter andern auch dieses seyn, da Höchstselber unserm Abte die ungewöhnliche Ehre erwies, daß er im Jahr 1742 an des Hoch-

3.
Da vier
Hochwür-
digste Für-
sten Salz-
burg regier-
ten.

(P) 4   würdig-

würdigsten Fürsten Joseph Maria Grafen von Thun
Stelle, der sich damals noch zu Rom als Auditor Rotae aufhielt, in Gegenwart des ganzen Hofstaats die
Bestätigung auf das Bisthum Gurk zu empfangen
hatte. Es stund aber Abt Gottfried erst 3 Jahre
unserm Kloster vor, als Se. Hoheit Fürst von Firmian den 22sten des Weinmonates im Jahre 1744 in
der von ihm erbauten Leopolds-Kron an einem Lungen-
Aposteme, sonst mit fast noch gesundem Leibe seinen
tugendvollen Lebenslauf in dem 66sten Jahre seines Alters, und in dem 18ten seiner ruhmwürdigsten Regierung großmüthig vollendete, nachdem Höchstselber zum
allgemeinen Beyspiele von dem Seelsorger der Pfarr
Monnthall mit den heiligen Sterbgeheimnissen öffentlich
war versehen worden. Sein wahres Fürstenherz wurde
in der Hofkapelle der Leopoldskron, die zu Ehren des
heil. Leopolds, Markgrafen von Oesterreich, eingeweihet
ist, hinterleget, sein hoher Leichnam aber in der Cathedralkirche bey dem Altare des heil. Franziskus beygesetzet. Dieser Hochwürdigste Erzbischof lebte in hart
bedrangten Zeitläufen, die den eifrigsten Hirten, und
sorgfältigsten Landsvater auf das empfindlichste drücken
mußten. Denn nebst dem, daß so viele irrende Schäflein von dem wahren Glauben abfielen, und aus seinem
Kirchensprengel zu ihrem ewigen Verderben hinwander-
ten, entflammte sich auch ein sehr gefährliches Kriegsfeuer, da sich im Jahre 1740, nach dem glorwürdigsten Hintritte Kaiser Karls des VI. die benachbarten
hohen Mächte um den Kaiserlichen Reichsapfel zänkten,
und das Geräusch der Waffen sich auch den Gränzen unsers Vaterlandes näherte; dessentwegen nachmals das
Hochwürdige regierende Domkapitel, theils zur Bede-
ckung des Landes, theils zu ruhiger Unternehmung des
bevorstehenden Wahlgeschäfts den mächtigen Schutz des
Durchleuchtigsten Erzhauses Oesterreich ansuchte, und
deffen

deſſen ſiegende Völker zur etwan benöthigten Vertheidigung in ihre Staaten, und Hauptſtadt aufnahm.

Wie Salzburg alſo geſichert war, vereinigte ſich das Hochwürdige Domkapitel im Jahr 1745 den 13. Jänners, und erwählte mit löblichſter Klugheit den Hochwürdigſten Fürſten Jakob Ernſt aus dem Reichsgräflichen Hauſe von Lichtenſtein, welches ſchon im Jahr Chriſti 700 unter die eblen Familien Deutſchlands gezählet, und im Jahr 1500 vom Kaiſer Maximilian dem I. unter die Reichsgrafen geſetzet wurde. Jener brennende Seeleneifer, den Höchſtgedachter ehmals als Biſchof zu Seckau, und Ollmütz unabläßlich ausübte, ertheilte ihm neue Kräfte, ſo, daß er nun als oberſter Hirt, bey ſeiner auch gebrechlichen Leibsbeſchaffenheit, unſere rauhe Gebirge durchwanderte, und ſo wohl den Zuſtand der untern Hirten im Geiſtlichen, als auch die Handhabung der Gerechtigkeit bey den weltlichen Beamten aufs genaueſte unterſuchte. Damit die Einwohner unſerer Stadt nicht etwan aus Kargheit oder Mangel der Mittel, die heiligen Sakramente der Sterbenden zu empfangen, bis auf die letzt verſchieben, oder gar verabſäumen ſollten, machte Fürſt Lichtenſtein aus eigenen Mitteln eine Stiftung von 2600 Gulden. Daß von nun an alle und jede Kranke in Salzburg unentgeltlich können verſehen werden: und um den ſchändlichen Geitz mancher Wucherer, welche ſich oftmals das auf hinterlegte Pfänder, ausgeliehene Geld unchriſtlich verzinſen ließen, gänzlich zu heben, errichtete Höchſtſelber im Jahr 1747 den 5ten des Jänners den Mons Pietatis das milde Leyhaus oder Verſatzamt, bey welchem Bedürftige, gegen einen geringen Zins, und ohne alle Gefährde auf ihre Pfänder das benöthigte Geld entnehmen mögen; in dieſer Abſicht erlegte der mildreicheſte Stifter 33000 Gulden; um

dem

dem löblichen Stadtmagiſtrat allhier, und noch überdieß,
kurz vor ſeinem Tode, 20000 Gulden zum Kauf und
Gebäude eines beſondern anſtändigen Hauſes. Dieſe
Stiftung iſt mit ſolchen beſtüberlegten Bedingniſſen
verfaſſet, daß durch dieſelbe allem nur möglichen Un:
fuge vorgebeuget worden. Als nun der Hochwürdigſte
Erzbiſchof Jakob Ernſt, ſeine mißliche Geſundheits:
Umſtände empfand, und alſo zu einem ſeiner geiſtlichen
Räthe ſcherzweis ſagte: **Jakob wird bald zum
Vater Abraham gehen,** hinterlegte er ſeine letzte
Willensmeynung bey dem Hochwürdigen Domkapitel,
in welcher er, aus väterlicher Vorſorge gegen ſeine Un:
terthanen, von ſeinem eigenen Erbtheile, 25000 Gul:
den dem Erzſtift vermachte, womit von der künftigen
Weihſteuer dem Lande der dritte Theil abgeſchrieben
wurde; auch verſchafte er für ſich und ſeine Hochgräfl.
Familie 8000 fl. zu einem ewigen Jahrtage. Nebſt
dem, daß Fürſt Lichtenſtein die zwey Seitenaltäre der
Cathedralkirche mit zwey Antipendigen ausgeſchlagenen
Silber (denn eben ein ſolches ließ ſchon der Fürſt Jo:
hann Ernſt von Thun auf den Fronaltar verfertigen) aus:
zierte, welche zuſammen 10000 Gulden koſteten, hinterließ
er noch (der 125 Pferde, und 25 prächtigen Staats:
und andrer Hofwägen nicht zu erwähnen) dem hohen
Erzſtifte einen herrlichen Biſchofsſtab, und ein koſtbares
Bruſtkreutz, das er von Ollmütz mit ſich herbrachte;
dann ein reiches und künſtliches Hausaltärgen, deſſen
jedes Stück gegen 15000 Gulden geſchätzet wird; auch
iſt jenes Kruzifixbild, vom röthlichen Agathſteine darum
beſonders anzumerken, weil ſolches Se. Majeſtät, der
König von Preußen, Friederich der II. unſerm Fürſten,
da er noch Biſchof zu Ollmütz war, aus vorzüglicher
Achtung verehrte. Und ſein Angedenken verehret die
Pfarrkirche im Nonnenthale, dahin er einen neuen Ta:
bernakel für 1500 Gulden verſchaffte. Unſer Vater:

land,

land, dem er, wie man wissen will, an Geld und Geldes-
werth bey 500000 Gulden zuwandte, würde die frey-
gebige Gutthätigkeit des Hochwürdigsten Fürsten Jakob
Ernst, der von Gott mit väterlichen Erbmitteln reich-
lichst gesegnet war, noch mehr anrühmen können, wenn
nicht die Kürze seiner rühmlichsten Regierung, in welcher er nur 2 Jahre und 5 Monate erfüllte, seine besten Gesinnungen, und Vorhaben vernichtet hätte. Denn,
zu den tödtlichen Leibsschwachheiten gesellten sich noch
gefährliche Krämpfungen, und ein abzehrendes Fieber,
an welchem Höchstgedachter in dem Sommerpallast Mirabell, nachdem er den 17ten des Maymonates von der
heil. Dreyfaltigkeitskirche aus öffentlich versehen worden,
den 12ten des Brachmonates im Jahr 1747 und seines
Alters im 57sten nach einem langwierigen Todeskampf,
zwischen 10 und 11 Uhr Nachts ganz sanft seinen gottseligen Geist aushauchte, und sodann mit gebührender
Trauer in der Domkirche vor dem Schnecaltare begraben wurde. Noch im nämlichen 1747sten Jahre ver-
sammelten sich die Vorsteher unsers verwaisten Vaterlandes, und die einhelligen Wahlstimmen, welchen
die Stimme des Volks, und die Stimme Gottes bey-
trat, ruften den 10ten des Herbstmonates den Hochwürdigen Domprobsten Andreas Jakobus zum Fürsten
aus, dessen Hochadeliches Geschlecht der Fürsten und
Grafen von Dietrichstein seinen Ursprung von dem
Grafen von Zeltschach führte, und schon im Jahr
1008 mit den Herzogen in Kärnthen, und hernach
mit der seligen Hemma in naher Verwandtschaft
stund. Dieser Hochwürdigste Erzbischof war im Jahre
1729 den 4ten des Märzmonates zur Würde eines Dom-
dechants, und noch im nehmlichen Jahre zur Domprobsten des hohen Erzstifts Salzburg erhoben worden; durch
seine fürstlichen Gaben, die an ihm schon damals hervor-
leuchteten, gewann er sich eine außerordentliche Liebe des
Volks,

Volks, welche ihn denn auch einzig mehr drang, als bewog, das Erzbisthum anzunehmen. Gleichwie aber Liebe und Gerechtigkeit sein erlesener Wahlspruch war, so bezeugte er sich auch gegen seine Unterthanen mehr als einen liebenden Vater, als herrschenden Fürsten; derowegen er gleich beym Antritte der Regierung seinen Untergebenen Stellen die Beförderung der Gerechtigkeit, die Obsorge der Wittwen und Waisen, und das Wohl sämtlicher Unterthanen nachdrücklichst anempfahl. Diesen Gegenständen wiedmete er sich ganz und gar, und arbeitete selbst zum Besten des Landes öfters bis in die spate Nacht. So nothwendig er, Gesundheitshalber, einer Sommerfrische benöthiget war, so wollte er dennoch nicht einmal ein fürstliches Lustschloß, ausser der Stadt bewohnen, um dem Erzstifte die Unkosten zu ersparen; und zu diesem Ende bestritt er auch aus eignen Mitteln den Aufwand, welchen seine Erzbischöfliche Einweihung erfoderte. Sein wahres Vaterherz bedauerte mit weinenden Augen, wenn er befürchtete, daß nur einem seiner Bedienten oder Unterthanen zu hart geschähe; daher er, wo er nur immer konnte, die Ausspendung seiner Gnaden allen zuwand, wo er aber nicht mehr konnte, wenigstens Niemand das Seinige schmälerte. Damit aber seinen anvertrauten Schäflein das benöthigte Seelenbrod niemals ermangeln, und sich kein Stand wegen der Anhörung des Wortes Gottes sollte entschuldigen können, so verordnete Höchstgedachter Erzbischof Andreas Jakobus, daß an den Sonn- und Feyertagen fast zu allen Stunden die Glaubens- und Sittenlehre vorgetragen werde; wie denn auch noch an er-meldten Tagen früh Morgens um halb 6 Uhr bey den P. P. Franciscanern in der Pfarr; um 6 Uhr bey der heil. Dreyfaltigkeit; um 8 Uhr, gewöhnlichermassen, in der Domkirche; um 9 Uhr zu St. Sebastian, und um 10 Uhr in der Universitäts-Kirche die Predigten

abge-

abgehalten werden. a) Seine Gespons, die Cathedral=
kirche, zierte er mit überaus reichen Priesterkleidern aus,
bekleidete die Altärtische mit Marmor, und hieng vor
den Fronaltar eine prächtige Ampel von Silber; mehr
anderer Kostbarkeiten zu geschweigen, die er theils von der
Domprobstey mit sich brachte, theils auch um viele tau=
send Gulden anschaffte, und dem hohen Erzstifte hinter=
ließ. Besonders wird jene heilige Handlung, welche
der Hochwürdigste Fürst Dietrichstein im Jahre 1751
den 4ten des Heumonates unternahm, sein Angedenken
ewig erneuern. Denn, da nach dem Höchstseligen Hin=
tritte des Erzbischofes Leopold Anton, das Hochwürdige
regierende Domkapitel unser Vaterland sich der fast un=
vermeidlichen Kriegsgefahr ausgesetzt sah, nahm es seine
vertrauensvolle Zuflucht zu der allgemeinen Landsmutter
Maria am Plain, und verlobte sich Hochselbes, dieses
Gnadenbild mit 2 kostbaren Kronen zu verherrlichen.
Dieses Gelübbe, welches die Unruhe der Zeiten, und
andere vorfallende Umstände unbeliebig in etwas ver=
zauderten, wurde im gleich ernannten Jahre getreulichst
abgeleget. Denn kaum waren die zwo prächtigen Eh=
renkronen, die aus purem Golde gearbeitet, und mit
den kostbarsten Edelgesteinen besetzet sind, von Sr.
Päpstl. Heiligkeit Benedikt dem XIV. eigenhändig ein=
geweihet, und also von Rom wieder zurückgeschicket wor=
den, so wurde der vierte Tag des Heumonates, auf
welchen der fünfte Sonntag nach Pfingsten einfiel, zu
bevorstehender Feyerlichkeit bestimmet, an dem sich früh
Morgens alle Bruderschaften der Stadt, nebst der gan=
zen Universität, und dann auch Se. Hochfürstl. Gnaden
Andreas Jakobus und das Hochwürdige Domkapitel
mit der sämtlichen Hofstaat nach Maria Plain verfüg=
ten. Nachdem die Predigt, und das Hochamt, so
Se. Hochfürstl. Gnaden in Höchsteigener Person absan=
gen, vollendet war, nahm man das Gnadenbild von
dem

dem gewöhnlichen Orte herab, und legte es auf den
Hochaltar. Worauf der Höchste Priester die kleinere
Krone dem göttlichen Kinde, die größere aber der Mutter der Gnaden auf das Haupt setzte, das also ge-
krönte Bildniß in eigenen Händen bey dem herrlichen
Umgange trug, und mit demselben zu dreymalen, nehmlich über unsere Hauptstadt, über die Gebirge, und über
das ganze Land Salzburg, den heiligen Seegen ertheilte.
Das Gedächtniß dieser Feyerlichkeit dauert noch immer
fort, zumal es alle Jahre am 5ten Sonntage nach Pfingsten mit einer achttägigen Andacht begangen wird. b)
Gleichwie aber der Hochwürdigste Erzbischof Andreas
Jakobus die Seinigen jederzeit als Fürst und Vater auf
das zärtlichste liebte, so liebte er sie auch bis an das Ende
seines Lebens, welches ihm im Jahre 1753 eine Abste-
tzung des Geblüts, die in einen Brand ausartete, verursachte; da nun Höchstselber mit allen heiligen Sakra-
menten öffentlich versehen worden, beweinte er mit bit-
tern Zähren das Schicksal seines liebsten Volks, weil
es in so wenig Jahren drey Fürstenfälle erfahren mußte;
billig waren also die heißesten Thränen, derer ich ein Augenzeuge bin, welche die Einwohner unserer Stadt über-
laut über ihren so liebreichesten und sorgfältigsten Landesherrn vergoßen, als man ihm den 5ten des Jänner
Abends um 5 Uhr die letzten Züge läutete, und Hochselber im 64ten Jahre seines Alters, nachdem er die Kirche
Salzburgs nur 5 Jahre und 4 Monate ruhmvollest regierte, eines seligen Todes verblich. Den 14ten darauf wurde mit allgemeiner Trauer der entselte Körper in
der Cathedralkirche vor dem Schnee- oder St. Josephs
Altare zur Erde bestattet.

Noch auf dem Sterbebette empfahl der Hochwürdigste Fürst Dietrichstein das ganze Erzstift dem Hochwürdigen Domkapitel, und bath Hochselbes mit gebro-
chener

chener Stimme, das Land bald mit einem würdigen
Nachfolger zu beglücken. Nun erfoderte es freylich
Ueberlegung, wer aus so vielen Würdigen der würdigste
Nachfolger seyn sollte, eine längern Zeitraum; doch gab
endlich um besagten 1753 Jahre der 5te des Aprilmonates den erwünschten Ausschlag, da an diesem Tage,
Abends um 4 Uhr der Hochwürdige Domdechant Siegmund Christoph, des Heil. R. R. Graf von Schrattenbach, in dessen uraltem Stammregister eine große Anzahl der erhabensten Kirchen-Prälaten, und ansehnlichsten Staats-Männer aufgezeichnet sind, durch eine einhellige Wahl der verwaisten Heerde als höchster Oberhirt gegeben wurde; welcher sich einer so hohen Würde
darum desto würdiger machte, weil Er das Recht der
Erstgeburt seinem Herrn Bruder überließ, und sich ganz
und gar Gott und der Kirche weihete.

a) Seit dem die Wohlehrwürdigen Herren Bartholomäiten die Pfarr des allhiesigen Burgerspitals, St. Blasy,
überkamen, wird auch in dieser Kirche alle Sonn- und
Feyertage um 7 Uhr früh eine Predigt vorgetragen.

b) So jemand von dem Ursprung, Fortgange, und der
feyerlichen Krönung dieses Gnadenbilds eine weitläuf-
tigere Erzählung verlanget, der kann solche in dem Bü-
chel, die wunderthätige Gnaden-Bildniß Maria
Trost auf dem Plain unweit Salzburg 2c. erhoben, welches, wie auch die ausführliche Beschreibung
der Krönung in der Mayerischen Buchhandlung allhier
zu haben ist.

Dem Wahlgeschäfte des Hochwürdigsten Erzbischofes Siegmund, dieß Namens des III. wohnte unser
Abt Großfried noch durchgehends bey; allein da sein
Körper von dem beständigen Studieren, vielen Arbeiten,
und Sorgen ohnehin genugsam geschwächet war, überfiel ihn den 22ten des Maymonates nach der Abendtafel
ein so heftiger Schlagfluß, der ihn der Rede, und des
Gebrauchs

Gebrauchs aller Sinnen beraubte, und man ihn gleich dazumal mit der heiligen Oelung zum Todeskampfe salbte.

Vier Tage stritt er um die Krone der Gerechten, die er denn auch, wie uns sein frömmster und erbaulichster Lebenswandel hoffen läßt, den 26ten besagten Monates um 4 Uhr Abends, da eben seine betrübtesten Söhne für ihn ihre Gebether vor dem Hochwürdigsten Gut ausgoßen, mit seinem Tode erlangte; nachdem er seines Alters 72, von Ablegung der Ordensgelübde 52, in dem Priesterthume 48; und als Abt 11 Jahre, und 5 Monate zurückgeleget. Dem Leichbegängnisse, welches den 1ten des Brachmonates vor sich gieng, wohnte zwar der Hochwürdigste Fürst Siegmund von Schrattenbach nicht persönlich bey, jedoch befahl Höchstselber ausdrücklich seinem höhern und niedern Hofstatt dasselbe zu begleiten, wie solches denn auch die zween Hochwürdigsten Bischöfe von Chiemsee und Lavant, nebst einigen Hochwürdigen Domherren mit ihrer ansehnlichen Gegenwart beehrten. Jedoch geruheten Se. Höchstgedachte Hochfürstl. Gnaden der Leichenrede, und dem Seelenamte in dem Oratorium unsers Chors gnädigst beyzuwohnen, nach welchem der Leichnam des Abt Gottfrieds in jene Gruft, die sein Vorfahrer aufbauen ließ, gebracht wurde, und in dieser nun als der zweyte Abt seine Ruhestatt fand. *)

*) Abt Gottfried war der erste, welcher auch in Gegenwart Se. Hochfürstl. Gnaden das Brustkreuz öffentlich tragen durfte; denn, weil der Hochwürdige Herr Abt St. Job, und Domherr von Salzburg solches öffentlich trug, so erlaubte es der Hochwürdigste Fürst Dietrichstein gleichfalls unserm Abt Gottfried, welcher für die Hochwürdige Frau Aebtißin am Nonnenberge eben um diese Freyheit anhielt, und sie auch erlangte. Alle übrigen Herren Aebte aber, wenn sie dem gnädigsten Herrn Herrn ꝛc. aufwarten, müssen noch ihre Brustkreuze einstecken, bis es ihnen, solche öffentlich zu tragen, erlaubet wird.

Beda.

𝕳𝕳𝕳𝕳𝕳𝕳𝕳𝕳𝕳𝕳𝕳𝕳𝕳

Beda.

LXXVI. Abt zu St. Peter.

Vom Jahre 1753. bis 1782.

Unter den Römischen Päpsten
Benedikt dem XIV. Clemens dem XIII.
und XIV. und Pius dem VI.

Unter den
Fürsten und Erzbischöfen Salzburgs
Siegmund dem III. Grafen von Schrattenbach; und dem dermal rühmlichst regierenden Fürsten Hieronymus aus dem Fürst-
und Hochgräflichen Hause Kolloredo
von Waldsee und Mebs 2c.

Unter den Römischen Kaisern
Franz dem I. von Lothringen, und dem jez-
gen glorwürdigsten Beherrscher des Reichs
Joseph dem II. von Oesterreich 2c.

So ruhete nun Abt Gottfried in Gott und im vermittelſt
Frieden, da unſer verwaystes Konvent zu St. einer an-
trächtigen

Peter wegen des Verlusts ihres Vaters und Hirten
trauerte, und inbrünstig zu Gott rufte, denjenigen an
zuzeigen, den Er zum Nachfolger erwählet hätte. Der
gütige Himmel erhörte die gerechten Seufzer, und leitete
die Wählenden, derer 28 waren, den als den wür
digsten herauszunehmen, der eben dazumal der Mittel
punkt des ganzen Konvents war. Am 4ten Tage des
Heumonates schritten meine damals künftigen Herren
Mitbrüder, von welchen nur noch ihrer 6 sich am Le
ben befinden, zur neuen Wahl, in welcher durch verei
nigte 23 Wahlstimmen der wohlehrwürdige P. Beda
Seeauer, damals erst neu angestellter Pfarrer und Hof
meister unserer Herrschaft Dornbach nächst Wienn, die
Schlüssel des Klosters St. Peter erhielt. Es mußte
zwar die Einlegung der Wahlzeddel dreymal wieder
holet werden, nicht aber darum, als hätten der Person
des Zuerwählenden die erfoderlichen Eigenschaften er
mangelt, sondern weil einige aus dem Konvente wegen
der schwachen Leibsbeschaffenheit, besonders wegen Blö
digkeit der Augen in etwas ein Bedenken trugen. Diese
nämlichen Umstände gaben dem Hochwürdigen Neuer
wählten Anlaß, seine angebohrne Demuth, welche je
dermann in die Augen leuchtet, zu verhüllen, und die
auf ihn ausgefallene Wahl unter häufigen Thränen
fußfällig abzubitten; da aber Hochselber ermahnet wurde,
sich dem Willen Gottes, so sein geistlicher Beyname
ist, nicht zu widersetzen, nahm er endlich die ihm über
tragene Würde auf sich. Nach vollendetem Herr Gott
dich loben wir ꝛc. wurde er dem Hochwürdigsten
Erzbischofe Siegmund vorgestellet, Höchstwelcher ihm,
zum ersten Beweise seiner Gnadengunst, sogleich und
freywillig erlaubte, das abteyliche Brustkreuz öffentlich
zu tragen.

Der Hochwürdige Neuerwählte wurde hierauf den
28sten des Heumonates, an welchem Tage er das 37ste
Jahr

Jahr seines Lebensalters erreicht hatte, auf dem Hochwürdigen Konsistorium als Abt bestätiget; doch verzögerte sich die abteyliche Einweihung etwas länger hinaus; denn der gleichfalls kurz vorher neuerwählte Hochwürdigste Fürst Stegmund erhielt von Rom aus das erzbischöfliche Pallium erst im Christmonate, an dessen 21 Tage Höchstgedachter mit demselben umgeben, und zum Bischofe gesalbet wurde. Bey dieser Feyerlichkeit genoß unser Hochwürdiger Herr Abt Beda die ausnehmende Ehre, auf der Hochfürstl. Domkanzel die Einweihungsrede mit allgemeinem Beyfalle abzuhalten. Den 23sten darauf, so der vierte Sonntag des Advents war, hielt der Hochwürdigste Erzbischof Stegmund in unserer Klosterkirche zu St. Peter sein allererstes Pontifikalamt, unter welchem Höchstderselbe unserm Hochwürdigen Herrn Abte die gewöhnliche Einsegnung ertheilte. Nach dieser heil. Handlung würdigte sich Höchstermeldter in unserm Speisezimmer das ganze Konvent, so gar mit Einschlusse der 4 Novitzen, an einer recht Fürstlichen Tafel zu speisen, und geruhete selber in Höchster Person nebst den Hochwürdigen Domherren, und Ministern beyzuwohnen.

Hallstadt, jener wegen der Salzbergwerke berühmte Marktflecken in Oberösterreich, welcher an dem See gleichen Namens liegt, und unter das K. K. Salzkammergut gehöret, ist der Geburtsort unsers Hochwürdigen Herrn Abts Beda, allwo er im Jahre 1716 den 28sten des Heumonates zum erstenmal das Weltlicht erblickte, und in der heil. Taufe, nicht ohne Vorbedeutung, den Namen Joseph bekam. Sein Herr Vater Stegmund von Seeau, welches Geschlecht mit jenem der Grafen von Seeau, einen Stammvater hat, und nur eine andere Linie ausmacht, war alldort K. K. Salzfertiger, und erzeugte ihn mit seiner Ehefrau Maria Elisabetha Zallerinn. Nachdem dem jungen Joseph

(Q) 2

in

in dem väterlichen Hause die ersten Gründe der Studien beygebracht worden, wurde er auf die allhiesige
Universität in die untere Schulen geschicket, in welchen
er besondere Naturgaben hervorblicken ließ; und da er
schon in der sechsten Schule seinen künftigen Lebens-
stand mit möglichster Reife erwählte, und zur Vollführung dessen in unserm Kloster zu St. Peter eifrigst
fortfuhr, nahm ihn unser Abt Placidus, um ihn recht
wohl zu bilden, in der Logik zu sich in seine Abtey,
gleich darauf aber, nehmlich im Jahr 1732, in unser
Kloster auf, und legte ihm den Ordensnamen Beda
von dem Willen Gottes bey. Während dem Probjahre beeiferte sich ersterwähnter Herr Abt sonderheitlich,
seinen, vor anderen zween, liebsten Neuling zu einem
rechtschaffenen Mönch zu gestalten, und weil derselbe
solchen väterlichen Bemühungen ein vollständiges Genügen leistete, schwur Beda im Jahr 1733 den 21.
des Herbstmonates in den Händen des nehmlichen Abtes
zur heil. Regel. Nach vollbrachtem Juniorat, wie
wir es heißen, studierte er die Philosophie, und Theologie, aus welcher er ordentlich geprüfet, und begneh-
miget wurde, und beyde Rechte, mit einer so vorzüglichen Frucht, daß er in jedem Fache einen gelehrten
Mann anzeigte. In dieser Zwischenzeit stund unser P.
Beda, als neugeweihter Priester, im Jahr 1739 den
5ten des Heumonates an dem geheiligten Altare. Bald
darauf nehmlich 1740 im Maymonate, stellte ihn seine
fliessende Beredsamkeit als Scapulier - Bruderschafts-
Prediger in unserm Kloster, wie auch auf verschiedenen
Ehrenkanzeln unserer Stadt als geistlichen Lobredner dar;
und jenen Vorrath der besten Geistlehren, den er sich
bisher gesammelt hatte, theilte er in dem heil. Richter-
stuhle so wohl zu Haus im Kloster, als mehrere Jahre
hindurch zu Mariä Plain mit einer solchen Bescheidenheit den Büssenden mit, daß sie ihn aller Orten häufig
und

und begierig aufsuchten. Die auserlesenen Talente un=
sers P. Beda brachte Abt Gottfried zur gesetzten
Mannbarkeit, und setzte ihn in der allhiesigen Univer=
sität auf das philosophische Catheder, auf welchem un=
ser P. Beda zwey Jahre lang, nehmlich von 1743
bis 1745, die Sätze der alten und neuen Welt=
weisheit möglichst zu vereinigen sich bestrebte; welche,
zum Beschlusse seines Lehramtes, unter seinem Vorsitze
und unter dem höchsten Schutze des Hochwürdigsten Erz=
bischofes Jakob Ernst von Lichtenstein (Höchstdessen Ab=
bildung in einem großen Kupferstiche entworfen war)
vertheidiget wurden. Hierauf machte ihn erstermähnter
Abt zu seinem Sekretär, und vertraute ihm die Ein=
sicht in das abteyliche Archiv, bis er wieder, als
Beichtvater, nach Mariä Plain wanderte. Nachdem
aber der Hochwürdigste Fürst Dietrichstein im Jahr
1751, erwähntermassen, mehrere Christenlehrpredigten
einführte, so erließ Höchstselber an unsern P. Beda
ein eigenes gnädigstes Dekret, und ernannte ihn (zu=
mal Höchstgedachter Fürst seinen Predigten schon öfters
beyzuwohnen geruhete) als den ersten Prediger der Hoch=
fürstl. Universitätskirche. Hier erwarb sich P. Beda
eine so zahlreiche Gegenwart der Zuhörer, daß auch jene,
welche ihre Schlafstunden zu verlängern gewohnt sind,
sich beeiferten, den lehr= und geistreichen Vortrag des
Worts Gottes nicht zu verabsäumen. Jedoch weil
unser P. Beda ungemeine Fähigkeiten, dem Zeitlichen
sowohl als dem Geistlichen vorstehen zu können, zeigte,
so verordnete ihn sein Hochwürdiger Herr Vorfahrer
im zweyten Jahre darauf, nehmlich 1753 nach Dorn=
bach nächst Wien, woselbst er den 27sten des Maymo=
nates unsern Unterthanen und Pfarrkindern als Hof=
meister und Pfarrer vorgestellet wurde, und damals
noch nicht wußte, daß ihm Abt Gottfried, vermittelst
des zeitlichen Hintritts, an dem Vorabende seines Na=

mens:

menstages, Infel und Stab, gleichsam zu einem An-
gebinde, hinterlassen hatte, welche ihm nach 6 Wochen
durch eine beglückte Wahl überreichet worden.

§.
Ein v. Gott
darum gese-
gneter Abt,
weil er ein
für sich selbst
gottsfürch-
tiger, und
für die Klo-
sterzucht ei-
friger Mann
rc.
Kann unser Kloster St. Peter in der langen
Reihe ihrer Aebte einige vorweisen, welchen das sonst
wankende Glück immer getreu war, oder, besser zu
reden, welche den augenscheinlichen Seegen des Himmels reichlich fühlten, so ist diesen ganz sicher unser
dermalige Hochwürdige Herr Abt Beda vorzüglich beyzuzählen. Allein, so wird der Mann gesegnet, der den
Herrn fürchtet; und die Furcht Gottes war der Anfang,
und ist noch die Fortdauer aller Handlungen unsers Herrn
Abtes. Jedoch muß ich hier meine Feder zurückhalten,
um nicht die Demuth schamroth zu machen, weil in
dessen Augen alle obschon gegründete Lobeserhebungen
verhaßt sind, und auch die größten Verdienste nicht
sollen angerühmet werden. Bey allen dem aber lassen
sich jene hervorragenden Tugenden nicht bergen, von
denen ganz Salzburg als ein Augenzeuge dienet; denn
jedermann sieht es täglich, mit welcher Andacht, Innbrunst, und Auferbaulichkeit der Hochwürdige Herr Abt
Beda dem Allerhöchsten das heilige Opfer entrichtet;
wie Hochselber aller Orten, auch in Gegenwart an-
sehnlicher Gäste, und unter erlaubten Erquickungen,
sein Gemüth immer zu Gott erhebet, und durch tiefge-
holte Seufzer, und gen Himmel geworfene Blicke seine
innerliche Versammlung verräth; wie ehrfurchtsvoll er
sich gegen die Höhere, wie herablassend gegen die Nie-
drige, und wie angenehm und freundlich gegen alle
beträgt; wie er nicht der Eitelkeit, Pracht, und dem
Ueberflusse ergeben, sondern durchgehends nur die Anständigkeit, die Reinlichkeit und Mäßigkeit liebet; wie
er alle Gattungen der Ergözlichkeiten verabscheuet, so,
daß er sich nicht einmal diejenigen, welche seiner Gesundheit

sundheit gedeihlich wären; öfters erlauben will, und
ihm jene, welchen er manchesmal beyzuwohnen vorgeladen wird, sehr geringes Vergnügen verursachen. Das
einsame Wohnzimmer der Abtey giebt unserm Hochwürdigen Herrn Abte den vergnügtesten Lustort, in welchem er, nach Verschiedenheit seiner beschwerlichen Aemter, zum Nutzen des Landes, zur Beförderung der
Wissenschaften, zur Aufrechthaltung der Klosterzucht,
und zum Besten des in- und auswärtigen Zustandes
der Klostergüter ganz allein, und ohne einzigen Gehilfen
unermüdet arbeitet. Diejenigen Stunden aber, die
sich Hocherwähnter zur Erholung aussetzet, wiedmet er
entweder den geistlichen Uebungen, oder dem beschauli-
chen und mündlichen Gebethe, niemals aber wird man
ihn müßig finden; und noch überdieß wie viele Tages-
stunden, noch mehr aber schlaflose Nächte würden wir
zählen können, wenn wir sie wüßten, in welchen er
allein mit sich selbst die allseitigen Anliegenheiten des
Klosters überleget, berathschlaget, und zu ihrer erwünschten Vollführung bringet.

Wir Mönche und Söhne können unserm Hochwürdigen Herrn Abte das beste und untrüglichste Zeugniß geben, daß er in allem das Vorbild seiner Heerde aus gan-
zem Herzen sey; denn so viel es immer die überhäuften
Arbeiten, oder die Ankunft der Gäste, welche unserm
Kloster niemals mangeln, zuläßt, findet sich Hochselber sowohl bey Tag als bey der Nacht um 12 Uhr,
besonders an den Sonn- und Festtägen in dem Chor ein,
er wohnet Mittags jederzeit dem gemeinen Tische im Konvente bey, und foderet in allen übrigen keine andere außerordentliche Bedienung, als die seiner Würde gebühret:
Den größten Augenmerk wirft Höchstgedachter auf die
unverbrüchliche Erhaltung der Klosterzucht, zu welchem
Ende er unsern sogenannten Monatkapiteln allzeit vorsitzet,

in solchen aber nichts von weltlichen Geschäften, sondern von der Verbesserung der etwann vorgegangenen Fehler handelt, die geringsten Uebertretungen wieder die heilige Regel, Satzungen, und alte Gewohnheiten des Klosters mit einer, jedoch mäßigen, Schärfe ahndet, und seine Söhne, durch geistreiche Hirtenreden auf den Weg der Vollkommenheit zu führen, sich nach allen Kräften beeifert.

4.
Welcher die Zierde des Hauses Gottes sowohl in, Die allererste Vorsorge des neuerwählten Herrn Abts Beda war die ansehnlichere Auszierung unserer Klosterkirche, an welcher lange Zeit her (vielleicht wegen andern wichtigen Ausgaben, oder nicht zum besten besorgter Hauswirthschaft) keine Erneurung vorgenommen wurde, und man also ihr ein unangenehmes Alterthum in- und äusserlich ansah. Auch erheischte es, nach dem Gutachten der Bauverständigen, die Nothwendigkeit, den alten Kirchenthurm, der einen gefährlichen Einsturz drohete, neu aufzurichten.

Alsbald nahm der Hochwürdigste Herr Abt Beda dieses große Werk vor; es wurde im Jahre 1754 der alte Thurm abgebrochen, das Gemäuer des Thurms um 24 Schuh höher aufgeführet, auf solches das künstlich gezimmerte Holzwerk gestellet, und mit Kupfer bedecket, indessen ließ Er zugleich im erstbesagten Jahre unsere Kirche (wie es auch damals im Hochfürstl. Dom geschah) von wälschen Maurern ausweissen, und die stark vergoldten reinigen. Wie der neue Thurm sammt dem Portal verfertiget war, wollte sich die alte Kuppel nicht mehr darzuschicken; daher wurde auch diese erhöhet, in eine andere Gestalt verändert, und ebenfalls mit Kupfer bedecket; worauf das Schif, wie man es heißt, oder das Langhaus der Kirche einen ganz neuen Dachstuhl bekam, welcher zwar nur mit weißem Blech, weil das Kupfer

zu

zu kostspielig fiel, gedecket, doch aber, um eine Gleichför=
migkeit zu haben, kupferfärbig angestrichen wurde.

Es begnügte sich aber unser Hochwürdiger Herr
Abt Beda nicht, der Kirche nur äusserlich ein Ansehen
gegeben zu haben, wenn man innerlich noch die einfache
Gestalt derselben sehen, und ihr auch die bisherige Dun=
kelheit lassen sollte. — Derohalben verordnete Er, daß
erstlich die Kirchenfenster durchaus erweitert, und mit
Tafelscheiben versehen würden; er befahl die ganze Kirche
mit schöner Stukadorarbeit auszuzieren, mit so benamß=
ten Fresko auszumalen, und schafte sowohl in der Kup=
pel die neuen Gemälde der 8 Seligkeiten, als auch in der
Höhe durchgehends neue Bilder an, welche auf der Epi=
stelseite das Leben des heiligen Stifters Ruperts, und
auf der Seite des Evangeliums das Leben unsers heiligen
Erzvaters Benedikt entwerfen; diesen sind noch jene große
Bildnisse beyzusetzen, welche die Geburt und Erscheinung
des Herrn, die zween Apostelfürsten, Petrus und Paulus,
und unter der Kuppel die vier Kirchenlehrer vorstellen.
So viel sich immer ein altes Gebäude neu umgießen
läßt, so sehr bemühete sich unser Hochwürdiger Herr Abt
Beda allenthalben eine Gleichförmigkeit zu veranstalten;
zu dieser Absicht wurden die Altäre Maria an der Säule,
des Scapuliers und der Apostel in etwas übersetzet, die
Sakristeythüre anderst ausgebrochen, das Gewölb un=
ter unserm Chor erhöhet, anstatt der Antependien Tum=
ben und Altartritte von Marmor gemacht, und nebst
mehr andern Veränderungen, eine neue Predigtkanzel
aufgeführet.

Dem Bildniße Mariä an der Säule, welche aus
Stein gegossen, und nach unserer Muthmassung eine
Handarbeit des heiligen Thiemo ist, stellte Hochgedach=
ter Herr Abt den ersten Altar von Marmor auf, nach

(Q) 5   welchem

welchem die verehrungswürdige Grabstätte des heiligen
Vitals mit einem gleichen verherrlichet wurde. Diese
zween neuen Altäre zierten dermaſſen unſere Kirche, daß
ſich der Hochwürdige Herr Abt Beda, der ſich für die
Zierde des Hauſes Gottes niemals genug thun kann, endlich entſchloß, auch die untern 6 Seitenaltäre, welche
vorhin nur von Holz geſchnitzet, und ſchwarz mit Gold
gefaßet waren, nach und nach von Marmor aufzuführen.
Als nun dieſe ſtunden, ſo wurde durch ſelbe dem Hoch-
und zween Nebenaltären, obgleich das Alterthum Kunſt
und Pracht hierzu verwandte, ihr vorgehabtes Anſehen
benommen, und foderte es gleichſam die Nothwendigkeit
dieſe drey gleichfalls von Marmor herzuſtellen; wie denn
auch der neue prächtige Hochaltar im Jahre 1779, die
zween Nebenaltäre aber in dieſem 1782ſten Jahre ſind
aufgeſetzet worden.   Die alten Altarblätter, die nicht
zu ſehr vermodert waren, wurden beybehalten, benanntlich die Gemälde der heiligen Schutzengel, des heiligen
Ruperts, und Benedikts; für die übrigen 6 aber, als
für dem Hoch- St. Johanns Enthauptung, St. Vitals-
St. Joſephs Scapuliers und Apoſteln Altäre verfertigte
der berühmte Kunſtmaler, Herr Schmid zu Krems in
Unteröſterreich, ganz neue Blätter, welche bey Kennern
allen Beyfall finden.   Und gleichwie ſchon vorlängſt
neue Beichtſtühle, alſo wurden nun dermal neue Kirchen-
ſtühle von hartem Holz, und im Jahre 1780 eine gleicher maſſen neue Thurm-Uhr, mit einem Stunden und Vier-
telſtunden Schlagwerke herbeygeſchaffet.   Um aber auch
die Kirche, wenn ſelbe unter Tags eröffnet iſt, zu verſi-
chern, wurde auſſer den zween Weichbrunns Steinen ein
künſtliches Gitter von Eiſen gezogen, an welchem die
Zierrathen ſtark vergoldet ſind.   Die Schatzkammer
unſerer Kirche iſt unter dieſem Hochwürdigen Herrn Abte
faſt in allen Gattungen des Kirchengeräths vermehret
und bereichert worden; es befinden ſich allda 4 neue Infeln,

feln, derer zwo mit Gold, zwo aber mit Perlen reichlich
gesticket sind, zu welchen letztern auch zwen auf gleiche
Art gestickte, Kelchtücheln, Corporaltaschen, und Palen
gehören. Nebst mehrern Meßkleidern von reichen und
seidenen Zeugen, wurden auch 3 ganze Kirchenornate an-
geschaffet, nehmlich einer von schwarzem Sammet; einer
von seidenem Kirchenstoffe mit Goldblumen; und einer
von schwerem Goldstoffe mit seidenen Blumen, welchen
letzten und kostbaren der Hochwürdige Herr Abt Beda
zur Abhaltung gegenwärtiger Feyerlichkeit des zwölften
Jahrhunderts bestimmet hat. An Silbergeschmeide hat
Hochernannter auf den Hochaltar eine Glorie (die in
getriebener Arbeit das Bildniß Gott des Vaters, und
des Heiligen Geistes in Gestalt einer Taube vorstellet,
welche ein Gewölke von Silber umgiebt, und große, im
Feuer vergoldte Stralen verherrlichen) dann 4 Altar-
leuchter und 2 Büschkrüge von Silber, 2 silberne und
vergoldte Kelche, derer einer mit Steinen besetzet ist,
und 2 Opferkäntlen und 1 Blatte von eben dieser Materie verfertigen lassen; und solchergestalten wurde unsere
Klosterkirche also umgebildet, daß in derselben, außer
den Hauptmauern, fast nichts mehr altes, sondern
alles neu zu sehen ist.

Allein, der brennende Eifer für das Haus des
Herrn, mit welchem das Herz unsers Hochwürdigen
Herrn Abtes Beda entzündet ist, läßt sich nicht in den
Bezirk unsers Klosters einschränken, sondern er erstreckte
sich auch auf andere Gotteshäuser, und besonders auf
jene, welche St. Peter einverleibet, und eigenthümlich
sind. Hier verdienet vorzüglich angerühmet zu werden,
daß Hocherwähnter Herr Abt Beda die uns zugehörige
kleine Kirche St. Michaels, allhier in der Stadt (aus
welcher zur Nachtszeit die Speisgänge von dem Herrn
Stadtkapellane verrichtet worden) solchermassen, nur
wenige

5.
als außer
dem Klo-
ster, auch
in fremden
Kirchen un-
gemein ver-
mehrt.

wenige Mauern ausgenommen, umgestaltet hat, daß
sie fast nicht mehr kennbar ist. Er ließ einen neuen
Thurm und Dachstuhl bauen, die Kirche mit Stuka-
dor verzieren, drey Altäre von Marmor aufsetzen, für
die zween Seitenaltäre neue Blätter malen, die Mauern
mit Bildern bekleiden, den Chor mit einer neuen Orgel
versehen, und die Kirche selbst mit einem Gitter von
Eisen versichern. Und unser Herr Abt Beda würde
diese Kirche um ein merkliches vergrößert haben, wenn
ihm der hiesige löbliche Stadtmagistrat den Platz, auf
welchem eben hinter dem Hochaltar einige Handwerkslä-
den stehen, für einen, auch überbezahlten, Kauffschilling
hätte zukommen lassen. Die alten abgebrochenen, und
noch brauchbaren Altäre unserer Klosterkirche verwandte
der Hochwürdige Herr Abt Beda zu der St. Veits-
und heil. Kreußkapelle, in die St. Margarethenskapelle,
und Einsiedlerey, die sich alle in unserm Freydhofe befinden, aus welchem Er die vorigen schon mehr als
halb vermoderten Altäre wegschafte. *) Unter Hochdemselben ist in unserer Pfarrkirche zu Dornbach nächst
Wienn ein neuer Thurm aufgeführet, und das sonst
unförmige Gebäude dieser Kirche, nach Möglichkeit,
in eine gleichere Form gebracht, auch die mitten in dem
Dorfe stehende St. Annakapelle neu erbaut und erweitert worden. Unsere Pfarrkirche Abtenau beschenkte er
im Jahre 1778 mit einer herrlichen Monstranze, und
ließ dahin die alte Klosterthurm-Uhre brauchbar machen;
eine gleiche, aber völlig neue, Thurmuhre, nebst einer
schönen Orgel schaffete er in unserm Vikariate zu Anna
im Berge an, und es ist überhaupt kein unserm Kloster St. Peter angehöriges Gotteshaus, welches nicht
neue Kelche, silberne Opferkannen, Meßkleider, Alben,
oder anderes Geräth als Denkmäler dieses Hochwürdigen Herrn Abtes vorzuweisen hat.

Die,

Die, so viel es thunlich, prächtige und anständige Zierde der Tempel liegt unserm Hochwürdigen Herrn Abt Beda so sehr am Herzen, daß er dieselbe auch so gar in fremden Gotteshäusern zu vermehren sucht. In der all hiesigen Hochfürstl. Universitätskirche führte Hochselber zum Angedenken, daß er allda der erste ordentliche Prediger war, eine ganz neue Kanzel von Stukadorarbeit auf, und gab auch dahin zu dem neuen Altare, der im großen Saale aufgesetzet wurde, einen nicht geringen Beytrag. Es befinden sich in- und ausser Lands verschiedene Klöster Gotteshäuser und arme Vikariatskirchen, welchen Hochgedachter Herr Abt theils mit neuen, theils mit alten, doch aber noch guten und brauchbaren, Paramenten, oder andern Kirchensachen zu Hilfe kam; wie er denn in dem K. K. Marktflecken Hallstadt, als in seinem Geburtsorte, eine neue Orgel, welche im Kaisergeld über 150 fl. kostete, und in die zu Ischel neuerbaute Kirche einen Interimsaltar, so auf die Mauer in Fresco gemalt ist, 300 fl. anschafte, dann auch erst voriges Jahr 1781 zu den heiligen Weihnachten einen ganz neu verfertigten Ornat von sogenanntem Kirchenatlaß, nach Radstatt abschickte, allwo diese Vikariatskirche durch eine gräuliche Feuersbrunst verunglücket wurde. Ich kann und will auch nicht alle bisher berührten Schankungen in eine Zahl bringen, und hier weitläufiger der Reihe nach anfügen.

Ewig Schade ist es, sagen meine Patrioten, daß dieser Fronaltar der St. Margarethskapelle, welcher noch dauerhaft war, abgebrochen wurde; denn er war ein Muster des alt-gothischen Geschmacks, und ihrer Arbeit: wo man hätte ihn als ein ehrwürdiges Alterthum besser schätzen, und beybehalten sollen.

Als Abt Gottfried dieses Zeitliche segnete, starben in diesem Jahr nebst ihm noch drey andere Herren Mitbrü-

6. Und sehe viel ruhmwürdiges

Mitbrüder, und war alſo damals unſer Konvent, auch mit Einſchluß der zween Novitzen und eines Laienbruders, nur 33 ſtark; aber auch dieſe zween Neulinge verließen bald nach der Wahl des neuen Herrn Abtes ihr Prob-jahr, und ſuchten ihr Glück weiter. Ungeachtet ſich alle Konventualen in guter Geſundheit befanden, ſo mußte doch die Anzahl derſelben auf künftigen Gebrauch ver-mehret werden; daher der Hochwürdige neuerwählte Herr Abt Beda im nehmlichen 1753 Jahre den 4ten des Au-guſtmonates auf einmal vier neue Novitzen aufnahm, unter welchen ich, der dieſes ſchreibet, an der Zahl der zweyte bin, und folglich die Erfüllung meines Berufes Hochdemſelben mit unaufhörlicher Danknehmung unter-thänigſt zu vergelten habe. Seit dieſer Zeit bis auf ge-genwärtige, das iſt, in 29 Jahren, gebahr Hochgedach-ter, in Wahrheit fruchtbarer Vater, ſittlicher Weiſe, vermittelſt der in ſeine Hände abgelegten Ordensgelübden, 36 geiſtliche Söhne, von welchen aber auch ſchon vier in beſter Blüthe und Hoffnung mit Tod abgiengen. Auch ſparte der Hochwürdige Herr Abt Beda keine Ko-ſten, um ſeine jungen Mönche in den Wiſſenſchaften nach ihrer Fähigkeit zu bilden, und ſie zu mehrerer Aufmun-terung, ſowohl in der Gottesgelehrtheit, als in den Rech-ten prüfen zu laſſen; wie denn auch ihrer zween auf der Univerſität allhier aus beyden Rechten unter dem glor-würdigſten Schutze Sr. Hochfürſtlichen Gnaden Erzbi-ſchofes Siegmund H. A. in dem großen akademiſchen Saale allgemeine, mehr andere aber in dem kleinern Sale alldort aus verſchiedenen Theologiſchen Materien einzelne Sätze öffentlich vertheidigten. Und nebſt dem, daß einer in dem berühmten Benediktiner Stifte zu Oſiach in Kärnthen, ein anderer in dem Stifte St. Georgen im Tyrol, und ein dritter in dem benachbarten Stifte zu Michaelbeyern die ganze Theologie vorlaß, ſo wurde auch die hohe Schule allhier in allen Klaſſen,

ſowohl

sowohl in den 3 ersten, und in der Dicht- und Sprachkunst, als auch in der Weltweisheit, in den geistlichen
Rechten, und in der sittlichen Gotteslehrtheit allschon
mit solchen Mönchen versehen, welche Hochermeldter
Herr Abt Beda in das Kloster aufnahm. Uebrigens
bestehet unser Konvent gemeiniglich aus 38 bis 40 Mönchen, von welchen fast immer 16 bis 19 in der Seelsorge ausgesetzet, und einige davon der Hochfürstlichen
Universität allhier ihre Dienste leisten.

Weil nun das weitschichtige Werk des neuen
Thurmgebäudes sowohl an sich selbst, als wegen der
bedenklichen Kosten eine große und längere Ueberlegung
forderte, so fieng indessen der Hochwürdige Herr Abt
Beda nach etlichen Tagen seiner Erwählung die Abtey
zu erneuern, und fast neu zu bauen an. Denn, brau-
chet schon ein Abt, weil er zugleich immer ein armer
Mönch bleibet, keinen Palast zur Wohnung, so erheischet es doch die Anständigkeit, daß er so ehrliche Wohnzimmer habe, in welchen er die Besuche hoher Fürsten,
und Standspersonen, mit denen besonders unsere Herren Aebte öfters begnadiget werden, gebührend aufnehmen könne. Nun war dazumal die Abtey ein wahres
Alterthum, ohne alle Zierde, und unaufgeräumt; in
der noch überdieß der obere schwarze Tafelboden, und
die kleinen Fenster mit schon abgestandenen Glasschei-
ben eine Finsterniß verursachten; daher der Hochwürdigste Fürst Siegmund von Schrattenbach selbst unsern
Hochwürdigen Herrn Abt antrieb, sich seine Wohnzimmer anderst zubereiten zu lassen. Zu Folge dessen riß
man zuerst ermeldten Tafelboden ab, bey welchem die
abgefaulten Tragbäume anzeigten, daß durch einen un-
fehlbaren gählingen Einsturz des ganzen Bodens das
größte Unglück sich hätte ereignen können. Hernach wurde
ein neuer Röhrboden, Thür- und Fensterstöcke, nebst
vielen

*7.
Die ver-
schiedenen
Erneurun-
gen und Ge-
bäude.*

vielen andern erforderlichen Veränderungen des Gebäudes gemacht; in der abteylichen Hauskapelle ein Altar
von Yps, auf Marmorart, verfertiget; die Zimmer
mit Bildern, Spalieren, Spiegeln, und aller übrigen
Einrichtung zwar nicht prächtig, doch nach einem guten
Geschmacke, ausgezieret, und binnen einem Jahre zur
vollständigen Bewohnung hergestellet. Den dunkeln
Vorsaal, durch welchen man in die Abtey eingehet,
und wo vormals hölzerne Verschläge, in denen die Bedienten schliefen, stunden, ließ der Hochwürdige Herr
Abt Beda gleichfalls mit Stukador-Arbeit verschönern,
auf den obern Boden ein Gemälde, so den Herzog
Theodo, wie er dem Heil. Rupert die Landschaft Salzburgs schenket, vorstellet, an die Seitenwände aber die
ächten Abbildungen der 15 letzten Hochwürdigsten Lands-
herren, in Brustbildern, heften, unter welchen sich der
wirklich regierende Höchste Fürst allzeit in Lebensgröße
abgemalt befindet. Die Gastzimmer unsers Klosters,
derer wir ohnehin wenige zählen, hatten mit der alten
Abtey viele Aehnlichkeit; damit also doch wenigstens
auch diese einem ansehnlichen Gaste zur Bewirthung
dienen möchten, wurden auch allda Thüren und Fenster ausgebrochen, die Wände und Oberböden mit Fre-
sko- und andern Gemälden bekleidet, und zu einem geziemenden Gebrauche zugerichtet. Die Einfahrt in unser Kloster (gegen der Pfarrkirche über) versetzte Hochermeldter Herr Abt in eine förmlichere Gestalt, und
ließ sowohl den äussern Vorhof, als die innern Mauern
des ganzen Klostergebäudes zierlich abputzen, und mit
3 Sonnenuhren versehen. Aus dem allgemeinen Speiszimmer schaffete der Hochwürdige Abt Beda die alten
und schwermüthigen Bilder weg, und machte dasselbe
mit Herbeyschaffung 14 neuer Bildnisse, und andern
angebrachten Zierrathen angenehmer. Fast ein gleiches
geschah auch in dem Redzimmer, welche beyde Zimmer,
wie

wie auch alle Zellen des Konvents, mit neuen Fenstern von durchsichtigen Scheiben mehr beleuchtet, und die Gänge, anstatt der Ziegeln mit Steinblatten bedecket wurden. Der neue Büchersaal, welchen zwar erst Abt Placidus, wie an seinem Orte gesaget worden, auf= und einrichtete, gerieth in eine Unordnung, und die Ungleichheit der Bände gab ihm ein schlechtes Ansehen; derowegen traf der Hochwürdige Herr Abt Beda die Verordnung, daß nun alle Bücher besonders in den Hauptstellen, und dem Rücken nach, im gleichförmigen Bande, und, nach Möglichkeit in behöriger Ordnung dastehen, worzu er das Verzeichniß derselben, so aus 6 Foliobänden bestehet, eigenhändig schrieb. Hochselber schaffete auch sehr viele neue Bücher bey, unter denen sich verschiedene Auflagen der Heil. Väter, und der Bibeln, in ihren Grundtexten, auszeichnen. Damit aber anbey unser Büchersaal auch im übrigen eine ansehnlichere Zierde bekäme, ließ Hochermeldter auf den Oberboden eines jeden Zimmers, derer ihrer sieben sind, ein Gemälde heften, so auf die Klasse der darinn enthaltenen Bücher passet; den ganzen Saal mit Laubwerken, und Sinnbildern ausmalen, und auch in ein jedes Zimmer gewichste Kästen von Tischlerarbeit stellen, in welchen Schreibpulte, und Sessel künstlich verborgen liegen. Dermalen erforderte es die Nothwendigkeit, daß der, voriges Jahr, unversehens abgebrannter Weichselbaumer=Hof, besonders der Stadel, und die Stallung, neu aufgebauet werden. Sollte ich aber hier die zahlreichen Gebäude und Erneurungen, welche unser Hochwürdiger Herr Abt Beda in die 29 Jahre nach und nach recht wirthschaftlich führte, nicht alle erwähnet haben, so werden die aller Orten, nach Verdienste, angebrachten Wappenschilde, oder der beygefügte Name des Abts Beda, solche der späten Nachwelt vorzeigen.

Ausz. der St. Pet. Chr. 2r Th.　　(R)　　Bey

8.
Die Errichtung einiger Stiftungen.

Bey gegenwärtiger Freyheit der Religion, Verschwendung der Einkünfte, und fortdauernden bedrangten Zeiten verbiethen sich zwar, ohne höhere Macht, die milden Stiftungen von selbsten; jedoch hat unser Kloster unter dem dermaligen Hochwürdigen Herrn Abt Beda noch 4 Stiftungen bekommen, die aber nur auf 100 Jahre dauern. Benanntlich stiftete die Wohledle Frau Polixena Staudacherinn, gebohrne Ehrmanninn, von Falkenau, und Freyenwerth, verwittwete Hofrichterinn unsers Klosters, auf alle Samstage, und Vorabende der Frauenfeste eine brennende Lampe in unserer St. Katharina= oder Mariazell=Kapelle; Herr Franz Anton Putzgrueber, Vikarius zu Nußdorf, einen Jahrtag ohne Leviten, samt der Todtenvigil, welcher in der Oktave des heil. Vitals gehalten wird; Frau Elisabetha Sedlmayrinn, gebohrne Steinlinn, burgerliche Kupferschmidts = Meisterinn allhier in der Goldgassen, eine Wochenmesse unter Aussetzung des Hochwürdigsten Guts und 4 Seegen auf dem Bruderschaftsaltare in unserer St. Michaelskirche; und die Wohledelgebohrne Fräule Rosalie von Kreutzern, aus Steuermark gebürtig, eine monatliche Messe, die jederzeit an dem vierten Sonntage des Monats, allwo bey uns zu St. Peter das 7stündige Gebeth einfällt, nach dem Hochamte auf dem Hochaltare muß gelesen werden. Sonst ist mir hier weder von einer andern Stiftung, noch von einer beträchtlichen Schankung zu unserm Gotteshause, derer wir in den alten Zeiten so häufige lesen, etwas Merkwürdiges bekannt.

9.
Die allseitige Vorsorge für den Nutzen des Klosters.

Es ist kein Fach, in welchem unser Hochwürdiger Herr Abt Beda nicht den allseitigen Nutzen des Klosters, auch in dem Zeitlichen möglichst zu befördern, sich unermüdet bearbeitet. Zu allen Zeiten, vorzüglich aber in den heutigen, (in welchen man den Klöstern den Besitz ihrer

ihrer Güter, den sie so rechtmäßig, wie der Burger sein Haus und Handwerk, und der Bauer sein Lehen oder Huebe innhaben, anfechten will) sind die Archive zu Vorzeigung ihrer Rechte, wenn man sie noch gelten läßt, eines der kostbaresten Kleinode. Aus dieser Absicht sammelte Hochberührter Herr Abt alle ältesten Urkunden der Stifts- Schankung- Freyheits- Kauf- Vertrags- und Erbschafts-Briefe, die wir meistens in ur- oder beglaubten Abschriften bey Handen haben, und brachte diese, wie noch mehr unzählige andere Abhandlungen in eine solche unvergleichliche Ordnung, daß wir nun in unserm Archive die sowohl inn- als ausländischen Sachen, bey jedem Ereignungsfalle, so zu sagen, auf den ersten Handgriff vorweisen können. Ferner bemühete sich der Hochwürdige Herr Abt Beda die sämmtlichen gewißen und ungewißen Einkünfte aller Aemter in- und ausser dem Kloster, so viel es seyn konnte, dergestalt in eine Richtigkeit zu bringen, daß ihm nun solche zu einer Richtschnur dienet, nach welcher er den benöthigten und anständigen Aufwand abmißt; zur Vollführung dessen Er gleich anfangs in die Salzburgischen Gebirge, dann 3mal in die Abtenau, zweymal nach Wietting in Kärnthen, und nach Dornbach nächst Wien reisete, und bey dieser Gelegenheit alle Verwaltungen unsers Klosters untersuchte.

Hochselber führet anbey eine so gute und kluge Hauswirthschaft, daß doch bey selber dem Konvente keine Nothwendigkeit ermangelt, und sich zugleich die Gäste (es müßten nur solche seyn, die, wenn sie auch ersättiget worden, dennoch murren) nicht werden beklagen dürfen, daß sie zu St. Peter nicht nach Standsgebühr (freylich ohne Ueberfluß und Verschwendung) wären abgespeiset, oder bewirthet worden. Aller Orten giebt es lieblose Mönchsfeinde, welche die gegründtesten Rechte der Klöster widerrechtlich anfechten. Dieß erfährt auch öfters

unser

unser Kloster St. Peter; allein die Geschicklichkeit
und Vorsorge des Hochwürdigen Herrn Abts Beda schlichtet bey den Hochwürdigsten Landsfürsten,
Höchstwelche sich immer als unsere gnädigste Schutz-
herren bezeugen, die erregten Streithändel dahin, daß
wir unsere Gerechtsamen, einige Nachgiebigkeiten ausgenommen, jederzeit beybehalten dürfen. Eine Probe
hievon giebt der im Jahre 1780 den 28ten des Weinmonates neuerdingen geschlossene Wald Receß, welchen der damalige Hochwürdigste Fürst Hieronymus rc.
da sich wiederholte Anstritte unserer Waldungen, und
zugemuthete Uebertrettungen der Hochfürstlichen Wald-
Ordnung äusserten, mit unserm Kloster, und zwar wegen besonderer dem dermaligen Herrn Abten zu-
tragender Zuneigung, gnädigst einzugehen geruheten.

10.
Die Ein-
verleibung
des St. An-
na-Vika-
riats.

Schon unter dem Abt Gottfried wurde oben-
meldtes Vikariatshaus, und die Kirche St. Anna im
Berge aufgebauet, von unserm Kloster übernommen,
und indessen, Kraft eines Konsistorial-Dekrets, demselben eingeräumet; doch aber erwirkete erst der Hochwürdige Herr Abt Beda, daß Se. Hochfürstl. Gnaden Erzbischof Siegmund von Schrattenbach H.A. besagtes Vikariat durch eine förmliche Urkunde,*) welche im Jahre
1767 den 5ten des Brachmonates ausgefertiget worden,
unserm Kloster mit vollkommenem Rechte einverleibten,
und den Hofurberischen Grund, auf welchem das Vikariat stehet, nach der vorbeschehenen Ausmarkung mildreichest darzu schenkten. Weil unser Abt Gottfried
bald nach Errichtung dieses neuen Vikariats das Zeitliche
seegnete, so hafteten noch einige Baukosten desselben,
an welchen der Hochwürdige Herr Abt Beda 6000 fl.
fristenweis abzahlte; Hochwelcher dann auch im ofter-
nannten Vikariat die mit höchster Verwilligung aufgerichtete Bruderschaft von der heiligen Mutter Anna im
Jahr

Jahr 1758 den 19. Hornungs feyerlich einsetzte, und zur selber, als das erste Grundkapital, eine Schankung von 100 fl. machte.

*) Dieser Einverleibungsbrief ist in unserer Chronick Fol. 663 zu lesen.

Unser Hochwürdiger Herr Abt Bda war von der Zeit an, in welcher er, so zu sagen, die Feder vernünftig zu führen gelernet hatte, ein ungemeiner Liebhaber vom Schreiben; doch aber nicht mit einem jugendlichen Schreibgeist behaftet, welcher der Welt nur leere Hirngespinste liefert, sondern er verfaßte solche Schriften, die fast allen Gattungen der Menschen nützlich, und vortheilhaft sind. Viele seiner Schriften gab er noch an das Tageslicht, ehe er zur abtenlichen Würde erhoben wurde. Hier sind sie. Marianischer Seelentrost auf alle Frauenfeste des Jahrs, in 8. Salzb. 1741. *Novendialia Exercitia pro VII festis principalioribus B. V. cum observationibus Historicis,* in 8. Augsburg 1743. Geistliche Liebsgedanken von dem höchsten Altarsgeheimniß, oder 52 Betrachtungen, und so viel Historien auf jede Woche des Jahrs, in 8. Augsburg 1744. *Philosophia antiquo-nova ad usum Juventutis academicae. cum Fig.* in 4. 1745. Unter dem Schutze des Abt Gottfrieds.. Im Jahr 1753. Auserlesene in vier Theil verfaßte Lob- und Sittenpredigen, I. von dem Hochwürdigen Gut, II. von dem Leiden Christi, III. von der Seeligsten Mutter Gottes, IV. an unterschiedlichen Fest-Tagen. Unter dem mächtigsten Schutze Mariä Trost auf dem Plain: ein Folioband, welcher 102 Predigten enthält. Im Jahr 1756 ließ Hochgedachter schon als Abt jene Lehr- und Sittenpredigen auf zwey Jahrgäng unter die Presse legen, welche er als ordentlicher Uni-

II. Die zum Druck beförderten Bücher.

(X) 3

versi-

verfitäts, und Ehriftenlehrprediger an Sonn- und Feyertagen vortrug, und dem Hochwürdigſten Fürſten Siegmund von Schrattenbach unterthänigſt wiedmete; ein
zweytheiliges Folium, in dem ſich 145 Predigten befinden. Im Jahr 1759 beförderte der Hochwürdige
Herr Abt Beda jenes berühmte Werk zum Druck,
welches zwar unſer Abt Gottfried unter dem Titel: Mo-
noteſſaron Evangelicum &c. (die Vereinigung des
Evangelium) verfaßte, unſer Herr Abt Beda aber
mit 72 ſittlichen Predigtſätzen vermehrte, in eine ordentliche Ein- und Austheilung brachte, und den Hohen
Ehren des Hochwürdigen Domkapitels von Salzburg
zuſchrieb; ein ſtarker Foliumband. Im Jahr 1772
erſchien abermal ein großes lateiniſches Werk, welches
die Aufſchrift führet: *Noviſſimum Chronicon antiqui
Monaſterii ad Sanctum Petrum Salisburgi Ordinis San-
cti Benedicti &c.* (das iſt: **Die Neueſte Chronick
des alten Kloſters zu St. Peter in Salzburg
aus dem Orden des Heil. Benedikts**) welches
Werk zwar der Arbeit unſerer Zenobiten zugeſchrieben
wird; jedoch aber haben hieran aus uns Mönchen nur
zween oder drey als Abſchreiber gedienet, und iſt deſſen
der einzige Verfaſſer unſer Hochwürdiger Hr. Abt Beda
ſelbſt, der hier aus Demuth ſeinen Namen verſchweiget,
den er ſich hierdurch unſterblich machte. Alle ächten
Kenner werden dem Hochwürdigen Herrn Verfaſſer dieſe
Ehre nicht abſprechen können, daß dieſes Werk eine un-
erhört müheſame, mit aller Genauigkeit geſammelte, und
mit unabläßlichem Fleiße verfertigte Arbeit ſey. Uebrigens iſt es ein Folienband mit 76 Kupferſtichen, welche,
ſo viel es möglich, die Abbildungen und Wappenſchilde
der Biſchöfe, und Erzbiſchöfe (wie ſie in der hieſigen
Reſidenz in dem Fürſtenſaale zu ſehen ſind, und ſo lange
ſie noch zugleich Aebte zu St. Peter waren) dann die
in der Reihe nachfolgenden Aebte unſers Kloſters vor-

ſtellen.

stellen. Der Hochwürdige Herr Verfasser überreichte im
Namen des ganzen Konvents den Entwurf dieses Wer=
kes samt der unterthänigst=gehorsamsten Zuschrift schon
im Jahr 1771 den 1. May, als am heil. Siegmunds=
feste, Sr. Hochfürstl. Gnaden Siegmund dem III. R.
R. Grafen von Schrattenbach rc. um Höchstdemselben
das hinnach abgedruckte Werk zur höchsterwünschten
Jubelfeyer des fünfzigjährigen Priesterthums, welche
im Jahr 1773 erfolget wäre, als ein öffentliches Zeug=
niß der tiefesten Unterthänigkeit, und als ein ewiges
Denkmaal der empfindlichsten Dankbegierde unsers Klo=
sters zu Füßen legen zu können. Jene erbaulichsten An=
reden, die der Hochwürdige Herr Abt Beda uns in
den monatlichen Kapiteln vorlaß, sind gleichfalls in vier
Quartbänden, unter dem Titel: Hirtenreden (*Sermones
Pastorales*) durch den Druck bekannt worden. Jeder
dieser Bände enthält 50 Reden, die zween ersten vom
Jahr 1764, und 1767 sind Sr. Hochfürstl. Gnaden
Siegmund von Schrattenbach, der dritte und vierte
aber vom Jahr 1773 und 1779 dem dermaligen Hoch=
würdigsten Fürsten Hieronymus von Colloredo rc. rc. in
schuldigster Ehrfurcht eingeweihet. Vielleicht, ich weiß
es nicht, wird auch von diesen Hirtenreden, der fünfte
Band bald herauskommen; so viel aber ist mir bewußt,
daß anheuer das hundertjährige Gedächtniß unserer in
Gott seelig verschiedenen Mönnche (*Saecularis Memo=
ria pie defunctorum &c.*) wie ich nicht zweifle, ganz
unpartheyisch beschrieben, an das Tagslicht kommen
werde. Was aber unser Hochwürdiger Herr Abt Beda,
welcher auch bey annahendem Alter in seinen Arbeiten
nie ermüdet, und sogar allen Briefwechsel meistens eigen=
händig führet, noch übrigens an merkwürdigen Hand=
schriften verfasset, dieß werden wir erst nach seinem
Tode, welchen Gott bis in die spätesten Zeiten gütigst
abwenden wolle, zu seiner Ehre, und gebührender Dank=
barkeit anzurühmen wissen.

(R) 4   Es

12.
Abt Beda
stehet dem
Kloster in
bedrängten
Zeitläufen,

Es ist leicht zu erachten, daß sich in einem Zeitraume von 29 Jahren verschiedene bedrängte Zufälle ereignen können, die ganze Länder, um so mehr einzelne Gemeinden hart empfinden; binnen dieser Jahren mußte folglich auch unser Hochwürdiger Herr Abt Beda manche Schicksale erfahren, die ihn darum schwerlich drückten, weil er ein getreuer und sorgfältiger Haushalter unsers Klosters ist. Nicht um eine Figur der Redekunst anzubringen, sondern mit einer überlegten Behutsamkeit verschweige ich hier jene zwar allbekannte Schicksale sämmtlicher Ordensmänner, welche die Obern und Vorsteher der Klöster, denen doch nicht eben das zeitliche Daseyn, wohl aber die Erhaltung ihrer Stiftungen am Herzen lieget, in tägliche Sorgen, Furcht und Schrecken versetzen. Ich gedenke also nur jener, die allgemeine Ereigniße zu heißen sind. Ausdorrende Kein, Trockne, ersäufende Nässe, Hagel und Schauer berauben den Landmann seiner Nahrung, so, wie ihn große Ueberschwemmungen, abreissende Plaiken, und entstandene Feuersbrünste von Haus und Hof jagen. Dergleichen Unglücke trafen nicht nur öfters die Güter und Höfe, welche unmittelbar uns angehören, und von aufgestellten Dienstleuten gepfleget werden, sondern auch noch beträchtlicher unsere Grundholden; und von allen Seiten wuchs unserm Kloster ein merklicher Schaden zu, nehmlich der eigene, den es erlitt, und jener von den verunglückten Unterthanen, welchen es an den gebührenden Stiften, Diensten, und Gaben, nach Beschaffenheit der Umstände, einen großen, oder auch ganzen Nachlaß zugestehen mußte. War schon das Geräusch der feindlichen Waffen, welche vom Jahre 1756 bis auf das Jahr 1763, und mehrmal vom Jahre 1778 bis 1779 in den K. K. Erblanden erschallten, von unserm Vaterlande weit entfernet, so erklang doch ihr zerstörendes Sausen durchdringend in unsern Ohren; denn unser Hochwürdigster Landsfürst Siegmund ꝛc. mußte

als

als ein Reichsglied zur Verstärkung der kaiserlichen
Waffen 800 Mann in das Feld stellen, welche im Jahre
1757 den 15ten des Heumonates ausrückten, und erst
den 13ten des Maymonates im Jahre 1763 wieder zurück kamen, zu derer sämmtlichen Unterhaltung die hiesige Hochlöbl. Landschaft eine Summe von beyläufig
663692 fl. zu verwenden hatte. Nebst dem zeigten sich
auch in unserm Lande, hin und wieder höhere Ausgaben,
und unser Kloster war sogar genöthiget, unserer Probsten zu Wietting in Kärnthen, und der Herrschaft Dornbach nächst Wien, welche als unterthänigste Vasallen
gleich allen andern Unterthanen für das allgemeine Wohl
bis auf das äusserste beyzusteuern hatten, mit einer nicht
geringen Gelds Summe zu Hilfe zu kommen; ungeachtet St. Peter von diesen beyden Herrschaften, (die benöthigten Weine von Dornbach ausgenommen) schon bey
100 Jahren keine besondere Nutznießung bekommen kann.
Ja sogar den gegenwärtigen Krieg mit den Amerikanern
empfindet Salzburg, indem wegen Unsicherheit der Han-
delschaft auf den Meeren alle Gattungen der Kaufmanns-
waaren, für welche unser Kloster jährlich eine unglaub-
liche Auslage zu machen hat, in ihrem Werthe immer
steigen.

Die ausserordentliche Theurung, welche gleich einer
ansteckenden Seuche fast durch ganz Europa wüthete,
überfiel auch um das Jahr 1770 unser geliebtes Vaterland. Man erinnerte sich zwar, an sich selbst noch gröss-
sere Theurungen erlebt zu haben, die aber höchstens nur
etliche Wochen oder Monate anhielten; da hingegen diese
fast in das fünfte Jahr fortdauerte. Die Noth war
allgemein; die Leute trugen das baare und schönste Schatz-
geld auf den Händen, und bathen fußfällig um Brod,
und Getraid, dennoch aber konnte man ihnen nur sehr
wenig oder gar nichts abgeben; zumal das uns benach-

barte

barte Baiern, welches uns sonst das Getraid liefert,
selbst einen solchen Mangel litt, daß sogar Salzburg,
(welches etwas unerhörtes ist,) das sogenannte Mund-
Mehl und die Mund-Semmel auf einige Zeit zur Churfürstlichen Tafel dahin abschickte. Mit großen Kosten,
wobey die hiesige hochlöbliche Landschaft 1490893 fl.
auslegte, mußte also das Getreid aus Wälschland, Tyrol,
Oesterreich und Ungarn zugeführet werden, damit man
doch dem gemeinen Manne und Burger (denen auch mehrere Standspersonen bärfen beygezählet werden,) wö-
chentlich bey der Schrannen etwas Brod, dennoch aber
nicht nach Erfoderniß, austheilen konnte. Der höchste
Schrannenpreis war dieser: das Schaff Weitzen kostete
46 fl. der Roggen 42 fl. die Gerste 74 fl. der Metzen
Haber 2 fl. 24 kr. und der Löhnlaib (wie wir ihn hier
nennen) welcher nicht gar 4 Pfund, wurde um 26 bis
29 kr. verkauft. Die Armen, welche das Fußmehl der
Müller theuer bezahlten, konnten sich an Haber-Kleyen-
und Spreuerbrod aus Abgange dessen nicht ersättigen.
Selbst unser Kloster brachte sein Dienst- und Zehent-
Getraid mit harter Mühe, niemals aber vollständig ein.
Und damals machte der Hochwürdige Herr Abt Beda
einen vorsichtigen Joseph, indem er, nicht aus Geitz, noch
aus Wucher, (welche zwey Laster den Klöstern insgemein
aufgebürdet werden,) sondern aus kluger Vorsorge auf
die ungewiße Zukunft kein Getraid, ob es schon meistens
wäre überzahlet worden, aus unserm Klosterkasten verkaufte, damit nicht das Konvent, und unsere Dienstleute
in eine gleiche Noth gerathen möchten; dennoch aber
war unser Kloster veranlasset, sowohl dem Konvente, als
den gebrödten Dienern die gewöhnlichen Tischlaibel, derer
eines 11 Loth wiegt, auf eine Zeit um 2 Loth an dem
Gewichte zu verringern. Dessen ungeachtet wurde
gleichwol unsern Grundholden, nach Maaß ihrer Bedürfniß, das Samengetraid willfährig vorgestrecket.

Die

Die betroffene harte Kriegsläufe, und diese drückende Theurung beschwerten den Landschafts- und Kameralstand des hohen Erzstifts so namhaft, daß sich selber bey den ordentlichen Erträgnissen nicht mehr hätte erschwingen können, folglich ein ausserordentlicher Landesbeytrag mußte zur Hilfe genommen werden. Daher waren Se. Hochfürstliche Gnaden, der jetzt ruhmwürdigst-regierende Fürst Hieronymus ꝛc. ꝛc. auch mit Empörung seines Vaterherzens, von der Nothwendigkeit gedrungen, alle Gattungen des Getränkes mit einem Accis, oder Aufschlag zu belegen, und vermittelst eines gnädigsten Generalis den 19ten des Herbstmonates im Jahr 1775 zu gebiethen, daß von jedem Viertl, (wie wir es hier zu Lande heißen) der gewöhnlichen Tischweine 2 kr. der Ausländer- oder Liqueurs-Weine 8 kr. des innländischen Brandeweins 4 kr. des ausländischen 8 kr. des Meths 2 kr. und den Bierbräuern ab jedem Viertl 1 kr. abzuführen sey. Die hierdurch zufliessende Geldssumme, welche sich alle Jahre ohngefähr auf 140000 Gulden belaufen möchte, wird in eine abgesonderte Kasse gelegt, unter einer besondern Landesherrlichen Deputation verwaltet, und zu dem vorgesetzten Endzweck, als ein Amortizationfond, angesehen. Unser Kloster St. Peter unterwirft sich gleich den übrigen Mitbürgern dieser höchstgedeihlichen Auflage, und reichet nicht nur für ten Wein, den es in dem Keller auszuschenken die uralte Freyheit genießt, sondern auch von allem Kirchen-Tisch- Gast- Besoldungs- und Almosen-Weine an arme Klöster mit schuldigster Bereitwilligkeit sein Gebühr ab, so jährlich bey sechszehen bis achtzehen Hundert Gulden beträgt. Diese beträchtliche Auslage, welche noch mehr andere, nach Erheischung der Umstände des Landes und der Stadt begleiten, verursachten zwar in unserm Kloster mehrere wirthschaftliche Einschränkungen, jedoch wundert sich die ganze Stadt, und mit dieser

auch

auch selbst unser Konvent, daß der Hochwürdige Herr
Abt Beda in Rücksicht aller jetzt angeführten Zufälle
dennoch so zahlreiche und kostspielige Unternehmungen
hat zu Stande bringen können. Denn nicht alles, was
einen Schimmer von sich wirft, ist immer reines Gold;
besitzet schon St. Peter viele liegende Güter, Herrschaften, Unterthanen 2c so ist doch zum Gleichgewichte auch
der übergroße, und unentbehrliche Aufgang in eine unpartheyische Erwägung zu ziehen. Wir Mönche also,
denen doch das beyläufige Erträgniß unsers Klosters
bewußt ist, müssen alles nur lediglich dem augenscheinlichen Seegen Gottes zuschreiben, welchen die Frömmigkeit und Gottseligkeit des Hochwürdigen Herrn Abts
Beda unserm Hause zugebracht. Ohne einen niederträch-
tigen Schmeichler abzugeben (so ohnehin wider meine
Natur wäre) kann ich behaupten, und der Verfolg
dieser Chronick selbst muß mir diese unläugbare Wahrheit bewähren, daß der Hochwürdige Herr Abt Beda,
der zweyte Stifter und Errichter unsers Klosters sey,
und durch die neun und zwanzig Jahre seiner ruhmvollesten Würde, unserm Kloster mehrern Nutzen geschaffet
hat, als andere seiner Vorfahrer in manchen Jahr-
hunderten.

13.
und unter
2 Höchstge-
priesenen
Landesfür-
sten vor.

Die ewige Vorsicht, welche über unser Kloster St. Peter bereits in das 12 Jahrhundert erbarmungsvoll wachet,
und für solches väterlich sorget, setzte zwar immer auf den
erhabenen Thron der hohen Erzstiftskirche Salzburgs solche Erzbischöfe und Fürsten, die sich auch bey ihrer höchsten Würde nicht schämten, das alte St. Peter gleichsam
als ihre Mutter zu ehren, und durch ihre Macht und
Gnade dergestalt zu schützen und zu erhalten, daß es in
einer ununterbrochenen Reihe seine Aebte zählet, denen-
jenigen neibischen Gemüthern, welche sich mit den Federn
eines dienstseifrigen und gefälligen Papagays bekleiden,

entris-

entrissen wurde, und bisher in seinen Rechten und Frey=
heiten, kann eben nicht sagen ungekränkt, doch aber nicht
zu sehr beschädiget verblieb.   Dessen ungeachtet hatte
dennoch der dermalige Hochwürdige Herr Abt Beda auch
dieses besondere Glück, daß Hochselber in den nehmlichen
Zeiten unserm Kloster vorstehet, in welchen zween Hoch=
würdigste Fürsten das Steuerruder führten, deren un=
trüglicher Leitstern, Religion, Gottesfurcht, Gerechtig=
keit und Menschenliebe waren und annoch sind.   Schon
erwähntermassen tratt der Hochwürdigste Erzbischof Sieg=
mund der III. Reichsgraf von Schrattenbach die Re=
gierung an, als bald darauf, nehmlich im dritten Mo=
nate der Hochwürdige Herr Abt Beda erwählet wurde;
Höchstwelcher sich gegen uns Mönche zu St. Peter als
einen so gnädigsten Gönner und Schutzherrn bezeugte,
daß sein Angedenken bey uns auch in dem spätesten Welt=
alter unvergeßlich und gesegnet verbleiben wird.

Unser Vaterland hatte an diesem Hochwürdigsten
Fürsten einen vollkommenen Bischof, und getreuesten
Hirten, der über seine ihm von Gott anvertraute Heerde
eifrigst wachte, derselben Wohl mit väterlicher Liebe be=
förderte, und ihr durch sein bestes Beyspiel ein vollstän=
diges Muster aller Tugenden geworden war.   Noch
als Hochwürdiger Domherr genoß er zwar die Canoni=
katspfründen der Erz= und Hochstifter Salzburg, Eich=
stätt, und Augsburg, von denen er aber nur seinen ge=
sparsamen Unterhalt zog, den Ueberfluß hingegen zur Ehre
Gottes, Erquickung der Armen, und zum Dienste wahrer
Liebe verwandte; und sein Haus konnte man schon da=
mals ein kleines Bisthum heißen, indem er über seine
Hausgenossen ein sorgfältiges Aug warf, sie durch geist=
reiche Ermahnungen von dem Bösen ab= und zu dem
Guten anleitete, und ihnen wenigstens alle Monate,
und an den Festtagen Mariä die Empfahung der heil.
Sakra=

Sakramente der Buße, und des Altars anbefahl. Gleich bey dem Antritte seiner ruhmvollesten Regierung beeiferte er sich, die Religion und gute Sitten zu erhalten, die Laster und Ausgelassenheiten zu bezähmen, und die Tugend und Andacht aller Orten auszubreiten; zu welchem Ende er wider die Ruchlosigkeiten, Aergernisse, und Ausschweifungen die geschärftesten Verordnungen ergehen, auch jene schändlichen und verführerischen Schriften, welche schon damals der Freygeist ausstreuete, eilfertigst verbiethen ließ.

Obschon dieser Hochwürdigste Oberhirt den Kirchensprengel seines Landes in= und außer den Gebirgen in Höchster Person öfters durchreiste, und untersuchte, so verlangte Höchstselber dennoch, daß die Seelsorger umständlich und getreulich den Zustand ihrer untergebenen Geistlichkeit unmittelbar zu gnädigsten Händen öfters einberichten sollten, wodurch er einen jeden Curaten so wohl wegen seiner Wissenschaft und Aufführung, als wegen seines Fleißes in Ausübung der Seelsorge bestens kennen konnte; und gleichwie er die Eifrigen und Arbeitsamen belohnte, und beförderte, also bestrafte er auch die Trägen und Nachläßigen nach aller Schärfe. Nebst dem trug dieser eifervolle Hirt kein Bedenken, auch von den mindesten Schäflein bey jeder Gelegenheit Nachricht einzuholen, ob, und wie die seelsorglichen Verrichtungen abgehalten werden. Aller dieser Wachsamkeit ungeachtet, mußte dennoch der Hochwürdigste Erzbischof Siegmund zu seinem bittersten Herzenleid erfahren, daß in einem Theil seines weitschichtigen Kirchensprengels der Irrthum immerzu sein Haupt empor hob; er schickte aber alsogleich apostolische Männer ab, die er in einem fremden Lande viele Jahre hindurch mit einem kostbaren Aufwande ernährte, damit alldort durch ihre Arbeiten die Irrenden zurückgeführet,

und

und die Anzahl der Verdächtigen gemindert würde.
Waren gleich die Bewohner unserer Hauptstadt und
des Landes durch lehrreiche Predigten, und nützliche
Christenlehren, die von den aufgestellten Predigern,
Seelsorgern, Christenlehrern, und Mißionarien in den
öffentlichen Kirchen, und Privathäusern vorgetragen
wurden, genugsam belehret, und unterrichtet worden,
so war doch dieses dem brennenden Eifer des Hochwürdigsten Erzbischofs Siegmund nicht genug; er wollte
noch überdieß, daß ein Bruder den andern unterweisen
sollte, welche heilsamste Absicht er durch die Bruderschaft der christlichen Lehre zu erzielen glaubte, die er
im Jahr 1758 im ganzen Lande, und in der Hauptstadt Salzburg mit großer Mühe und vielen Kosten
durch zween Jesuiten einführte, und zur Erhaltung und
Fortpflanzung derselben zween Weltpriester als Mißionarien bis an sein Ende aus Eigenem erhielt.

Für die Freyheit und Vorrechte der Kirche stellte
sich Höchstgedachter wie eine eherne Mauer, daher er im
Jahr 1770 nicht nur seine Suffraganen, sondern auch
die andern Bischöfe des Baierischen Kraises, die theils
selbst, meistens aber durch ihre abgeordnete Kommiß-
sarien erschienen, nach Salzburg berief, um mit ge-
samter Hand die bischöflichen Rechte, welche das
Durchleuchtigste Churhaus Baiern, oder vielmehr
die damals herrschenden Minister, immer ausge-
dehnter anfochten, zu vertheidigen, und die mit den
Churfürsten getroffenen Conkordaten, oder vereinigten
Schlüße zwischen Salzburg und Baiern zu rechtfertigen,
bey welcher Gelegenheit das von mir so oft angezogene
berühmte Werk, die unpartheyische Abhandlung
von dem Staate des hohen Erzstifts Salzburg
ꝛc. verfasset worden. Gleichwie aber der Hochw. Erzbischof Siegmund für die Rechte, also eiferte er auch für

die

die Zierde, und Erhaltung der Kirchen Gottes; er gab also seiner großen Cathedralkirche, welche das mehr als hundertjährige Alter verfinsterte, durch eine kostspielige Ausweissung ein neues Licht, und dem Kirchenschatze durch Anschaffung vieler und kostbarer Kirchenornate einen großen Zuwachs; er machte zu Neuerbauung der Gotteshäuser am Hallein, zu Puchbach, Großarl, und mehr andern recht beträchtliche Beyträge; er vermehrte die vorhin nicht hinlänglichen Stiftungen der Vikarioten in der Eschenau, in der Taurach, in Defereggen, und Tweng; er schenkte zur Deckung der uralten Kapelle zu Maria Altenötting das Kupfer; und war nach der allerhöchsten K. K. apostolischen Majestät der zweyte Stifter des neu errichteten Priesterhauses zu Klagenfurt.

Der Hochwürdigste Erzbischof und Fürst Siegsmund arbeitete unaufhörlich, auch bey schon hohem Alter, und entkräftetem Leibe, für das geistliche und zeitliche Wohl der Seinigen; alle erzbischöflichen Handlungen verrichtete er in eigener höchster Person, er ertheilte 4 Kirchenprälaten die bischöfliche Weihe, segnete 13 Aebte, Pröbste und Aebtissinnen ein; weihete 41 Kirchen und Kapellen, 139 beständige Altäre, 143 bewegliche Altarsteine, und 177 Glocken. 1060 Personen verlieh er die vier mindern Weihen, 1025 das Subdiakonat, 1023 das Diakonat, 1020 das Priesterthum, und 101566 das Sakrament der heiligen Firmung. Alle unzähligen Bittschriften, die quatember- und jährlichen Berichte der Seelsorger, alle öfters voluminosen Relationen und Deduktionen der untergebenen Stellen und Tribunalien, alle zu gnädigsten Handen erlassene Berichte der Pfleger und Beamten durchlas Höchstermeldter selbst, und fertigte hierüber die Bescheide und Verordnugen meistentheils mit eigener Handschrift: in welcher Absicht er einem jeden, auch geringsten Bauern, zuweilen mit großser

ser Beschwerniß, den Zutritt gestattete, den gemachten
Vortrag gnädigst anhörte, und jedermänniglich Gerechtigkeit widerfahren ließ. Zur Zierde unserer Hauptstadt errichtete Fürst Siegmund im Jahre 1771 eine
kostbare Bildsäule der unbefleckten Empfängniß Mariä,
welche in der Länge 12 Schuh mißt, und aus Metall
gegossen worden; sie steht auf der Weltkugel und auf einem herrlichen Postament von weißem Marmor; auf
dessen 4 Ecken aber befinden sich 4 andere Statuen, welche
die Weisheit, die Kirche, einen Cherub, und den Satan
vorstellen, und aus obiger Materie gegossen sind. Diese
5 Bildnisse sind denkenswürdige Kunstwerke des berühmten Herrn Johann Bapt. von Hagenauer, eines gebohrnen Salzburgers, Hochfürstlichen Truchseß, und damals
Hofstatuarius allhier; d. Z. aber K. K. Gravier Direk-
tors in Wien. Zu mehrerer Bequemlichkeit der Bürger
ließ Höchstgedachter im Jahre 1768 mit unsäglichen
Kosten ein neues Thor durch den Mönchsberg ausbrechen, welches in der Länge 415, in der Höhe 39, und in
der Breite 22 Schuh hat. Auf dessen Einfahrt von
der Riettenburg her, die ein mit Quaterstücken ausgesetz-
ter Stadtgraben umzingelt, die Statue des Heil. K.
Siegmunds, (16 Schuh hoch,) und bey dem Ausgange
gegen der Stadt, und Hofstall die in einer Steinblatte
im Brustbild erhoben ausgehauene Abbildung des Hochwürdigsten Fürsten Siegmunds (beyde aus weißem Marmor, von ersterwehntem Herrn Hagenauer verfertiget)
aufgestellt zu sehen. Letzterer wurde diese recht schickliche
Unterschrift eingesetzet: (*Te Saxa loquuntur,* Dich
rühmen die Steine,) Das vorhin schlechte Pflaster der
Stadt zu verbessern, und in gutem Stande zu erhalten,
führte Höchstermeldter Fürst eine eigene Pflasterfunda-
tion ein, welche in ausgetheilten Beyträgen der Stände,
Klöster und Bürgerschaft bestehet, und von einem Mit-
gliede des hiesigen Stadtmagistrats verwaltet wird.

Ausz. der St. Pet. Chr. 21 Th.　　(S)　　Salz-

Salzburg verehrte an diesem Hochwürdigsten Fürsten einen wahren zärtlichen, und barmherzigen Vater des Vaterlandes. Erstaunlich waren jene Summen, die dieser mildthätigste Fürst als ein gemeines Almosen durch das Almosenamt ausspendete, aber noch weit größer jene, die er in höchster Person selbst austheilte, in die Bittschriften steckte, oder durch andere Hände, und verschiedene ausersonnene Wege, besonders zur Zeit der angefangenen Theurung, darreichte. So viele arme Knaben sich meldeten, fast so viele ließ er anständige Handthierungen erlernen, und eine große Anzahl junger Mägdlein unterhielt er bey den wohlehrwürdigen Ursuliner-Jungfrauen allhier in Salzburg, und zu Eichstätt, auch bey den englischen Fräulein. Im hiesigen Johannes-Spital eröffnete Er den armen Kranken die Zimmer des dritten Stocks, worzu Er jährlich aus Eigenem 3000 fl. beytrug. Vorzüglichst aber verdienet nachfolgende barmherzige Großmuth, und zärtlichste Vaterliebe in Stein und Erz eingehauen zu werden. Die Unbilden der vorhin benachbarten Kriegsläuffe, und andere schwere Zeiten hinterließen bey den Bergwerken unserer salzburgischen Gebirgen, nehmlich bey den Händeln in der Lend, Gastein, Rauris, Ramingstein, Großarl, Mühlbach, Flachau, und Dienten, zwanzig Jahre lang einen Ausstand, oder sogenannten Rabat, welchen der Hochwürdigste Fürst Siegmund zu einem unbeschreiblichen Trost, und Behuf der armen Knappschaft, und ihrer noch lebenden Wittwen, und Waysen im Jahr 1763 den 28sten des Aprilmonates Pr. 38,764 fl. 54 kr. und 3 Pf. ohne mindesten Abzug, mildreichest ersetzte. Ein gleiches unverwelkliches Denkmal verbleibet dem Jahr 1769, da Höchstgedachter Vater der schönen Liebe den 24sten des Herbstmonates, als am Feste des heil. Ruperts, Stifter unserer Erzkirche, in eigener Person 26 kleine Waysenknaben

in

in ihr Haus einführte, das Er aus Eigenem erkaufte,
und zu ihrer Bequemlichkeit zurichten ließ. Und eben
so begleitete Höchstselber, als der wahre Waysenvater,
den 6ten des Weinmonates darauf 30 zarte und älternlose
Mägdlein in das gleichfalls von ihm neuerbaute Way-
senhaus, zu dessen Stiftung er 25,000 fl. herschoß,
und auch anbey erlaubte, daß die Unterthanen durch
freywillige Beyträge an dieser frömmsten Stiftung Antheil nehmen können. Bey Vorgehung dieser beyden
Handlungen flossen häufige Thränen der heißesten Dankbarkeit, und des zärtlichsten Gefühles.

Uebrigens war der Hochwürdigste Fürst Siegmund
nach allen Zügen ein vollkommener Bischof, welcher
sich den Rechtgläubigen als ein ausgemachtes Muster
in den Worten, im Umgange, in der Liebe, in dem
Glauben, und in der Keuschheit vorstellte. Er sagte
öfters, daß die Sünde eine Pest, und wie diese zu flie-
hen sey, aus welchem Grunde er sich berechtiget glaubte,
das hiesige Lazareth zu St. Rochus zu einem Zucht- und
Arbeitshaus zu wiedmen. Er machte gleichsam einen
öffentlichen Lehrer, indem er sowohl seiner Geistlichkeit,
als auch seinen weltlichen Beamten ihre Berufs- und
Standspflichten nachdrücklichst einprägte, und sich seine
Demuth in dieser Absicht so weit herabließ, daß Er sich
recht gerne mit den unschuldigen Kindern unterhielt, um
ihren wachsenen Herzen durch Liebkosungen, und Ge-
schenke Muth und Vertrauen einzuflössen, und sie zu
tugendhaften Christen zu bilden. Es wurde fast keine
öffentliche Andacht und Kirchenfeyerlichkeit in- oder auch
außer der Stadt begangen, welcher Er, und zwar gemeiniglich mit dem ganzen Hofstaat, nicht erbaulichst
beywohnte, die Umgänge begleitete, und öfters den in
großer Anzahl gegenwärtigen Kommunikanten viele
Stunden lang das Hochwürdigste Gut ausspendete.

Die

Die Liebe und Andacht zu diesem grösten Geheimnisse, welches Er mit sichtbarer Innbrunst anbethete, zu vermehren, verordnete Er, daß auf dem Lande in den Pfarrs Gotteshäusern eine vierzigstündige, in den Vikariatskirchen aber eine siebenstündige Anbethung des allerheiligsten Altarssakraments solle abgehalten werden, und durch sein erbauliches Beyspiel wuchs auch die schon vorhin gepflogene Andacht gegen Mariam noch mehr an, welche er fast alle Wochen, und öfters zu Fuß, am Plain eifrigst besuchte, und alle Vorabende der marianischen Festtage bey Wasser und Brod fastete.

Dieser gottselige Fürst war in allen Stücken ganz entschlossen, und nahm unerschrockn das Todesurtheil auf, als man ihm die vorletzte Nacht seines Lebens die nahe Gefahr hinterbrachte, wie er eben auf dem harten Boden mit entblößten Füßen, und erhobenen Händen vor einem Kruzifirbild, welches in allen seinen Unternehmungen jederzeit sein bester Rathgeber war, knieend angetroffen worden. Er antwortete hierauf nichts anders, als: Herr dein Wille geschehe; ich sterbe gerne, nur die Armen, die ich verlasse, erbarmen mir. Des andern Tags wurde Höchstselber von der Domkirche aus mit der heil. Wegzehrung öffentlich versehen, allwo Er, mit seinen Kirchenkleidern angethan, dem Hochwürdigsten Gut, unerachtet seiner gröſsten Schwachheit, entgegen gieng, mit lauter Stimme das Glaubensbekenntniß und die offene Beicht ablegte, die letzte Wegzehrung mit innbrünstigster Andacht empfieng, und das höchste Geheimniß wiederum bis zur Thüre begleitete.

Gleichwie Er aber in die 49 Jahre seines Priesterthums das göttliche Opfer der Messe, bis auf die

zween

zween letzten Tage, täglich vollbrachte, also bethete er
noch an dem letzten Tage seines Lebens, obschon mit
starker Anstrengung seiner noch wenigen Leibskräfte,
das sehr lange Brevier am dritten Sonntage des Advents; denselben ganzen Tag und Nacht vollbrachte Er unter den feurigsten Anmuthungen der erhabensten Tugends-
Uebungen, sprach sich bis auf den letzten Abdruck selbst
zu, und in den Woten: Herr, in deine Hände be-
fiehl ich meinen Geist, hauchte Er im Jahre 1771
den 16ten des Christmonates um 8 Uhr in der Frühe
seine heilige Seele aus. Bey gewöhnlicher Eröffnung
des entseelten Körpers fand man eine Menge, einiger
auch großen Steine (derer Schmerzen Er doch mit einer
unbeschreiblichen Gebuld ertrug) welche eine Entzündung
der Nieren, diese aber den betrübtesten Todesfall verursachten. Sein reinstes und jungfräuliches Herz befahl
Er in das sobenamste Sacell, oder Universitäts-Capelle
der unbefleckten Empfängniß Mariä (allwo die hiesigen
Jungggesellen ihre Bruderschaftsversammlungen pflegen)
vor dem neuen Hochaltar, zu welchem Höchstberührter den
benöthigten Marmor nebst 1000 fl. an baarem Gelde
herschenkte, zu beerdigen; der fürstliche Leichnam aber
wurde den 23ten des Christmonates mit dem gebührenden Trauergepränge in der Cathedralkirche vor dem
Schnee-Altare (dahin Höchstgedachter schon vorlängst
sein Grabmal sich selbst errichtete) in die Gruft gesenket,
welchem nicht nur die Armen, die Wittwen und Wahsen,
sondern auch alle Unterthanen (denn Er ließ Niemand
ohne Trost und Hilfe von sich gehen) die dankbarsten
Thränen nachweinten. Dieser Hochwürdigste Fürst
erreichte in dem Menschenalter 72 Jahre, 9 Monate,
und 18 Tage, in seiner ruhmvollesten und mildväterlich-
sten Regierung aber 18 Jahre, 9 Monate, und 11 Tage.
Ruhet gleich Fürst Siegmund von Schrattenbach in dem

düste-

düsteren Grabe, so wird doch sein Gedächtniß in Salzburg ewig aufleben; denn die Beherrscher der Länder können sich kein herrlicheres Denkmaal, das von einem Geschlechte auf das andere dauret, aufrichten, als wenn sie den theuersten Namen eines Vaters des Vaterlands in dem Werke erfüllen.

Die göttliche Vorsehung warf immer auf die Kirche Salzburgs einen ganz besondern Augenmerk, da sie in jedem Zeitalter auf ihren geheiligten Stuhl solche auserlesene und ruhmwürdigste Prälaten gesetzet hatte, derer einer dem andern den Vorzug streitig zu machen scheinet. Die von Gott jederzeit so reichlich gesegnete Mutter hievon ist das Hochwürdige Domkapitel, welches denn auch dazumal, als der höchstbetrübte Hintritt Sr. Hochfürstl. Gnaden Siegmund von Schrattenbach ꝛc. erfolgte, sieben infulirte Häupter, und mehr andere erleuchtete Männer, derer Scheitel hernach auch mit bischöflichen Infeln gezieret wurden, in ihrem fruchtbaren Schoße zählte. Was ist es denn Wunder, wenn bey so vielen würdigsten Anwerbern, denen sich sogar auch die Stimme des Volks beygesellen wollte, das Wahlgeschäft eben nicht ein Werk ein oder des andern Tages seyn konnte? Jedoch war es der 14te Tag des Märzmonates im Jahre 1772 als durch eine höchstbeglückte, und einhellig getroffene Wahl der Hochwürdigste Fürst und Bischof von Gurk, Hieronymus Joseph Franz von Paula aus dem hoch-reichsgräflichen und fürstlichen Hause Colloredo von Waldsee, und Mels ꝛc. die höchste Stuffe des Erzstifts erreichte. Das Stammhaus dieses alten und vornehmen Geschlechts ist Mels, ein im Friaul gelegenes Schloß, welches Kaiser Konrad der II. der Kirche zu Aquileja verehrte, dessen Patriarch Pepus, oder Popus im

im Eilften Jahrhunderte einen Edelmann aus Schwaben, Namens Liabord, mit solchem belohnte; worauf er
sein Geschlecht fortpflanzte. Von seinem Bruder Heinrich aber stammeten die Herren von Waldsee in Deutschland her, welche sich unter den Kaisern Rudolph dem I.
und Albert dem I. aus Schwaben nach Oesterreich begaben, und zu großem Ansehen gelangten. Als aber ihr
Geschlecht ausgieng, hatten die Kaiser Rudolf der II.
und Ferdinand der II. die Nachkommen des Liabords, die
Herren von Kolloredo und Mels waren, und mit
denen von Waldsee einerley Wappen führten, zu Freyherren und Grafen von Waldsee gemacht. Wilhelm,
ein Sohn des Glizio aus der Linie der Herren von
Kolloredo baute im Jahre 1302 auf einem angenehmen Hügel seiner Herrschaft Mels das Schloß Kolloredo, von welchem alle seine Nachkommen diesen Namen beybehielten. Fürst Rudolf Joseph Graf von und zu
Kolloredo, von Waldsee, und Mels, Ober-Erbtruchseß
in Böheim, des G. Vl. R. und St. Steph. Ord. Gr.
Kr. R. K. wirklich geheimer Rath und Conferenzmini-
ster, Reichs-Hof-Vice-Canzler (Titl. des Herrn Vaters unsers Hochwürdigsten Erzbischofes) wurde im Jahr
1763 den 29ten des Christmonates mit seinen männlichen Nachkömmlingen nach dem Recht der Erstgeburt,
als Reichsfürst ernannt. Uebrigens haben sich die Herren Grafen von Kolloredo in den erhabensten Würden
der Kirche durch ihre Gottseligkeit in wichtigsten Geschäften und ansehnlichsten Ehrenstellen des Staats,
vorzüglich in Oesterreich, durch ihre Geschicklichkeit, und
in dem Felde durch ihre Treue und Tapferkeit weltkün-
dig ausgezeichnet.

Salzburg konnte sich also von ihrem neuerwählten
höchsten Landsherrn, der sich die sämmtlichen Tugenden

den seiner ruhmvollesten Urväter gleichsam erblich machte,
nichts anders versprechen, als was nun wirklich seine
unnachahmlichen Großthaten bewähren. Es war unser
Hochwürdigster Fürst Hieronymus rc. dieß Namens der I. im Jahre 1732 den 31ten des Maymonates
zur Welt gebohren, und nachdem sich Höchstselber rc.
in jedem Fache der Wissenschaften über alle seine Neben-
schüler weit empor hob, so bezeugte Er durch sein Beyspiel, daß der Kirche um so mehr erlauchte Häupter unentbehrlich sind, als kluge Staatskünstler sie zu verhee-
ren suchen; daher Er schon im 25 Jahre seines Alters
in dem Hochwürdigen Kapitel des hiesigen hohen Erzstifts
im Jahre 1747 den 10ten des Weinmonates als Domherr aufschwur, und zugleich noch in die Hochstifter Passau und Ollmütz, als ein würdigstes Mitglied aufgenommen wurde. Die hervorstechenden Talente seines
aufgeklärten Geistes beförderten Ihn gar bis Rom, allwo Er bey dem höchsten Gerichte des päpstlichen Hofes,
als sogenannter Auditor Rotae, über alle weltlichen
und geistlichen Sachen, die unter der Geistlichkeit vor-
fallen, bis zur Bewunderung das Urtheil fällte. Eine
so hellleuchtende Weisheit setzte demnach der K. K. Hof
auf die Zinne des Tempels, da Ihn Allerhöchster (nach
betroffener Ordnung) im Jahre 1762 den 14ten des
Aprilmonates als Reichsfürsten und Bischof von Gurk
in Kärnthen ernannte. Bey diesem Bißthume legte
unser Hochwürdigste Fürst Hieronymus rc. über-
zeugende Proben ab, daß er sowohl für das Beste der
Kirche, als für das Wohl des Staats gebohren sey. In
Rücksicht alles deßen überwand das Hochwürdige Domkapitel allhier das gefaßte Bedenken wegen der etwas
schwachen Leibeskräfte dieses Fürsten, und rufte ihn ganz
verhoft mit vereinigten Wahlstimmen zum Erzbischofe

Kaum

Kaum besteig Hieronymus den Thron der Kirche Salzburg, welches sich durch den feyerlichen Einzug im Jahr 1772 den 29ten des Aprilmonates ereignete, so sorgte Er schon als Vater für seine Unterthanen, und trachtete, auch mit Aufwand unbeschreiblicher Kosten, solche kluge Vorkehrungen zu treffen, die der eben damals stark anwachsenden Theurung, und fast allgemeinen Hungersnoth gedeihlich seyn möchten. Hieronymus kam keineswegs das Gesetz und die strenge Sittenordnung seines glorwürdigsten Vorfahrers aufzulösen, sondern zu erfüllen; denn alle gnädigst erlassene, und vorhin reiflichst überlegte Hirtenbriefe, Generalien, und sonderheitliche Befehle haben das sich weisest vorgesteckte Ziel, ein kernichtes Christenthum, und eine ungeheuchelte Tugend einzupflanzen, und zu ernähren. Und Höchsterwähnter wollte weder dem Allerhöchsten die schuldigste Anbethung, noch den Heiligen Gottes die gebührende Verehrung mindern, da Er bey dem römischen Stuhle um die Aufhebung einiger Feyertage ansuchte, sondern dem sträflichen Misbrauche derselben (weil diese geheiligten Tage nur öfters dem Müßiggange und schändlichen Ausschweifungen dienten) und dem Nutzen des Nährstandes steuern; zumal auch dießfalls eine Gleichförmigkeit mit den uns angränzenden Landen Oesterreich und Baiern einführen. Damit aber diese befreyten Festtage besonders dem Landvolke nicht noch mehrern und neuen Anlaß zu unterschiedlichen Lastern geben könnten, so verordnete Höchstgedachter rc. daß die Seelsorger an besagten Tagen Nachmittags, so viel es thunlich, in den Privat-Häusern, in welchen nicht gearbeitet wird, die Erklärung des Evangeliums und eine sittliche Christenlehre vortragen sollten. Weil doch die Nacht die ärgste Feindin der Seelen ist, und die, so böses wirken, die Finsternisse lieben, also beleuchtete Fürst Hieronymus rc. zu diesen Stunden alle Bögen, Gassen, und Plätze

der

der Stadt mit zahlreichen hellbrennenden Laternen, und errichtete hierzu (wie oben Fürst Sigmund zu dem Pflaster) einen ordentlichen Beleuchtungsfond. Ueberhaupt hat der obschon brennende Seeleneifer unsers Hochwürdigsten Erzbischofes eine solche bescheidene Mäßigung, wodurch zwar das Unkraut mit der Wurzel ausgereutet, jedoch aber hierbey der Verbrecher nach Möglichkeit verschonet wird; und sein bestes Menschenherz unterschreibet so gar, wenn es nicht anders mehr kann, das gefällte Todesurtheil der Missethäter mit bebender Hand. Die Gerechtigkeit, welche einem jeden das Seinige giebt, und allen nach Bedürfnißen austheilet, ist die Lieblingstugend unsers großen Fürsten; zu äußerer Aufrechthaltung derselben zielten jene schärfesten Befehle ab, die Höchstselber gleich beym Antritte seiner Regierung nicht nur an alle Beamte des Landes, sondern auch an die sämmtlichen Dikasterien erließ, und bey Vermeidung der höchsten Ungnade, und bey Verlust des Dienstes verboth, daß sich Niemand in Ertheilung der Rechtssprüche weder die Augen durch den Glanz des Goldes verblenden, noch die Hände durch anklebende Schankungen beschmitzen sollte. Unsere allgemeine Landessteuer war bisher in einer gewißen Ungleichheit verfasset, indem es nicht selten geschah, daß die Beamten auf dem Lande die Unterthanen öfters nach eigenmächtiger Willkühr und Gunst in dem Steuergefälle steigerten, oder verringerten; da nun unser gerechtester Fürst Hieronymus ꝛc. das Seinige nach Billigkeit abfodert; jedoch aber seine Unterthanen nicht beschweret wissen will, also schickte Höchstderselbe, auf eigene Kosten, verschiedene gnädige Kommissarien, die Gerechtigkeit und Menschenliebe beseelte, auf alle Pfleg= Lands und Stadt= Gerichte, welche fast jedem Unterthan insbesondere sein Gut, seine Felder, Waldung, und den Viehstand, wie auch die activ = und passiv Schulden unpartheiisch untersuchen,

suchen, in einen mäßigen Anschlag bringen, und
nach dessen Verhältnisse mit der Steuergebühr belegen
mußten. Hier zeigte sich freylich, daß vorhin manche
zu hoch, viele andere aber zu gering in die Steuer genommen worden. Weil sich also hierdurch einige zu sehr
gedrückt zu seyn vermeynten, und dessentwegen beklagten,
sandte unser mildreichester Fürst (Höchstwelcher
sich auch zu den geringsten Bauern freundlichst herabläßt)
zu einer noch gründlichern Untersuchung seine Kommissarien neuerdings ab, um, so viel es immer möglich, dem
bedrangten Unterthan liebesvolle Hilfe zu leisten. Als
alle vorgefallene Schwierigkeiten, nach Thunlichkeit,
gehoben waren, wurde im Jahre 1778 der neue Steuer-
fuß errichtet, vermög dessen jeder Unterthan und Innsaß
bey einem Pfenninge seine alljährliche ordentliche Giebigkeit
vorhinein weiß, und sich folglich hierinfalls vorsehen kann.
Die alte Landsteuer betrug ehedem auf zween Termine
(St. Georgen im Frühjahre, und St. Martin im
Herbste) beyläufig 1,91,266 fl. dermal aber 2,45,101 fl.
unser Kloster St. Peter erlegte vormals 1462 fl. 48 kr.
Decimation, nun aber nach der neuen Fassion 1567 fl.
37 kr. 1 Pf. Es befinden sich in unserm Lande Salzburg sehr wenige Güter, auf denen nicht fremde Gelder haf-
ten; wie nun bey dieser neuen Verfaßung der ganze Schuld-
denstand mußte einbekennet werden, so wurden mit Gelegenheit dessen alle bisher verschwiegenen Kapitalien kund-
bar gemacht. Und eben dieses gereichet unserm glorwürdigsten Fürsten zu einem unsterblichen Ruhme,
und gehöret unter das Fach seiner eifrigsten Hirtensorge;
denn unzählbare Kapitalien wurden aus einer leeren Furcht
der Steuer, die doch niemals blutsaugend war, wider
alles Recht und Gewißen unterschlagen; die Gerhaben
oder Vormünder verwandten gar oft eigenmächtig solche
verschwiegenen Kapitalien zur Verschwendung, oder zu
ihrer eigenen Hauswirthschaft, und weil sie hernach nicht
mehr

mehr im Stande waren, dieselbe zu ergänzen, starben sie,
Gott weiß es, wie? dahin, und versetzten ihre Mündel
öfters in den elendesten Zustand der Armuth. Damit
denn nun einerseits dem verschuldten Unterthan geholfen,
anderer Seits aber auch der Kapitalist, wie billig, besor=
get wurde, wurden die Zinsen oder Interessen von 5 bis
auf 4 fl. vom Hundert herabgesetzet und dürfen die verzin=
sende von diesen vier Gulden ihrem Glaubiger noch 24.
kr. abziehen; worinnen die ganze Kapitalistensteuer bestehet.

Es ergaben sich in den noch kurzen Regierungsjah=
ren des Hochwürdigsten Fürsten Hieronymus ꝛc.
verschiedene bemerkenswürdige Zufälle, aus denen,
seiner Seltenheit halber, dieser besonders angeführet zu
werden verdienet, daß Höchstselber ꝛc. in Zeit von 8.
Jahren alle vier unmittelbar unterworfene Bisthümer,
nehmlich Gurk, Chiemsee, Seckau und Lavant mit aus=
erlesensten Häuptern, welche ein jeweiliger Hochwürdig=
ster Erzbischof zu ernennen hat, gnädigst besetzte, und
nach uralter Freyheit der Kirche Salzburgs als Bischöfe,
und H. R. Reichsfürsten in höchster Person bestätigte.

Ferner traf die hundertjährige Jubelfeyer unsers
berühmten Gnadenorts zu Maria Plain mit ein: Denn
gleichwie im Jahre 1674 den 12ten des Augustmonates
Se. Hochfürstliche Eminenz der Hochwürdigste Kardinal
und Erzbischof Max Gandolf, aus dem Hochgräflichen
Hause von Künburg, H. A. das neuvollführte Gottes=
haus am Plain feyerlichst eingeweihet, und das wunder=
thätige Bildniß, Maria Trost genannt, mit besonde=
rer Pracht eingesetzet hatte, also ereignete sich im Jahre
1774 hievon das hundertjährige Gedächtniß; in welchem
man mit gnädigster Erlaubniß Sr. dermal regierenden
Hochfürstlichen Gnaden ꝛc. der göttlichen Mutter auf dem
Trostberge ein dankbarstes Jubelopfer für alle, allda un=

zählige,

zählige, und ausserordentliche Wohlthaten veranstaltete.
Nachdem von Sr. päpstlichen Heiligkeit Clemens dem
XIV. auf 8 Tage ein vollkommener Ablaß verliehen worden, wurde zu vorhabender Feyer die zwölfte Woche nach
Pfingsten festgestellet; und am Samstage, oder den 13
des Augustmonates Abends um halb 5 Uhr mit einer
kurzen Kanzel- und Vorbereitungsrede, und darauf abge-
sungenen Litaney der Anfang gemacht; sodann an jedem
Tage der Woche Früh Morgens um 8 Uhr eine Predigt,
nach dieser ein Hochamt, Abends aber um 5 Uhr eine
musikalische Litaney gehalten; endlich den 13ten Sonntag nach Pfingsten um 4 Uhr Abends diese Feyerlichkeit
abermal mit einer Predigt, Litaney, Umgange, und An-
stimmung des Herr Gott dich loben wir 2c. beschlossen. Unser Hochwürdigster Erzbischof Hieronymus 2c. Höchstwelcher diesen marianischen Gnadenort des Jahrs hindurch öfters zu besuchen pfleget, wohnte
sowol dem Anfange dieser Festbegehung bey, und geruhete auch des andern Tages schon um 7 Uhr früh allda
die heilige Meße zu lesen; alsdann aber der ganzen Predigt, und dem Hochamte die höchste Gegenwart aufer-
baulichst anzugönnen. Ein solches reizendes Beyspiel
des höchsten Hirten zog die andächtige Heerde nach
sich, indem Maria Plain, während dieser achttägigen Jubelfeyer 40000 Communicanten, und 383 allda
gelesene Meßen, unter welchen 26 levitirte Figuraläm-
ter begriffen sind, zählte. Auch erschienen an diesen Tagen folgende Kreuztrachten: als Romsau von Berchtoldsgaden; Pfarr Perghaim, Anthering, Halbing;
Petting; Tettenhausen; Dechantey Hallein, Oberalm,
Elisbethen, St. Jakob am Thurnberg; Pfarr St. Georgen nächst dem Salzburgischen Laufen; Dechantey Kö-
stendorf, Neumarkt, Henndorf; die Pfarrsgemeinde von
Mühlen, und Marlon; die Salzburgische Stadt Mühldorf aus Baiern; die Dechantey Deisendorf, mit Ain-
ring,

ring, Siezenhaim, Salzburghofen, Plöttg, Anger und
Neukirchen; die Pfarr Schellenberg aus Berchtolsga-
den; die Dechantey Seekirchen, mit Eigendorf; die
Pfarr Nonnenhal, Gröbig, und Abnet; die Stadt lauffen; die Pfarr des Stifts Mattsee, Obertrum und See-
hain; und die Pfarr Waging.

Auch kann sich unser Hochwürdigster Fürst
Hieronymus ꝛc. rühmen, daß Höchstselber im Jahre
1777 den 31ten des Heumonates das unschätzbareste
Glück genoß, (welches Salzburg seit 112 Jahren nicht
mehr zustund) Se. Majestät den glorwürdigsten
Kaiser Joseph den II. unter dem allerhöchst beliebten
Namen eines Grafen von Falkenstein, zwar nur auf
einen sehr kurzen Aufenthalt von anderthalb Stynden,
in seiner fürstlichen Burg mit tiefester Ehrfurcht vereh-
ren zu können. Ferner gerühten mehr andere Höchst-
und Hohe Fürsten und Herrschaften, unter welchen vorzüglichst Se. Durchlaucht der K. K. Prinz, und österrei-
chische Erzherzog Maximilian; und erst heuer 1782
den 19ten Jänners Se. Durchlaucht der regierende Herr
Herzog von Würtenberg, Karl Eugen, als
Graf von Aurach (Höchstwelcher auch unserm
Kloster St. Peter, und der hochfürstlichen Universität,
wo einige Vorlesungen gehalten wurden, seinen gnädigsten Besuch schenkte) aufgezeichnet zu werden verdienten, diesen unsern gnädigsten Fürsten zu besuchen, und
verschiedene Denkmäler Salzburgs in höchsten Augenschein zu nehmen. In diesem nehmlichen Jahre reißten
Se. Päpstliche Heiligkeit Pius der VI. (Graf von
Braschi aus Cesena gebürtig) aus dem K. K. Hoflager
von Wien zurück über München; Höchstdieselben be-
traten zwar unser Salzburger Land nicht, jedoch geruheten Sie den 25ten des Aprilmonates den Marianischen
Gnadenort Altenötting zu besuchen, allwo der Hochwürdigste

würdigste Erzbischof Hieronymus, als dießortiger
Ordinarius, die ganz ausserordentliche Gnade hatte,
dem Heiligsten Vater die Hände zu küssen, und unterthänigst aufzuwarten.

Im verflossenen Jahre 1781 den 5ten des Herbstmonates betraf die an den Steyerischen Gränzen gelegene salzburgische Stadt, Radstadt, ein erschrekliches
Unglück. Ein dummer Meßnerknecht, und ein Schloß-
sers-Gesell brachten kurz vor der Mittagszeit, aller War-
nung ungeachtet, bey dem schon entstandenen Winde
eine Glut auf den Glockenthurm der Stadtvikariats-
kirche, welche sie nachher, um zum Mittagsessen zu
gehen, ohne alle Vorsicht zurückließen. Der Wind
war unterdessen heftiger geworden, zerstreute die Glut
auf dem Kirchendache; die Flamme brach plötzlich aus;
aller Widerstand war vergebens, und in anderthalb
Stunden die Feuersbrunst allgemein. Hundert und 10
Häuser, samt allen Nebengebäuden, alle öffentliche Gebäude, nur mit Ausnahme des hochfürstl. Getreidskasten, und des Kapucinerklosters wurden bis auf den
Grund niedergebrannt. Die mehrern Einwohner
konnten nur sich, die ihrigen, und was sie am Leibe
hatten, retten; und mußten all ihr Haab und Gut
der Wuth der Flammen überlassen. Der durch diese
gräuliche Brunst verursachte Schaden beliefe sich auf
211807 Gulden. Bey der ersten Nachricht, welche
Se. Hochfürstl. Gnaden :c. :c. unser mildreichester
Landsherr überkamen, nahmen sich Höchstselbe die
augenscheinliche Noth landsväterlich zu Herzen; verord-
neten alsogleich einen gnädigen Kommissarius zum be-
hörigen Augenschein, überschickten eine ansehnliche Geldsumme dahin, ließen ihren Getreidskasten eröfnen, und
solche ergiebigste Veranstaltungen treffen, um den verunglückten und bedaurenswürdigsten Insassen alle mög-

lichste

lichste und schleunigste Hilfe zu verschaffen. Die aller-
wichtigste Handlung aber, welche unser allerweisester
Fürst Hieronymus ꝛc. ꝛc. unternahm, war der geschlossene Vergleich mit Churbaiern. Unter sehr vielen
andern Streitigkeiten, derer die Unpartheyische Abhandlung ꝛc. ausführlich erwähnet, und in welche
unser Reichsfürstl. Erzstift mit dem Durchleuchtigen
Haus Baiern fast vom ersten Anbeginne verwickelt
war, obwaltete auch immer, und zwar zum empfindlichsten Nachtheile Salzburgs, wegen der, obschon jederzeit einhällig errichteten, Salzverträge ein neues
Mißverständniß. Dieses zu heben wurde im Jahr
1611 zwischen Sr. Durchleucht Maximilian dem I.
und dem Hochwürdigen Domkapitel allhier, ein neuer
Salzvertrag, der als ein Hauptgrund anzusehen wäre,
aufgerichtet, und von dem Erzstifte bis auf das Jahr
1766, wo man sich über eine neue, das sogenannte
Societäts- oder Participations- in ein Separationssy-
stem verwandelnde, Grundlage verglichen hat, heilig
beobachtet. Allein Churhaus Baiern hielt mit den aus-
gelobten Zahlungen nicht zu, folglich erwuchsen, in Zeit
von 136 Jahren, ungemein große Forderungen, welche,
nach einer ganz milden Berechnung vom Jahre 1630
anfiengen, und bis auf das Jahr 1764, einschlüßig,
reichten. Diese Forderungen theilten sich Erstlich:
in das zu wenig ausgeführte Salz, zumal Baiern anstatt der bedungenen 1100 Pf., jährlich nur 800 Pfund
Salz ausführte, wodurch dem Erzstifte am Gewinne
5,495,896 Gulden entgiengen; Zweytens: in das
zwar ausgeführte, aber nicht veraufschlägte Salz, dessen
Entzug 1,333,344 Gulden betrug; Drittens: in die
von Churbaiern allein gemachte, aber an Salzburg
nicht berechnete und vergütete Aufschläge bey den Legstät-
ten, derer Entäusserung sich auf 4,250,912 Gulden belief. Und alle diese drey Forderungen zusammen
11080152 fl.

11080152 fl. im Ganzen ausmachen. Diese alten
Ausstände häuften sich wieder mit neuen; als Erstens: vom Jahr 1766 bis 1775 einschlüßig, mit
einem Rest von den noch nicht ganz bezahlten Hallfahrten 193,633 Gulden; dann mit der Sr. Churfürstl.
Durchleucht angetragenen, und zurückgelassenen Hinterlage
ab den noch abgängigen 7 Gulden von 12629 Hallfahrten pr. 91938 Gulden. Zweytens: vom Jahr
1776 an Hallfahrten 37880 Gulden; Drittens vom
Jahr 1777 gleichfalls an Hallfahrten 36483 Gulden.
Ferner hatte Salzburg von dem sogenannten Oesterrei-
chischen Succeßionskriege unter weiland Kaiser Karl
des VII. Majestät wegen der unvermeidlichen Durch-
züge, Märsche, und Quartiere beyder streitenden höchsten Partheyen verschiedene Forderungen zu machen.
Das Durchleuchtigste Erzhaus Oesterreich pflegte, nach
geendigtem Kriege, mit dem hohen Erzstifte über Kö-
sten und Schäden eine Abrechnung, und führte alles
durch einen namhaften Gelderlag ab; allein das Durchleuchtige Churhaus Baiern ließ dieses abermal in einem
Rückstande beruhen: mithin verblieben Salzburg auch
dieser Seits einige Forderungen, was nehmlich zwischen
den Jahren 1742 bis 1745 die damals kaiserlich-Chur-
baierischen Kriegs- und Hilfsvölker bey den hochfürstl.
salzburgischen Pfleg- und Stadtgerichtern, benanntlich
Staufenegg, Deisendorf, Waging, Laufen, Tittmoning, und Mühldorf an zugefügten Beschädigungen,
verursachten Aufwänden, und abgegebenen Naturalien
schuldig geworden, war der sämtliche Betrag 8,12,500
Gulden. Alle jetzt angezogenen Forderungen enthalten
eine Summe von 12,252,586 Gulden. Aber auch das
Durchleuchtige Churhaus Baiern wies ihre Gegenforderungen an Salzburg vor, als: Erstens, bürdete es
dem hohen Erzstifte auf, daß solches einige Waldungen aus ihrem Pfleggerichte Hüttenstein, oder St. Gil-

Kl163. der St. Pet. Chr. 2r Th.   (T)   gen,

gen, an Oesterreich überlassen, hierdurch aber den Grund
zum Entgange des böhmischen Salzverschleißes gelegte
hätte; und obschon gedachte Wälder bereits im Jahr
1600 durch den Pilsner Vertrag mit gewißen Vorsich-
ten, und Bedingnissen, mithin nicht erst nach dem im
Jahr 1611 mit Baiern neugeschlossenen Verzichte ab-
gegeben wurden, so forderte dennoch Churbaiern eine
Schadloshaltung von 9,735,420 Gulden. Zweytens,
von rückgebliebenen 50 Römermonaten an weiland Kaiser
Karl des VII. Majestät, 30,653 Gulden. Drittens:
Einen Kreisausstand wegen der bey dem letzten preuß-
sischen Kriege geleisteten Reichshilfe, 47,593 Gulden,
und zeiget im Ganzen eine Gegenschuld pr. 9,813,666
Gulden. Ungeachtet dessen restirten dem Erzstifte
gleichwohl noch 2,438,920 Gulden. Nothwendig
mußte ich diesen Auszug, welchen die kurze Geschichte
und aktenmäßige Anzeige 2c. der Ansprüche, und
Forderungen Salzburgs an Churbaiern weitläufiger
erörteret, vorausseßen, damit die weiseste Klugheit, un-
ermüdte Vorsorge, und wärmste Vatersliebe unsers
Hochwürdigsten Landesfürsten Hieronymus 2c. 2c.
der spätesten Nachkommenschaft desto heller auffalle;
denn obschon erwähnte Forderungen, hauptsächlich im
Betreff des Salzwesens, unter fünf Durchleuchtigen
Churfürsten, und neun Hochwürdigsten Erzbischöfen
eifrig betrieben, hierüber zu verschiedenenmalen gemein-
same Zusammentretungen gehalten, und freundschaftliche
Abredungen unternommen wurden, konnte doch niemals
ein beyderseits befriedigender Vergleich ausgewirket werden. Wie nun nach dem höchstbedauerlichen Hintritte
Sr. Churfürstl. Durchlaucht Maximilians des III. und
letzten Stammenzweigs des Hauses von Wittelsbach,
und der Wilhelminischen Linie, der jetzt glorwürdig
regierende Durchleuchtige Karl Theodor Churfürst und
Herzog von Pfalz-Sulzbach durch das unstreitige Erbrecht,

recht, den 30sten des Christmonates im Jahr 1777
(an welchem Tage sich erstgedachter betrübtester Todes=
fall ereignete) als Herzog von Baiern ausgerufen wurde,
und zur Regierung gelangte, so mengte sich auch Salz=
burg mit in die Reihe derjenigen, welche namhafte An=
sprüche auf Churbaiern vorbrachten. Unser Vaterland
hat es zwar der großmüthigen Gerechtigkeit des Karls
Theodor Durchleucht, am vorzüglichsten aber der be=
sonders erleuchten Geschicklichkeit, und freundwilligsten
Gesinnung ihres großen Fürsten Hieronymus auf
ewig zu verdanken, welche die schon so lange andau=
renden Mishelligkeiten endlich gehoben, diese zween be=
nachbarten Staaten in genauere Verbindung gesetzet,
und alle wechselseitigen An= und Gegenforderungen für
allezeit getilget hat. Die erste Grundveste zu dieser
höchsterwünschten Ausgleichung wurde im Weinmonate
des 1779sten Jahres geleget, allwo die von beyden
Seiten gnädigst ernannten (Titl.) Herren Kommissa=
rien allhier in Salzburg zusammentraten, die sämtlichen
Salztraktaten anfiengen, die vorläufigen Vergleichs=
punkten über das ganze Baierische Salzwesen, mit
Einschluß der Millionen Forderungen, verfertigten,
und im Jahr 1780 den 16ten des Weinmonates aus=
wechselten: worauf im Jahr 1781 den 4ten des Hor=
nungs der Hauptvergleich über die Salztraktaten, wech=
selseitigen Millionen Forderung, dann Wald= und Schif=
ordnung, unter der Unterschrift, und Fertigung beyder
höchsten Partheyen zu Stande kam. Vermög dieses
Vertrages machte Churpfalzbaiern eine Abrechnung von
den ausständigen Römermonaten pr. 30653 Gulden;
von der gemeinsam im Jahr 1777 zu Wasserburg an=
erkannten Kreisschulde pr. 47593 Gulden, und an be=
reits baar bezahltem Ausstände der Salzgelder pr.
106832 Gulden; über Abzug dieser 3 Posten, welche
so viel als baares Geld anzusehen sind, wurde von

Sr,

Sr. Durchleucht Karl Theodor unserm hohen Erzstifte, verzichtsmäßig, noch eine Aversalsumme pr. 435000 Gulden zugesicheret, und zu dessen Abführung folgende Fristen bedungen: Erstlich sollen alsogleich nach Auswechslung der Vergleichsurkunde, und der Nebenrecessen 50000 Gulden baar bezahlet werden; Zweytens sollen in den Jahren 1781 und 1782 jährlich 50000 Gulden, in monatlichen Ratis pr. 4166⅔ Gulden abgeführet werden; Drittens: Im Jahr 1783, wo das neue Fudergeschirr eingeführet wird, laufen die jährlichen Fristen bis 1785, einschlüßig, mit 75000 Gulden, in monatlichen Ratis pr. 6250 Gulden fort; so, daß, Viertens: auf das Jahr 1786 nur noch ein Rest pr. 60000, in monatlichen Ratis pr. 5000 Gulden abzutragen, übrig verbleibet. Aus diesem Vertrags-schlusse erhellet, daß Churbaiern, und das hohe Erz-stift Salzburg ihre Millionen Forderungen freundschaft-lichst abgethan, und ersteres, samt der gepflogenen Ab-rechnung, und mit den fristenweis zugesicherten baaren Bezahlungen eine ganze Schuldssumme pr. 620078 Gulden unserm Erzstifte zuerkannt hatte.

Ueber alle diese monatliche Fristen der Zahlungs-Jahren wurden von der Churfürstlichen Pfalzbaierischen Hauptkasse Wechselbriefe ausgestellt, und Sr. Hoch-fürstlichen Gnaden unserm gnädigsten Landsherrn ꝛc. zu höchst deren freyen Anordnung, Abtretung, oder sonst immer beliebigen Gebrauch behändiget. Gleichwie aber unser mildreichester Fürst Hieronymus ꝛc. der all-hiesigen hochlöblichen Landschaft schon vorhin zur Able-gung theils Schulden, theils rückstehender ausserordent-licher Posten von der Kameralkasse 50000 fl. bezahlen ließ, und Kraft des getroffenen Vergleichs mit Chur-pfalzbaiern jene 30653 fl. an ausständigen Römermo-naten, und die 47593 fl. von dem letzten Preußischen
Reichs

Reichskrieg zurückgebliebenen Kriegsgelder gleichfalls der
Landschaft abgeschrieben wurden (durch welche 3 Posten
sie eine Summe von 128246 fl. gewann) also begnas
deten Höchstdieselben aus landsväterlicher Güte hoch-
ermeldte Landschaft, in Gestalt einer unwiederruflichen
Schankung (laut eines gnädigst erlassenen Dekrets vom
16ten des Jännermonates 1781, so aber auf höchsten
Befehl erst den 15ten Hornungs darauf dürfte eröffnet
werden) nicht nur allein mit den bedungenen 385000 fl.
zahlbarer baierischer Wechselscheine, sondern legten diesen noch 15000 fl. an baaren Gelde, mehrmal aus der
Kammerkasse zu dem Ende bey, daß die erzstiftlichen
Lande ein sicheres Kapital von 400000 fl. gewinnen
sollte. Die fernere Bestimmung dieser Gelder hielten
zwar Se. Hochfürstliche Gnaden indessen bevor, jedoch äusserten Höchstdieselben ihre landsväterliche Absicht dahin, daß diese 400000 fl. was davon gleich nach
den ausgewechselten Verträgen eingehet, und an den
Wechselscheinen von Zeit zu Zeit eingehen wird, in eine
besondere von den ordinari Steuergeldern abgesonderte
Kasse, unter besondern Schlüsseln, Rechnungen, und
Rechnungsführern besorget werde; auch soll man die
dem Lande aufliegende lästige Schulden von Zeit zu Zeit
damit ablediegen, und aus dem Erträgnisse einen Amor-
tizationsfond zu Bezahlung landschaftlicher Schulden
formen, zu diesem Endzwecke sollen die jährlichen Nutzun-
gen von diesen 400000 fl. verwendet werden, und blos
dahin soll man sorgen, daß, wenn hiedurch die lands-
schaftlichen Schulden nach und nach fallen, und die
Zinsausgaben leichter werden, diese Erleichterung dem
Steuerkontribuenten in der Folge der Zeit mittelst thun-
licher Abschreibung ein oder anderen Schillings zur
Hilfe gehen 2c. wie hievon ersterwähntes allergnädigstes
Dekret, so in öffentlichem Drucke erschien, das mehrere
erörteret. Hier kann ich auch nicht unberührt lassen,

daß

daß Höchstgedachte Se. Hochfürstliche Gnaden
ꝛc. als im Jahre 1775 unsere zwey Corps der Bürgerschaft bey Höchstdero beglückten Zurückkunft von
dem K. K. Hoflager von Wien mit fliegenden Fahnen
ihre unterthänigste Aufwartung abstatteten, diese,
obschon schuldigste, Liebe und Treue allergnädigst aufnah-
men, und dem löblichen Stadtmagistrat allhier 1000 fl.
an baarem Gelde zuschickten, um solche den arme
Bürgern, nach Bedürfniß, auszutheilen.

Alle gnädigsten Verordnungen, welche unser er-
lauchter Fürst Hieronymus ꝛc. Zeit seiner ruhmvollesten Regierung ergehen ließ, sind untrügliche Zeugen,
daß Höchstselber die jedem Regenten heiligste Pflicht,
das Beste seiner Landen zu wirken, mit sich auf den Für-
stenstuhl brachte, und lediglich nach diesem Zwecke bisher sein unverrücktes Augenmerk wandte. Die weisesten
Vorkehrungen, und ämsige Aufsichten des sämmtlichen
Waldwesens, wie auch die landesherrlichen Erklärungen
und Verträge in Betreff der grundherrlichen Waldungen mit dem Hochgräflichen Erblandmarschallamte, unserm Kloster St. Peter, und dem Benediktiner Stifte
Michaelbeyern, um derer Wälder besser zu schonen und
einzuhalten, suchten nur allein den Flor und Aufnahm
des dem hohen Erzstifte so unentbehrlichen Waldstandes
zu erzielen, und diesem so gemeinnützlichen, und fast
einzigen Kameralzweige, der bisher in etwas verfallen
war, mit vereinbarten Händen wieder aufzuhelfen.
Die den verderblichen Wildschützen, und ihren mitschul-
digen Unterhändlern scharf angemessene Strafen trach-
teten nicht nur allein die dergleichen Handlungen beglei-
tende Unfuge einzustellen, sondern auch das Wild auf
dem flachen Lande, und in den Gebirgen zu hegen, und
dergestalt wieder aufzubringen, daß es (wie es dermal
wirklich in dem Hochfürstl. Zwirchgaden, und bey den
Jägern

Jägern auf dem Lande geschieht) um einen billigen Preis zu haben seyn sollte.

Um sowohl dem geistlichen als weltlichen Staate gelehrte und fähige Männer zu bilden, führte unser vorsichtigster Fürst Hieronymus rc. in unserer Hauptstadt, und auch auf dem Lande die Normalschulen ein, in welchen die aufkeimende Jugend zuförderst in den Grundsätzen und Pflichten des Christenthums, dann in einer schönen und guten Rechtscheibung, und nothwendigen Rechenkunst bestens unterrichtet wird. Dieses heilsamste Absehen aber vollkommen zu erreichen, verordnete Höchstgedachter rc. eine gänzlich neue Einrichtung des Studien auf der Hohenschule allhier, vermittelst welcher der Weltweise die Eigenschaften und Wirkungen der irdischen und himmlischen Körper durch naturkundige Begriffe erkennet; der Rechtsgelehrte, nebst den Hauptregeln der Rechten, auch die Anwendung derselben in den Civil- Criminal- Processen, in den Kammergerichts- und Polizey Ordnungen, und in jedem hier einschlägenden Fache geübet wird; und der Theolog nicht blos bey der Beschaulichkeit göttlicher Dingen stehen bleibe; sondern in der Erklärung der heiligen Schrift durch die morgenländischen Sprachen, Auslegung der heiligen Väter, und bewährter Schriftsteller, und in der Kirchengeschichtskunde bewandert, zugleich aber auch in in der christlichen Beredsamkeit, in der Art die Christenlehren nützlich anzuwenden, und die heiligsten Geheimnisse unserer Religion nach ihrer Wichtigkeit auszuspenden weiß. Und unser mildthätigster Fürst schonet keiner Kosten, um tüchtige Talente auch in auswärtige Länder zu verschicken, damit sie der Kirche und dem Staat zu brauch- und nützbaren Gliedern erwachsen sollen. Daher denn Höchstermeldter auch nicht voreilig, sondern mit bestem Bedachte solche Subjecte, welchen

(T) 4

chen

chen nicht der Verstand erst mit dem Amte kommt, allen
Aemtern vorsetzet, die denselben angemessen, und durch
ihre gegründete Gelehrtheit, und erlangte Uebung geprüfet sind; worunter doch jederzeit den Landeskindern vor
allen übrigen der Vorzug eingerdumet wird. Allein
meiner Feder mangeln Licht und Schatten, das ächte
Bildniß unsers so klugen, so vorsichtigen, und für das
Wohl des Landes so eingenommenen Fürsten Hieronymus 2c. auch nur den Hauptzügen nach abschildern
zu können; und weil ich ohnehin schon die mir ausgezeich-
neten Gränzen einer kurzen Fortsetzung der Geschichte
Salzburgs überschritt, da ich doch die merkwürdigsten
Thatsachen dieses unvergleichlichen Fürsten einzig
an: mit nichten aber ausführte, also überlaffe ich dieses weitschichtige und triftige Geschäft erlauchtern Patrioten, die etwann mit der Zeit die Jahrbücher meines
theuren Vaterlandes in vielen Stücken verbessern, und
als aufrichtige Biedermänner fortsetzen werden; wozu
ihnen die dermalige Zeitlage allein überflüßigen Stoff
wird darreichen können.

Ist endlich das Alter, wenn es auf den Wegen der Gerechtigkeit gefunden wird, eine Krone
der Ehren, sch schmückte der Allerhöchste auch mit dieser Krone die herrliche Infel unsers Hochwürdigen
Herrn Abts Beda, da er ihn mit der Verlängerung
seiner Lebenstage segnete. Die zarte und schwache
Natur, die sich immer abwechselnden Sorgen, und die
beständigen Arbeiten ließen uns kaum hoffen, daß Höchstermeldter ein so betagtes Alter erreichen würde; un-
ungeachtet erhielt ihn uns doch die ewige Vorsicht; dergestalt, daß Höchstselber nun schon wirklich an feinen
Lebenstagen 66, in der abteylichen Würde 29, und in
seinem Mönchsstande 50 Jahre zurücklegte und nun in
diesem laufenden Jahre zwar mit Einschluße des Prob-
jahres, seine zweyte feyerliche Gelübdes-Erneuerung ver-
zuneh-

14.
und begehet
seine zweyte
Profeß, und
das 12te
Jahrhun-
dert.

zunehmen gedenket, welcher tröstlichen Handlung wie
seine gehorsamsten Söhne mit wonnevoller Sehnsucht
entgegen sehen. Weil aber unser Hochwürdiger Herr
Abt Beda jederzeit zuförderst das Reich Gottes, und
dessen Gerechtigkeit suchte, die Verherrlichung jenes
Hauses, so da nicht sterblichen Fürsten der Erde, sondern dem unsterblichen Könige der Ewigkeiten zubereitet
ist, mit Aufwendung aller Kosten beförderte, und das
geistliche und zeitliche Beste der dem Herrn gewiedmeten,
und ihm anvertrauten Heerde, nach den gottseeligen
Gesinnungen der frommen Stifter, ohne jemals laß zu
werden, besorgte, daher bekam Hochselber zugleich
auch diesen Seegen des Himmels, daß Er für gegenwärtige zwölfhundertjährige Jubelfeyer gleichsam aufbewahret wurde, um sowohl dieses Jahrhundert zu schliessen,
als das künftige anzufangen, in welchem wenigstens sein
verdienstvolles Angedenken immer und unauslöschlich
fortleben, ja mehrere Jahrhunderte hindurch aufleben wird.
So viel mir dermal bekannt ist, wird die Feyerlichkeit
dieses zwölften Jahrhunderts den 1ten des Herbstmonates ihren Anfang nehmen, und acht Tage lang
fortdauern; aus welchen drey Tage der Hochfürstlichen
Cathedralkirche, 3 andere unserm Kloster St. Peter,
und 2 dem Hochadelichen Frauenstifte am Nonnenberge
hierzu ernannt sind, die mit Predigten, Aemtern, und
mehr andern Kirchenandachten, und was solche sonst
noch zu verherrlichen pfleget, sollen gefeyert werden.
Auch lassen Se. Hochfürstliche Gnaden ꝛc. eine
Denkmünze schlagen, welche, wenn ich nicht unrecht
berichtet worden, einen Conventionsmäßigen harten Thaler beträgt. Auf der ersten Seite dieser Münze befindet
sich das Brustbild des gnädigsten Landesfürsten mit der
Umschrift: HIERONYMVS D. G. A. et PR.
S. A. S. L. N. G. PRIMAS. Die zwote Seite stellet
gleichsam eine Triumphporte vor, nehmlich zwölf Säu-

(T) 5   len,

len, die auf einer Base stehen, und mit einem Aufsatz
gedecket sind, in dessen Mitte die Buchstaben zu lesen
D. O. M. Oben herum lautet die Aufschrift: OB.
PRINCIPES. POPVLVM QVE IVVA-
VENSES: und unter der Base SAECVLIS
XII. SERVATOS. AO. MDCCLXXXII.
Allein, da nur jene die wahre Anbether heißen, die
Gott im Geist und in der Wahrheit anbethen,
so ist es eben nicht der äusserliche Pracht, (ob wir sinnliche
Menschen schon durch solche sichtbare Zeichen zu unsicht-
baren Dingen müssen erhoben werden) welcher die wesentliche Feyerlichkeit ausmachet; vielmehr sollen unsere
sittlichen Tempel Gottes, die wir sind, mit der
Zierde der Tugenden prangen, und auf den Altären unserer Herzen ein immer brennendes Feuer der zärtlichsten
Dankbarkeit ernähret werden; um dem Allerhöchsten
für die erbarmnißvolle Erhaltung durch eine uninter-
brochene Reihe von zwölfhundert Jahren würdige Brand-
opfer abzustatten; denn nach Maaß unserer Dankbegierde
werden wir uns auch zur Empfahung fernerer göttlichen
Segnungen auf zukünftige Jahrhunderte fähig machen.

15.
Beschluß
des ganzen
Werkchens.

Mir ist nun nichts anders Merkwürdiges zu
schreiben mehr übrig; ich schließe demnach meine ge-
ringfähige Arbeit, und, ehe ich die Feder aus der
Hand lege, setze ich noch die Worte des großen Kaisers Markus Aurel Antonius zu meiner Vertheidigung
bey. Kann mich jemand mit Recht überzeu-
gen, daß ich eine Sache nicht recht fasse, oder
nicht recht damit umgehe, so will ich meine
Meynung mit Freuden ändern; denn ich suche
die Wahrheit, dadurch keiner jemals ist beleidi-
get worden. Aber dabey fährt man immer übel,
wenn man in seiner Unwissenheit, und in seinem Irrthume verharret, *)

*) In den Betrachtungen über sich selbst, im 6. Buch,
XXI. Abschnitt.

Beysatz.

Beysatz.

Da im Jahr 1772 der Hochwürdigste Fürst
Hieronymus ꝛc. das Erzbischöfliche Pallium,
so Höchstdemselben den 9ten August von dem damaligen Hochwürdigsten Bischofe zu Seckau, (b. Z.
zu Brixen) Joseph Philipp Graf von Spauer ꝛc.
feyerlich umgehangen wurde, durch den Salzburg.
Agenten zu Rom (Titl.) Herr Anton d'Augustini
überbracht worden, bediente sich unser Hochwürdiger
Herr Abt Beda dieser Gelegenheit, überschickte Sr.
Päpstlichen Heiligkeit Klemens dem *XIV.* dem
großen Papst Ganganelli, die lateinische Chronick unsers Klosters St. Peter, und begleitete solche
mit einer unterthänigst ; ehrfurchtsvollesten Zuschrift.
Wie gnädigst Höchstgedachter Heiligster Vater
alles dieses aufgenommen habe, bezeuget nachstehen-
des Päpstliches Breve, welches ich in ächter Ab-
schrift liefere.

Clemens PP. XIV.

Dilecte fili! Salutem et apostolicam Be-
nedictionem.

Accepimus litteras tuas pietatis ac observan-
tiae erga nos, atque apostolicam hanc sedem ple-
nissimas, unaque novissimum Chronicon antiqui
Monasterii ad S. Petrum Salisburgi, quo quod
animo, quantaque vestrum existimatione excepisse-
mus, ex iis facile potestis agnoscere, quae, qui
tradi-

tradidit dilectus filius Abbas Auguſtinus, noſtraeque de vobis voluntatis ſignificationibus adfuit,
diligenter ad vos perſcripſerit. Nihilominus no
ſtras has ad te paternae Charitatis teſtes adjungimus litteras, quibus et gratias vobis plurimas
reddimus pro illo litterario munere, et clariora
pontificiae benevolentiae indicia damus, qua te,
tuumque Ordinem a deo de Ecclesia Salisburgenſi
bene merentem proſequimur, atque ad ejusmodi
eruditionis cumulanda decora etiam atque etiam
excitamus: quod re ipſa quoque libentiſſime facturi ſumus, ſi qua nobis opportunitas aderit,
noſtros hos in vos paterni animi ſenſus confirmandi. Interim in uberius Pontificiae Charitatis
argumentum apoſtolicam benedictionem tibi, dilecti fili! tuisque Monachis peramanter impertimur. Datum Romae apud S. Mariam Majorem
ſub annulo Piſcatoris 9. Junii 1773. Pontificatus
noſtri anno Vto.

Zu Deutſch.

Papſt Klemens der XIV.

Unſern Gruß, und apoſtoliſchen Segen zuvor.

Geliebter Sohn!

Wir haben dein von Liebe und Ehrerbiethung gegen
uns ganz erfülltes Schreiben, und mit demſelben zugleich
die neueſte Chronick des alten Kloſters St. Peter in Salzburg erhalten. Wie gut, und mit welcher Achtung
gegen euch wir dieſes aufgenommen haben, könnet ihr
leicht aus dem ſchließen, was euch unſer geliebter Sohn
der Abt Auguſtini getreulich wird geſchrieben haben, der
uns

uns auch dieses eingehändiget hat, und in dessen Gegenwart wir unsere gute Gesinnung gegen euch geäussert haben. Nichts desto weniger fügen wir noch diesen Brief an dich, als ein Zeugniß unserer väterlichen Liebe hinzu, womit wir zugleich für diese gelehrte Schankung sehr vielen Dank sagen, uud euch noch deutlichere Merkmaale unsers päpstlichen Wohlwollens, mit welchem wir dir, und deinem, um die salzburgische Kirche so verdienten Orden zugethan sind, an den Tag legen; woben wir euch auch zu mehr andern dergleichen schönen Arbeiten der Gelehrsamkeit nach allen Kräften aufmuntern. Wir werden dieses von Herzen gerne in der That selbst bezeugen, wenn sich uns eine Gelegenheit darbiethen wird, euch unsere väterliche Gemüthsneigung zu bewähren. Indessen ertheilen wir, zu überflüßigerm Beweise unserer päpstlichen Liebe, dir, geliebter Sohn! und deinen Mönchen mit aller Freundlichkeit, den apostolischen Seegen. Gegeben zu Rom zu St. Maria Major unter dem Fischerringe am 9ten des Brachmonates 1773 unsers Papstthums im fünften Jahre.

E. R. D. E.

Verzeichniß
der merkwürdigsten Sachen
des II. Theils.

Verzeichniß der merkwürdigsten Sachen

B. Baiern

B.

C. Cajes

C.

D.

Drey

H.

I.

Jahre

Kleß

U 3   Mar-

N. Neu

N.

O.

P.

Predigten

St. Statue

St.

Druckfehler
Des Zweyten Theils.

Seite

Druckfehler.

Seite.

Druckfehler

Die übrigen etwa noch übersehenen, und geringere Druck-
fehler werden geneigte Leser mit Geduld übertragen,
und verbesseren.

Cum Vbertate Wigo.